КОНСТИТУЦИЯ
РОССИЙСКОЙ ФЕДЕРАЦИИ

Москва
1993

ロシア連邦憲法体制の成立
Formulation of Constitutional System in Russia

重層的転換と制度選択の意図せざる帰結

溝口修平＊著

北海道大学出版会

目　　次

第1章　政治制度の形成とその意図せざる帰結 ………………… 1

第1節　問題の所在──体制転換後のロシアの混乱　1

第2節　統治制度の変容──ソ連共産党から大統領制と連邦制へ　5

第3節　既存研究とその問題点　9

第4節　重層的転換論　12

　第1項　ソ連／ロシアの体制転換の特徴　12

　第2項　重層的転換論の視角とその問題点　14

第5節　分析枠組と構成　17

　第1項　分 析 枠 組──体制転換の動態的分析に向けて　17

　第2項　構　　成　22

第6節　議論の射程と本書の意義　26

第2章　ソ連の統治制度とその矛盾 ……………………………… 33

第1節　ソ連の統治制度　35

　第1項　「党＝国家体制」の成立とその構造　35

　第2項　「党＝国家体制」の機能　39

　第3項　「党＝国家体制」の矛盾　41

第2節　ペレストロイカとソ連の解体　42

　第1項　ゴルバチョフの登場　43

　第2項　ゴルバチョフの経済改革　45

　第3項　ゴルバチョフの政治改革　47

　第4項　連邦制再編問題　53

　第5項　ソ連の解体　57

第3節　小　　括——ソ連解体と残された課題　58

第3章　ロシアの自立化の萌芽(1990年) ……………………… 65

第1節　ソ連におけるロシアの位置　67

第2節　ロシア人民代議員大会の創設と議会制度の概要　68

第1項　議会制度の概要　69

第2項　人民代議員選挙と議員の連合形成　71

第3項　憲法委員会の設置　73

第3節　自立化の始まり　74

第1項　最高会議議長の選出　74

第2項　国家主権宣言　77

第4節　小　　括　82

第4章　自立化の拡大(1990年～1991年) ……………………… 87

第1節　経済的自立化——「法律戦争」と私有化の進展　87

第1項　500日計画と法律戦争　88

第2項　私有化関連法の制定　91

第3項　経済的自立化の影響　94

第2節　政治的自立化——大統領制の導入　95

第1項　大統領制の導入　95

第2項　政治的自立化の影響　102

第3節　2つの連邦条約とソ連の解体　104

第1項　ロシアの連邦条約をめぐる問題状況　104

第2項　2つの連邦条約の交錯　109

第4節　小　　括　112

第5章　市場経済化の開始と議会内ブロックの
離合集散(1992年) ………………………………………119

第1節　ソ連解体前後の政治主体　121

第1項　大　統　領——特別権限の獲得　121

第2項　議会内ブロック　123

第3項　連邦構成主体行政府　127

第2節　急進的市場経済化と私有化　128

第1項　背　　景　128

第2項　第6回人民代議員大会　130

第3項　私有化法改正と私有化国家プログラム　133

第4項　ガイダール報告に関する決定　138

第5項　急進的市場経済化の影響　140

第3節　政治制度改革をめぐる争いと最高会議の「原子化」　142

第1項　背　　景　142

第2項　最高会議での政府法審議　144

第3項　第7回人民代議員大会　150

第4節　小　　括　156

第6章　権力闘争の激化と新憲法制定(1993年) ························167

第1節　権力闘争の激化　168

第1項　「円卓会議」の組織　169

第2項　第8回人民代議員大会　171

第3項　「特別統治秩序に関する大統領令」　176

第4項　第9回人民代議員大会　178

第2節　国 民 投 票　183

第1項　国民投票の結果　183

第2項　2つの憲法草案　186

第3節　憲法協議会　188

第1項　憲法協議会の創設　189

第2項　憲法協議会の構成　191

第3項　新憲法をめぐる審議内容　193

第4節　「10月事件」と憲法制定　198

iv

第1項 「10月事件」 198

第2項 最終草案の策定 200

第3項 国民投票による憲法制定 204

第5節 小　　括 205

第7章 結　　論 …………………………………………217

第1節 重層的転換における政治制度の形成 217

第2節 強い大統領制と非対称な連邦制 221

第3節 21世紀のロシア 223

参考資料 ロシア人民代議員大会・最高会議の主要会派 227

参 考 文 献 231

あ と が き 247

事 項 索 引 253

人 名 索 引 257

目　次　v

図 表 目 次

図 1-1　レミントンの空間モデル　15
図 2-1　ブレジネフ時代の共産党・ソヴィエト機構組織図　37
図 3-1　1990 年から 1993 年のロシア議会の選出方法　69
図 5-1　最高会議内のブロック・会派分布(1992 年 5 月〜6 月)　125
図 5-2　各派の代表的人物の選好　146

表 1-1　既存研究の問題点と本書の視角　19
表 3-1　ソ連とロシアの人民代議員大会の比較　69
表 3-2　ソ連とロシアの最高会議の比較　69
表 3-3　第 1 回人民代議員大会(1990 年 5 月〜6 月)における議員の政治的志向性　73
表 3-4　第 1 回人民代議員大会における最高会議議長選挙(1990 年 5 月 26 日)の結果　76
表 3-5　第 1 回人民代議員大会における最高会議議長再選挙(1990 年 5 月 29 日)の結果　76
表 4-1　ロシア共和国におけるソ連維持に関する国民投票の結果　99
表 4-2　ロシア共和国における大統領制導入に関する国民投票の結果　99
表 4-3　1991 年 6 月 12 日の大統領選挙の投票結果　102
表 4-4　連邦条約をめぐる立場の相違　109
表 5-1　第 6 回人民代議員大会(1992 年 4 月)における会派とブロックの構成　125
表 5-2　政府法の争点　145
表 5-3　第 7 回人民代議員大会(1992 年 12 月)における会派とブロックの構成　151
表 5-4　第 7 回人民代議員大会における首相選出投票の結果　156
表 5-5　投票における各ブロックの凝集度　157
表 6-1　第 8 回人民代議員大会(1993 年 3 月)における各勢力の立場　173
表 6-2　ゾリキン憲法裁判所長官の提案　179
表 6-3　1993 年 4 月 25 日の国民投票の設問　182
表 6-4　1993 年 4 月 25 日の国民投票の結果　184
表 6-5　国民投票において賛成票が 50%未満であった連邦構成主体の数　185
表 6-6　憲法協議会の構成　191
表 6-7　作業委員会メンバーの構成　192
表 6-8　大統領権限と連邦制に関する規定の変遷　203
表 6-9　1993 年 12 月 12 日の全人民投票の結果　204

第1章　政治制度の形成とその意図せざる帰結

第1節　問題の所在——体制転換後のロシアの混乱

　1つの国家が分裂・解体し，そこに一時的な権力の空白状態が生じたとき，そこから新たな秩序はどのようにして生まれるのだろうか。それは，指導者の強力なリーダーシップによって作り出されるものなのだろうか。それとも，権力を握る個人や集団の意図とは異なる形で，新たな秩序は生成するのだろうか。本書は，こうした問題意識を持ちながら，ソ連邦の解体後にロシアでいかにして憲法が制定されたのかを考察するものである。

　1991年12月，ソ連邦が成立から約70年で解体し，ソ連を構成していた15の共和国が別々の国家へと分裂した。1つの国家が分裂・解体するという出来事は，それだけで大きな事件であるが，ソ連の解体は，東西冷戦の終結や，東欧諸国の社会主義体制の連鎖的崩壊に続く形で生じたものであった。したがって，この一連の出来事は，旧社会主義諸国の政治経済体制が転換しただけでなく，国際政治構造の変化も伴うものであったという意味で，世界史的な大事件であったと言えよう。そして，ソ連において中心的位置を占め，ソ連と部分的に同化していたとも言えるロシア[1]が，新たにどのような政治体制を形成したのかという点は，その中でも特に大きな関心を集める問題であった。

　このソ連／ロシアの体制転換過程において，1991年12月のソ連の解体と，1993年12月のロシア連邦憲法の制定という2つの出来事は，大きな節目となるものであった。前者は，社会主義体制の崩壊過程に終わりを告げただけ

でなく，国家の枠組の変化によって，それまでの争点や，そこに関与する政治主体に大きな変化をもたらしたという意味で重要であることは，言うまでもないだろう。後者の憲法制定は，その後のロシア政治における「ゲームのルール」を確定したものであるという意味で重要な転機であった。したがって，この憲法がどのような性格を有するのかを論じることによって，ロシアの新しい政治体制の特徴を明らかにしようとする試みがこれまでにも数多くなされてきたのは，ある意味で当然である[2]。

憲法制定を主導したボリス・エリツィン(Ельцин, Борис Н.)大統領は，大統領と議会の水平的な権力関係においても，中央と地方の垂直的な関係においても，自らへの権力集中を目指した。こうした大統領への権力集中は，体制転換期に生じた政治的・経済的権限の分配をめぐる激しい対立を収束させ，政治的安定や秩序を確保した上で市場経済改革を迅速に進めるために必要であるということを，その大義名分としていた[3]。エリツィン大統領自身も，「強い大統領」が「国家の安定」をもたらすという認識を持っていた[4]。つまり，ソ連時代からの経済的な閉塞状況を打破し，様々な分野での改革を推し進めるという目的のために，「開発独裁」的な統治が正当化されたのであった。

実際，憲法制定の最終段階では，そのような傾向が特に顕著であった。後述するように，この憲法は，1993年秋にエリツィン大統領が議会機能を停止し，反対勢力との衝突に勝利した「10月事件」の後に，エリツィンがほぼ単独で策定した憲法草案を国民投票に付すことにより成立にこぎつけたものである。国民投票の直前に，エリツィンは，大統領と議会の関係では大統領権限を強化し，中央・地方関係では，連邦構成主体[5]のうちで自立化傾向が強かった共和国の権限を制限するような形で憲法草案を修正した。このように，ロシアの憲法は，最終段階で権力の一極集中的傾向を強めたのであった。

しかし，現在では1990年代のロシアは「地方の自立化」が顕著であり，そのことがこの時期の社会的混乱の一因であったと考えられている。実際に，2000年に大統領に就任したウラジーミル・プーチン(Путин, Владимир В.)

大統領も，その年に行った年次教書演説で次のように述べている。

　　権力の優柔不断さや国家の弱さは，経済その他の改革を無意味にしてし
　まいます。権力は法と，法に基づいて形成される単一の行政的な垂直性に
　立脚しなければなりません。私たちは島を，別々の権力の島を形成してき
　ましたが，その間に信頼できる橋を建設しませんでした。これまでのとこ
　ろ，権力の異なるレベル間での効率的な協力関係ができていません。これ
　については，私たちはあなた方〔議員たち〕と何度も話し合ってきました。
　中央と地方(中略)はまだお互いに権限をめぐって争っています。そして，
　しばしば相互に破壊的になる争いを，無秩序や専横が利益になる人々や，
　効率的な国家の欠如を自分の目的のために利用する人々が，眺めているの
　です[6]。

　プーチンは，このような中央権力の弱さ，中央と地方の権限争いが国家と
しての行政能力の低さを招いており，それがロシアの直面する経済的・社会
的問題の根源にあるという見方をしていた。そして，「強い国家」の実現を
目指して，中央集権化を進めたのである。確かに，1990年代に進んだ「地
方の自立化」は，徴税をはじめとする国家の行政能力の低下を招き，汚職や
闇経済の拡大などの問題の一因となった。しかし，地方への権限移譲自体は
法的手続きを無視して進められたわけではなく，憲法の規定に則ったもので
あった。すなわち，中央政府と各地方政府が個別(バイラテラル)に両者の権
限区分を定めることを認めるという規定が，憲法には設けられていたのであ
る。詳細は後述するが，このようなバイラテラリズムが憲法に導入されたこ
とで，1994年以降中央政府と地方政府が「権限区分条約」を次々と締結し，
両者の権限区分を個別に定めていった。その結果，連邦構成主体ごとの権限
の相違が大きくなり，連邦制の非対称性が拡大した上に，一部の連邦構成主
体が自立化傾向を強めることになったのである[7]。
　以上のことから，憲法制定を主導していたエリツィン大統領は，大統領・
議会関係においても，中央・地方関係においても自らへの権力集中を求めて

いたが，他方で憲法には中央・地方関係の遠心化につながる要素も含まれていた。そして実際，憲法制定以降この遠心化傾向が強まり，中央政府の統治能力は著しく阻害された。それでは，1993年12月に制定されたロシア憲法が，このように相反する制度を併せ持つことになったのはなぜだろうか。エリツィン大統領は，「強い大統領制」に固執し，集権的統治を求めた(そして部分的にはそれを実現した)にもかかわらず，なぜこうした憲法規定を設けたのだろうか。本書の目的は，この問いに答えることにある。この点は，1990年代のロシアの政治の展開や，プーチン政権期に実施された政治改革の意味を考える上でも重要であり，考察に値する問題である。

　結論を先取りして言えば，ソ連／ロシアの複雑な体制転換過程において，大統領制の問題と連邦制の問題が密接に関連するようになったことが，この憲法が異なる方向性を持つ制度が並存すること(以下では，これを「統治制度の「二面性」」と記す)になった原因であるというのが，本書の主張である。新憲法策定過程で，エリツィンは自らの権力維持と国家の安定化のために強い大統領権限を志向した。そして地方指導者を取り込むことによってその憲法の採択を実現しようとした。そのため，連邦制については彼らの要求を部分的に受け入れざるを得なかった。その結果の1つが，タタルスタン共和国との妥協という形で盛り込まれた前述のバイラテラリズムに関する規定である。そしてそのことは，制度設計者の予想以上にロシアの遠心化を招くことになった。つまり，1990年代のロシアの遠心化は，強い大統領制が導入されたにもかかわらず生じたのではなく，強い大統領制が導入されたからこそ生じたという側面がある。

　この点を明らかにするために，本書では，ソ連／ロシアの体制転換過程の分析を行う。憲法制定過程を分析した研究は多いが，その大半は，政治的に優位な政治主体の選好が，形成される政治制度に反映されるという前提の下で，いかなる制度(ここでは特に強い大統領制)が形成されたかを説明してきた。しかし，そのような視点では，なぜ相反する特徴を持つ制度が同時に成立したのかという問いには答えられない。そこで，本書は，ソ連／ロシアの体制転換過程を分析する上でより適切なアプローチを設定し，この問題に答

えることを試みる。具体的には，ソ連／ロシアの体制転換過程の特徴である「重層性」に着目し，このことがいかに各政治主体の選好の変容や「改革の連鎖」をもたらしたのか，そしてそのことが形成される政治制度の特徴にいかなる影響を及ぼしたのかという視点から，分析を進める。

　この章では，第2節において，本書で説明される主要な概念を定義し，体制転換の結果，どのような政治制度が形成されたのかを整理する。続いて第3節で，既存研究を批判的に検討する。第4節では，本書が着目する体制転換の「重層性」とはどのようなものか，そしてこの点に関するこれまでの研究の成果とその限界について述べる。そこで明らかになった問題点を踏まえ，第5節では本書が採用する分析枠組を提示し，本書全体の構成について簡単に述べる。最後に第6節では，この研究の議論の射程とその意義について述べる。

第2節　統治制度の変容──ソ連共産党から大統領制と連邦制へ

　本書は，ソ連／ロシアの体制転換過程において，新しい統治制度がいかに形成されたのかを説明するものである。本節では，ここで用いる「統治制度」とは何かを定義し，ソ連からロシア連邦へと移行する過程で，それがどのような変容を遂げたのかを素描する。

　「統治制度」を定義する際には，政治体制との違いから考えることが理解しやすいだろう。山口によれば，政治体制とは「政治権力が，社会内で広範な服従を確保し，安定した支配を持続するときに，それを形づくる制度や政治組織の総体」であり，それは(1)正統性原理，(2)統治エリート集団，(3)国民の政治的意思表出と政策形成の制度，(4)国家による物理的強制力の独占，(5)国家による社会再編化の仕組みという5つの構成要素から成る[8]。

　これに対し，「統治制度」は，「政治体制の中で，政策形成にかかわる意思決定とその決定の遂行を担う制度の総体」であるとここでは定義する。これは，政治体制の中で特に「支配＝統治」の側面を支えるものである。そして，ある特定の領域に対する支配は，それに必要な命令を「決定」するという局

面と，そこで決定された命令を「遂行」するという局面から構成される[9]。これは，政治体制における国民の意思表出や利益代表などの局面を除外し，「支配」に焦点を当てた概念であり，政治体制よりも限定的な概念である[10]。

ソ連の政治体制において，統治制度の役割を果たしていたのは言うまでもなく共産党であった。共産党は，中央での実質的な意思決定機関であっただけでなく，党組織を社会の隅々にまでめぐらすことで，その政策の遂行を担ってもいた。社会主義体制の崩壊とソ連という国家の解体は，共産党が作り上げたこのヒエラルヒーの動揺に端を発したものであり，体制転換の過程では共産党に代わり新たにどのような統治制度を設けるのかという点が，大きな政治的争点となった。すなわち，この争点は中央における意思決定機関をめぐるものであると同時に，中央と地方の結び付きのあり方をめぐるものともなったのである[11]。そして，この争いに一定の決着をつけたのが，1993年12月のロシア連邦憲法制定であった。これによって，中央での意思決定を担う制度（大統領制）と，中央・地方関係に関する制度（連邦制）という2つの政治制度を骨格とする新たな統治制度が確定し，ロシア政治の「ゲームのルール」が一定の安定を見ることになった[12]。

したがって，ロシアの新しい政治体制を考察する上で，この2つの政治制度の特徴が様々な形で検討されてきた。大統領制については，まず何よりもその権限の強さが指摘されてきた[13]。例えば，憲法では，首相の任命や議会による政府不信任に関しては，大統領が国家会議（連邦議会下院）に対して優位に立つことを制度的に保障した[14]。また，大統領の弾劾は認められているが，その手続きは非常に複雑で，実現は容易ではない。立法に関しても，議会で可決された法案に対する大統領の拒否権を覆すには下院議員総数の3分の2以上が必要であるし，大統領は特に制限なく大統領令を発することもできる。このように，ロシアの大統領は，「超大統領制[15]」とも呼ばれるほどの「強い大統領」の存在が大きな特徴であり，他国との比較においても，大統領の権限が大きいことが指摘されている[16]。また近年，ロシアにおける「民主化の停滞」や「権威主義化」を論じる研究が増えているが，これらの研究の多くが第一に指摘するのが，この大統領制の問題である[17]。このよう

に，ロシアにおける大統領制の成立やその権限をめぐる問題は，単に1つの政治制度の形成に関する問題ではなく，政治体制の特徴を決定する重要な要素と捉えられてきた[18]。

連邦制についても数多くの研究があるが，その大半はロシアの連邦制の「非対称性」を最大の特徴として挙げている[19]。スライダーは，「非対称な連邦制」を「いくつかの地方が他の地方よりも大きな権力を与えられる」ことと簡潔に定義しているが[20]，厳密にはこの言葉はいくつかの異なる要素を内包しているので，ここで整理しておく。

非対称性の第一の意味は，連邦構成主体が民族的原理と地域的原理という2つの区画原理を持つということである。ロシアの連邦制は，ソ連時代の行政区画を引き継ぎ，民族的区画である共和国，自治州，自治管区と，地域的区画である地方，州，連邦的意義を持つ市（モスクワ，サンクト・ペテルブルク）という6種類の連邦構成主体から構成されている。このような区画原理の多様性が「非対称性」の第一の意味である。

第二には，連邦構成主体ごとに権限が異なるということを意味するが，この問題は事情がやや複雑である。憲法では，第71条から第73条にかけて連邦中央と連邦構成主体の権限の区分を定めているが，そこでは連邦構成主体の権限が種別ごとに区別されているわけではない。また，第5条は「連邦権力機関との関係においては，連邦構成主体は互いに同権である」と定めている。したがって，憲法上は連邦構成主体の権限に違いはない[21]。

しかし，中央と地方の権限区分は可変的である。第78条では，中央政府と地方政府は，協定によって，それぞれの権限の一部を両政府間で移譲できると定めている。また，第11条第3項は，「ロシア連邦の国家権力機関とロシア連邦の連邦構成主体の国家権力機関の間の管轄事項及び権限の区分は，この憲法，管轄事項及び権限区分に関する連邦条約，ならびにその他の条約によって行う」（傍点引用者）とし，中央と地方の関係は「憲法」「連邦条約」「その他の条約」という3種類の文書が規定することになっている。この「その他の条約」に当たるのが権限区分条約である。憲法第2編の雑則には，連邦条約やその他の条約が憲法に違反する場合には，憲法の規定が施行され

ると記されているが，1994年以降，連邦中央と連邦構成主体の間で個別に権限区分条約が締結されるにつれ，権限区分条約と憲法との関係が問題視されるようになった[22]。

　以上のことを整理すると，ロシアの連邦制における非対称性は，行政区画原理の多様性と連邦構成主体の非同権性という2つの要素から成り，後者については，憲法は全体として同権性を重視するものであったが，権限区分条約の締結によって徐々に非同権性が拡大していったとまとめられる。もちろん，現実にはこの2つの要素は無関係ではないし，この問題に直接的に関わっていた政治エリートも，当然両者を関連付けて考えていた。例えば，自立化を志向していた共和国は主に，行政区画原理の違いに依拠して自分たちに特別の権限を与えるよう要求したし，スヴェルドロフスク州のエドゥアルド・ロッセリ（Россель, Эдуард Э.）知事が1993年7月に「ウラル共和国」創設構想を発表したことも，地方や州の指導者たちは，権限の差異をなくすためには共和国の地位が必要だと考えていたことを示唆している。ただし，分析概念としてはこの2つの要素を区別し，ロシアの連邦制はどういう意味で「非対称」なのかを明確にする必要がある[23]。

　このように，1990年代のロシア連邦における大統領制と連邦制は，ソ連時代の共産党に代わる新たな政治制度として，言わば統治制度の縦糸と横糸の役割を果たすものであった。しかし，大統領制が強大な権力を持つ大統領の下での集権的統治を志向する一方で，連邦制は非対称性（非同権性）が拡大する可能性を内包していた。実際に，憲法制定以降，権限区分条約によって中央と地方のバイラテラルな関係が積み上げられることで，連邦制の非対称性は拡大した。そしてロシアの場合には，この非対称性は，中央による一貫した政策の遂行を困難にしたために，中央・地方関係の遠心化をもたらした[24]。さらに，バイラテラリズムが拡散したことにより，中央と地方の関係が大統領と連邦構成主体首長との個人的関係に依拠する度合いも増した。そのため，大統領による個人主義的な統治が進行し，国家の弱さが助長される結果にもなった。冒頭に紹介したプーチンの演説は，そのような状況を問題視したものであるし，ロシアの政治学者シェフツォーワも，「見かけ上は強

大な権限を持った大統領は実際には無力なものであった」と述べている[25]。

第3節　既存研究とその問題点

　それでは，このような統治制度がいかにして成立したのかという点について，既存の研究はどのように説明しているだろうか。体制転換期における制度の形成については，ロシア政治研究，比較政治学の双方でこれまでにも数多くの研究がなされてきた。そして，これらの既存研究を分析アプローチに基づいて分類すると，合理的選択論と構造論という2つに大別できる。第一の合理的選択論は，以下の4つの基本的仮定に基づき，分析を行う。すなわち，(1)主体は固定的な選好を持つ，(2)政治は集合行為のジレンマの連鎖であるとみなされる，(3)主体は他の主体の行動に対する期待に基づいて行動する，(4)主体が主意主義的(voluntaristic)に制度を形成する，この4つの基本的仮定に基づき，合理的選択論者は比較的短い期間に分析の射程を絞り，合理的な主体が相互作用を繰り広げる中でいかなる制度を選択したかを論じる。これに対し，構造論(歴史的制度論)アプローチは，より長期的な観点から分析を行い，社会経済構造や制度的遺産などの客観的条件が，どのような制度が形成されるかを決定するという見方である[26]。

　1980年代から1990年代にかけて比較政治学の分野で大きな潮流をなした民主化論(移行論)や「憲法工学」は，合理的選択論を用いた研究が主流であった。そうした研究の影響を受け，ロシアの政治制度形成に関する研究の多くも，合理的選択論アプローチをとるものが多かった[27]。例えばフライは，選挙の本命候補の交渉力(the bargaining power of the electoral favorite)と選挙結果に対する不確実性の程度(the degree of uncertainty over the electoral outcome)が，旧ソ連諸国における大統領権力の大きさを決定するとして，主体間の権力バランスに注目した「選挙交渉アプローチ」の有用性を主張した。それによると，本命候補の交渉力が高ければ高いほど，そして，不確実性が低ければ低いほど，大統領権力は大きくなるという。また，転換期の不確実性や経路依存の重要性を指摘するマクフォールの議論も，最終的な

10

制度の確定については，エリツィン大統領の権力や戦術から説明しており，これも合理的選択論と位置付けられる[28]。さらに，ロシアではソ連解体以降に大統領と最高会議（議会）議長の政治的対立が深まったことを受け，両者の対立とその権力バランスに焦点を当て，双方がどのような政治制度を求めて争ったのかを詳細に記述している研究も数多く見られる[29]。

これに対し，構造論アプローチをとる研究は，旧体制下で生じたエリート間の資源配分が体制転換期に選択される制度を決定すると主張している[30]。例えば，キッチェルトは，旧ソ連・中東欧の共産主義体制を官僚制権威主義型（bureaucratic authoritarian），国民妥協型（national accommodative），家産型（patrimonial）の3つに分類し，旧体制の類型が移行の様式や制度の選択を規定したと主張している。そして，家産型共産主義であった旧ソ連諸国では，体制側エリート（共産党エリート）が主導する「先取り型（preemptive）」の体制転換となるため，彼らに好ましい制度として強い大統領制が設けられたとしている。また，旧ソ連諸国の多くで採用された準大統領制は，ソ連時代の共産党中央委員会と政府との間の機能分担を，大統領府と政府との間に移転したものだとして，旧体制における制度的遺産の役割を論じるものもある[31]。

連邦制についても，政治主体の権力関係に焦点を当てたものと制度の経路依存的性格を主張するものに大別することができる。前者は，「10月事件」以降優位な立場に立ち，憲法制定過程を独占したエリツィンが，集権化を進めた点を強調する[32]。実際，新憲法の最終草案策定の過程で，それ以前の草案に含まれていた事項（共和国の「主権」条項など）が削除され，部分的には集権化が進んだ。また，この過程を連邦中央が主導したことによって，憲法は連邦優位の連邦制を定めることにもなった[33]。他方で，フィリッポフらは，憲法に組み込まれたバイラテラリズムは政治家の意図的な選択の結果ではなく，ゴルバチョフ期の政治改革の結果であり，経路依存的帰結であると主張している。憲法制定直後の1994年2月に中央政府と権限区分条約を結んだタタルスタン共和国は，ソ連解体以前から二国間関係を模索しており，それが後の展開に大きな影響を与えたというのである[34]。

以上のように，分析レベルの違いがあるにせよ，既存研究はいずれも政治制度の選択には主要な政治エリートが持つ資源や権力の配分状況が重要であり，資源や権力に勝るエリートの意図が反映される形で制度が形成されるという見方を有している。これは，個々の政治制度の特徴を見る上では一見妥当なようである。しかし，統治制度全体を考えてみると，そこに「二面性」が存在するのはなぜか，言い換えれば，集権化と遠心化という相反する傾向が並存しているのはなぜかという疑問が浮かび上がる。より具体的に言えば，それは，大統領・議会関係においても中央・地方関係においても集権化を推し進めることができたエリツィンが，なぜ権限区分条約に関する規定については「意図的な選択」をしなかったのかという問題である。

この問題を考えるためには，ロシアの体制転換過程の全体像を捉えることが必要であろう。では，そのためにはどうする必要があるか。この点を既存研究の限界という点から考えてみたい。第一の問題点は，既存研究の多くが，各政治主体の選好を所与としており，政治主体間の権力バランスや資源の分布状況に応じて，その選好が政治制度に反映されるという前提を有している点にある。しかし，バーンズが述べているように，この時期の政治過程に関与している主体はより多様であったし，体制転換という大きな変動を経験する中で，各主体は選好・利益を大きく変化させていった[35]。したがって，たとえ主体を分析の中心に据えるとしても，主体の選好や利益を先験的に設定するのではなく，その選好や利益がどのように形成されたのかを緻密に議論する必要がある。そしてそのためには，主体の選好や利益を形成する上での制約要因として，主体を取り巻く環境や社会構造が明らかにされなければならない[36]。

第二の問題点は，この「主体を取り巻く環境」に関するものである。次節で見るように，ロシアの体制転換は「重層的」なものであったが，従来その影響は十分に論じられず，複数の問題群があってもそれらをめぐる対立軸は同じであるとみなされる傾向にあった。特に，体制転換過程を「大統領と議会の対立」という図式で捉える上述の研究は，政治対立を一面的に捉えているものが多い。そのため，個別の政治制度の形成に関する説明は一見説得的

であるように見えるが，統治制度全体の特徴について，一貫した説明はなされていない。

第4節　重層的転換論

上で述べた2つの問題点を克服するために，以下では，ソ連／ロシアの体制転換の「重層性」という特徴に着目し，この特徴が制度形成に与えた影響を考察するための分析枠組を提示する。本節では，その前提として，まず第1項でこの体制転換の「重層性」とはどのようなものであったのかについて論じる。続いて第2項では，この点を踏まえた研究をいくつか紹介し，それらが提供している知見とその限界を明らかにする。

第1項　ソ連／ロシアの体制転換の特徴

前節で検討した既存研究は，体制転換過程の1つの側面については詳細に論じているものの，その全体像を捉えているとは言い難い。そのため，そこから説明される政治制度に対する理解も部分的なものにとどまっている。こうした限界を克服するために，まず，旧体制であるソ連はどのような特徴を有していたのか，そして，ソ連／ロシアの体制転換過程は全体としてどのような特徴を帯びていたのかという点から考えていこう[37]。

ソ連は，国家機関は連邦制をとりつつも，共産党組織が中央集権的な統治制度を形成し，党の優位の下で，党組織と国家機関が機能的にも実体的にもかなりの程度オーヴァーラップするという特徴を持っていた[38]。この「党＝国家体制」においては，共産党が人事権を通じて社会の大部分を支配し，その支配は政治と経済のかなりの領域に及んでいた。また，垂直的構造を持つ党機構を通じて地域的にも広大な領域をカヴァーしており，政治と経済を一体化しつつ中央が地方を規律するというシステムを有していた[39]。

このように，「党＝国家体制」は政治と経済の双方を包含するものであり，かつ党の垂直的機構を通じてその支配は広範囲に及んでいた。そのため，1985年に共産党書記長に就任したミハイル・ゴルバチョフ（Горбачев，

Михаил С.）が経済分野で始めた改革は，経済部門を統轄する党機構そのものの改革へと波及していった。さらに，党機構ヒエラルヒーの相対化を目指した改革は，必然的に地方勢力の台頭による政治の多元化とソ連内部の中央・地方関係の動揺をもたらした。こうして，各連邦構成共和国が自立化を求める中で，連邦制の再編が大きな政治課題となった。しかも，この時期に行われた複数の改革は単に同時進行したというだけでなく，相互に影響を与えながら連鎖していった。ブラウンによれば，「これらの改革はいずれも，残りのひとつが変化しない限り行き詰る可能性が高」く，「それでいて，それぞれの変化が実現すると，今度はその副作用のせいで他の分野の改革が複雑化」するというものであった[40]。そして，これらの改革課題がそれぞれ一定の解決に至らないままに，ソヴィエト体制が急速に瓦解し，ソ連という国家も解体したために，この「改革の連鎖」状況は，部分的にその様相を変えながらも各共和国に引き継がれていくことになった。

　本書では，以上のような過程を「重層的転換」過程と呼ぶ。体制転換が「重層的」であるというのは，単に複数の分野で同時にシステムの転換が生じるというだけでなく，それらが交錯し連鎖することによって，互いの改革の進展を促進したり阻害したりする効果を持つことを意味する。ソ連／ロシアの体制転換においては，経済体制の転換，政治体制の転換，国家の再編という3つの大きな転換が交錯したという考えが一般的である[41]。ただし，この3つの領域は必ずしも同等ではない点にはいささか注意が必要である。つまり，政治体制の転換と経済体制の転換とは対比できるものであるのに対し，国家の枠組の再編という問題は全く次元の異なる問題である。その一方で，国家の再編は，ソ連とロシアの双方において中央・地方関係の再編を引き起こすものであったから，この問題と政治体制の転換は，統治制度の解体と形成に直接的に関わる問題であった。

　いずれにせよ，改革の同時進行性が個々の改革の実現を困難にしたという議論を，ここでは便宜的に「重層的転換論」と呼ぶことにする。例えば，バンスは，ロシアの事例が関心を集める理由として，「民主主義，ネーション，国家，資本主義を同時に建設することの複雑さ」を示していると同時に，

14

「多くの点でポスト社会主義に典型的なケース」であるからだと指摘している。そして，従来の研究はエリート（主体）の選択を過剰に評価する傾向にあったが，彼らの置かれた文脈をもっと考慮すべきだとも述べている[42]。

　確かに，いくつかの改革が同時進行したという事実は，程度の差こそあれ，ポスト社会主義諸国に共通する条件であった。しかし，多くの研究が指摘するように，ポスト社会主義諸国の政治体制・経済体制の特徴は多様であるし，市場経済化と民主化の進展度は相関関係にあると指摘するものもある[43]。改革が重層的であったという事実自体は，ロシアをはじめとするポスト社会主義諸国に共通の特徴として指摘できるとしても，このことがこれらの国々の体制転換の帰結にどのように影響したのかという点は，より緻密に議論されなければならない。論理的には，複数の争点が存在していても，それぞれの争点が独立したものであり，各政治主体が各自の利害に応じて異なる争点の間で取引を行うことが可能であれば，そのことが改革を進展させると考えることもできる。つまり，ある改革の「副作用」が他の改革に否定的な影響を及ぼすということは，必ずしも自明ではない。したがって，重層的転換論が体制転換過程を分析する有用なアプローチとなるには，改革がどのように連鎖し，それがどのような結果をもたらしたのかを論理的に展開することが求められる。

第2項　重層的転換論の視角とその問題点

　それでは，既存研究において，「重層的転換」はどのように考察されてきたのだろうか。

　まず，上野の研究に代表されるように，ソ連／ロシアの体制転換過程を分析した研究の多くは，この時期に行われた様々な改革の経過を丹念に辿ることにより，中央での権力闘争と中央・地方関係をめぐる争いの過程を詳しく論じてきた[44]。そのため，個々の政治闘争の経過については既に多くの知見がもたらされている。その一方で，それぞれの過程は別個に論じられており，これらの改革がどのように交錯したのか，そしてそのことは個々の改革の帰結にどのような影響を及ぼしたのかという点については，検討の余地がある。

「重層的転換」を積極的に分析枠組に取り込もうとした試みとしては，塩川やレミントンによるものがある。ポスト社会主義諸国の体制転換の包括的な比較分析を行った塩川は，「重層的転換」についても言及し，それが改革相互に矛盾関係や緊張関係を生む可能性があることを指摘している。また，その関連で，国家の境界や領域に関して住民の間に合意が存在しないときには，政策決定のルール自体が争点化するため，具体的な政策課題の実行がより困難になるとも述べている[45]。また，レミントンは，経済改革と中央・地方関係という2つの軸から構成される2次元の空間モデルを用いて，この2つの問題に関して異なる利益(無差別曲線)を持つ「エリツィン(民主ロシア)」「共産党(保守派)」「地方行政府」という3者間の対立構造を分析している(図1-1)。それによると，この2次元空間においては，現状(SQ)と異なるどの点に移動しても3者のうち少なくとも1つは損害を被るため，すべての主体が合意できる点はこの空間上に存在しない。そのため，この3者間の交渉は行き詰まらざるを得なかった。そして，エリツィン大統領は，憲法の

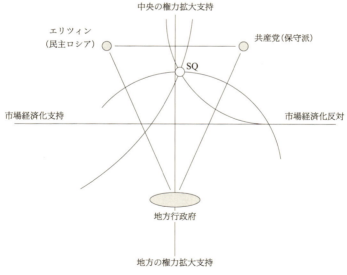

図1-1　レミントンの空間モデル

出典：Remington 2001, 155.

内容を1つのパッケージにして国民投票に付すことでこれを克服した[46]。

　この2つの研究は、イシューの多元性やイシュー間の連鎖がなぜ改革の実現を困難にしているのかを論じているという点で、ポスト社会主義諸国の体制転換を分析する上で示唆に富むものである。前節で挙げた既存研究が、ややもすると二項対立的な図式から体制転換を理解しがちであったことを考えると、こうした分析手法はより実態に即したものだと言えよう。

　ただし、「重層的転換」がどのように制度形成に影響を与えたのかを考察する上で、やはり不十分な点がある。例えば、上記のレミントンの研究は、そもそも主たる関心が議会制度に寄せられていることもあり、新憲法の全体的な特徴については明確な記述がないが、新憲法をめぐる交渉の行き詰まりを打破するためにエリツィン大統領が国民投票を実施したことを重視しており、憲法採択を主導した大統領の意向が憲法にそのまま反映された（すなわち、強い大統領制を中心とする集権的統治制度が形成された）かのような印象を受ける[47]。そのため、やはり統治制度の「二面性」がなぜ生じたのかという問いには答えられていない。

　それは、前節で指摘した既存研究の問題点が完全には克服されていないためだと考えられる。前節の最後に、既存研究には、(1)各政治主体の固定的利益が政治制度に反映されるという前提を有している、(2)体制転換を一面的に理解している、という2つの問題点があることを指摘した。本節で検討した「重層的転換論」は、改革の連鎖やイシューの多元性という要因を考慮するものであり、その意味で(2)の点はクリアされている。ただし、(1)についてはその他の研究と同様の問題を抱えている。レミントンの空間モデルに端的に表れているが、各政治主体の利益や選好は所与とされているため、ダイナミックな体制転換の全体像が捉えられていない。そのため、強い大統領制の形成や集権化は説明できても、それが「二面性」を持つ統治制度の一端であることは説明できないのである。しかし第1節で述べたように、この「二面性」の問題こそが1990年代のロシア国家の混乱を考える上で非常に重要であることを考えると、この点を説明できるような別の分析枠組が必要である。

第5節 分析枠組と構成

第1項 分 析 枠 組——体制転換の動態的分析に向けて

　第3節と第4節で論じてきた既存研究の問題点をまとめると次のようになる。既存研究の多くは、資源や権力が優勢な政治主体がいかに自らに有利な政治制度を形成したか、そして、ロシアの文脈では、そうした立場にいたエリツィンが、いかに強い大統領制を導入したのかを説明しようとしてきた。ただし、それと同時に、憲法には遠心化につながる要素も含まれることになったが、この2つの連関が統一的に説明されることはなかった。体制転換の重層性を指摘する研究は、改革の連鎖（イシューの多元性）を指摘したという点で重要な貢献をしたが、政治主体の利益、選好を固定的なものと捉え、権力や資源の配分状況が制度を決定することを前提としているという問題点は、残されたままである。

　このような問題点を克服するために、本書は2つの視角を組み合わせながら分析を進めていく[48]。まず、「重層的転換」とは、複数の改革が交錯しながら展開していくものであるため、個々の改革課題について、どの主体がどのような利益を有していたか、そして異なる利益を持つ諸政治主体は何を争点として対立し、それらの主体間の相互作用の結果はどうなったのかを明らかにする。ソ連時代には長らく社会集団の組織が制限されていたので、体制転換期に次々と形成された政治連合も組織的に脆弱なものが多かった。そのため、改革課題が変化すると、政治エリートの連合のあり方も変化することになった。そこで、それぞれの問題について、どのような対立軸が存在し、それをめぐってどのような集団が対立したのかを整理することが第一の課題となる。

　第二に、それら複数の改革はいかなる形で連関していたのかを論理的に解明する。「重層的転換論」がこれまでに展開してきた「改革の連鎖」に関する議論を、第一の課題の分析を加えることで、より包括的で、ダイナミック

なものにする。つまり，複数の改革が同時進行していたことを指摘するだけではなく，個々の改革がもたらした結果や影響を考察することで，改革の連鎖のあり方をより体系的に明らかにすることがここでの課題となる。ある改革課題において異なる利益を持つ主体間の相互作用の結果は，別の改革課題に対してどのような波及効果を与えたのか，そして，その結果は各主体の権力の変化や合従連衡にどのような影響を持ったのか。このような点を分析し，「重層的転換」がいかなるダイナミズムの下で展開していったのかを論理的に解明する。

　以上の2つの作業を通じて，強い大統領制を導入し，集権的統治を志向したにもかかわらず，連邦構成主体間の非対称性が拡大しうる要素が憲法に組み込まれたのはなぜかという問題を明らかにする。これが第三の課題であり，本書が明らかにすべき中心的問いでもある。

　これまでに述べてきた既存研究の問題点と本書がとる分析視角をまとめてみるならば，表1-1のようになる。左列には既存研究の分析視角，中列にはその問題点を記し，右列にそれに対応した解決方法として本書の視角を示した。また，右列の(1)から(3)は，前段に記した3つの課題に対応している。第3章以下の実証部分では，まず(1)について，体制転換期に浮上した3つの分野の改革について，①それぞれの課題，②そこに関わる政治主体の選好，③その課題をめぐる対立の帰結を順に検討する。その際，他の改革分野への波及効果についても考察することによって，改革がいかに交錯していったのか，すなわち，「重層的転換」がどのように展開したのかを論理的に解明することを試みる。これが(2)に当たる。この2つの作業を通じて初めて(3)について論じることができるようになる。

　このようなアプローチをとるため，本書の議論は，やや複雑なものとならざるを得ない。なぜなら，複数の問題を同時に取り扱うことになるのと同時に，イシューごとに関与する主体や対立軸が変化していく過程を辿っていくことになるからだ。例えば，経済改革をめぐっては社会階層に応じて形成された政治的連合を中心として，それらの利害対立が調整されていったのに対し，中央・地方関係をめぐっては，行政区分(連邦構成主体)ごとの利益の違

表 1-1　既存研究の問題点と本書の視角

既存研究	既存研究の問題点	本書の視角
政治主体の利益・選好を所与とした上で政治主体間の権力バランスを分析	政治主体の利益・選好を固定	(1) 課題ごとに政治主体の選好を整理し，主体間の相互作用を分析
	「重層的転換」の分析が不十分	(2) 「重層的転換」の展開を論理的に解明
大統領権限の強さ／集権化に注目	制度の実態と乖離	(3) (1)と(2)に基づき，政治制度間の関係を精査

出典：筆者作成。

いが，中央との交渉の中で表明された。そのような対立軸をめぐる主体間の相互作用が交錯する中で，それがどのような帰結を生み出したのかを丹念に辿っていくことが，本書が実証部分で行う作業である。

　ただし，こうした作業は，細部の検討自体を目的としているわけではないということも付言しておきたい。本書の目的は，あくまでロシアの統治制度の全体像を理解することであり，そのためにこのようなアプローチをとることが不可欠なのである。その理由をより一般的な形で明確にしておこう。第一に，既存研究は静態的な分析が中心であったのに対し，本書はより動態的な分析を行う。そしてその際には，物事が起こる順序とそのタイミングを重視する。なぜなら，複数の改革が交錯する中で，それぞれの問題が生じるタイミングとその連鎖の順序は，各政治主体の選択肢を限定することになり，その問題の帰結に大きな影響を及ぼすからだ。こうした点を勘案するためには，個々の問題の対立軸とそれに関与する政治主体の選好を明確にした上で，これらの政治主体の相互作用の結果や，ある改革課題の他の課題への波及効果を考察する必要がある。例えば，ソ連解体後の新生ロシアが政治改革ではなく経済改革を優先したのはなぜかを考えるには，それ以前の改革がどのような状況をもたらしていたのかを考察する必要があるし[49]，その経済改革がもたらした帰結についての考察も，その後体制転換がどのような経過を辿ったのかを見る上で欠かせない。以上のような考察を加えることにより，1993年12月の憲法制定に至るまでの経路を論理的に明らかにすることができるだろう。

第二には，複数の改革が交錯する状況では，政治主体は一見「最適」とは思えない選択肢をとるということを本書のアプローチは示すことができるだろう。既存研究の多くは，ある政治主体が他の政治主体より優位な立場にあれば，その主体は自らの利益に即した政治制度を形成できると仮定しており，政治主体間の権力バランスを分析することで，どの政治主体の選好が形成される政治制度に反映されたかを考察してきた。これに対し，本書は，「重層的転換」過程で複数の改革が交錯していくと，主体の選択が制約されていくと考える。ツェベリスは，このようにあるゲームにおける選択が，別のゲームに影響を受けている状態を「入れ子ゲーム（nested games）」と呼んだ。そのような状態では，ある有力な政治主体が自らの利益に見合う政治制度を形成することを望んでいたとしても，その政治主体は自分にとって最適な選択を行えなくなる可能性がある。そして，1つのゲームしか観察しない観察者は，最適な選択が何かという政治主体の判断を誤って捉える危険性がある[50]。

第三には，「重層的転換」により複雑化した利益構造の中で行われる選択は，不確実性が増し，主体の意図と異なる結果をもたらしうる[51]。一般的に，憲法は様々な政治制度のパッケージであるから，そこには多様な主体の利害が複雑な形で組み込まれている。そのため，その規定が，憲法策定に最も影響力のある政治主体の「設計」どおりに機能するとは限らない[52]。このように，政治制度は必ずしも特定の政治主体の意思を反映したものとは限らないというのが本書の立場であり，そのために細かな政治過程の分析を行う。

以上のように主体の選択に対する制約条件を考察することで，本書は，既存の制度形成研究において優勢であった合理的選択論の修正を促す。合理的選択論が採用してきたように，短期的に生じた急激な変化を扱う上ではミクロなレベルでの分析が欠かせないが，同じレベルでの分析を重ねながら，以下では一般的な合理的選択論とは異なる結論が導かれることになるだろう。ここでの試みは，マクロな構造的要因や主体を取り巻く環境の変化を考慮しながら，主体の限定された選択を考察するという意味で，合理的選択論と構造論アプローチを架橋するものであり，この点に本書の方法論的な貢献はあ

ると考えられる[53]。

　ただし，それでもここでの分析の対象は主に政治エリートに限定され，大衆や社会運動などの分析はかなり捨象されている。当然ながら，このことは，ロシアにおいて大衆や社会の運動が全く意味を持たなかったことを意味しているわけではない。しかし，ソ連／ロシアの体制転換は概して政治エリート主導の「上から」の運動として生じ，社会運動はソ連末期に一時的に盛り上がったものの，市場経済化に伴い市民生活が混乱する中で市民の多くは政治に対する関心を失っていき，権力闘争に明け暮れる政治エリートに不信感を強めていった。そのため，ロシアに新しい憲法体制が成立する上で，「下から」の動きが与えた影響は非常に限定的なものとならざるを得なかった。このようなことから，本書では，中央・地方レベルの政治エリートを主たる分析対象としている。

　なお，本書が考察の対象とする時期は，ゴルバチョフの改革が始まった1985年からロシア憲法が成立した1993年12月までである。特に，1990年5月から1993年12月までの時期が議論の中心となる。1990年5月というのは，ロシアに人民代議員大会と最高会議という独自の議会制度が設置されたときであり，これは，従来ソ連と部分的に同化していたロシアが，その自立性を明確にしていく大きな転機となった。また，憲法が制定された1993年12月以降，ロシア連邦における政治の基本的ルールは確定し，それ以前とは政治の様相が大きく変容した。そのため，この約3年間は，ロシアの政治的発展にとって，その他の時期と区別されるべき時期である。ただし，1991年末まではソ連が存在していたため，1990年から1991年末までの時期と，1992年以降の時期との間では，前提となる条件が大きく異なった。この点をよく理解するためには，ゴルバチョフによる改革の時期から考察を始め，社会主義体制の崩壊とソ連の解体へ向けた動きについても検討する必要がある。本書が1985年から1993年末という時期に分析の対象を置くのは以上のような理由による。

第2項 構　成

　以下では，表1-1に記した(1)から(3)の作業を順に進めていく。第2章では，(1)の前提として，まず，旧体制であるソ連の統治制度の特徴を整理し，その体制に潜んでいた矛盾を明らかにする。そして，旧体制が動揺する中で，なぜ「重層的転換」が生じたのか，そして，それはいかなるものであったのかを明示する。ここでは，まず，ソ連を「党＝国家体制」と位置付け，それがどのような特徴を持っていたのか，そして，この体制はペレストロイカ前夜の1980年代前半にはいかなる問題を抱えていたのかを論じる。共産党は，ソ連共産党を頂点として党組織を行政区分（共和国，地方，州，市，区など）ごとに持ち，末端では職場ごとに初級党組織を設けることによって，1つの大きなピラミッドを形成していた。そして，このピラミッド構造は，社会の大部分を覆っており，中央で決定された政策を遂行する機能も担っていた。すなわち，ソ連では，国家的所有という原則の下で，共産党が意思決定を独占し，それに基づく中央集権的な計画経済が全国で遂行されたのである。この「党＝国家体制」の下では，共産党が人事権を通じて社会の大部分を支配し，その支配は政治と経済のかなりの領域に及んだ。また，垂直的構造を持つ党機構を通じて地域的にも広大な領域をカヴァーしていた。このシステムは，第二次世界大戦直後までは，大規模な工業化を実現するなど一定の成果をもたらしたが，軍需産業への過剰な依存やシステムの肥大化による効率性の悪化などの問題が，早くも1960年代から存在しており，システムへの負荷となっていた。

　続いて，このようにソ連で長らく存在していた問題が，ゴルバチョフの登場によって一気に表面化し，その後改革の動きが，指導部の当初の意図を超えて体制全体を揺さぶるほどの大きな変動に発展していく過程について述べる。1985年3月にソ連共産党書記長に就任したゴルバチョフは，まず体制内改革として経済改革を開始し，体制の刷新を図った。しかし，経済改革は既得権益を持つ党及び国家官僚の妨害を受けたため，指導部はこれら官僚機構の改革を実施しないことには経済改革の進展は不可能であるという認識を

持ち，1988 年頃から新たに政治改革に乗り出した。この政治改革は，党機構を中心に存在していた従来の垂直的統制の緩和をもたらしたため，政治が多元化し始め，今度は各連邦構成共和国において新たな政治勢力が台頭するようになった。これら共和国エリートは，ナショナリズムを喚起しながら連邦中央からの自立化を要求し，ソ連の中央・地方関係を大きく揺さぶった。こうして，1990 年頃までには，経済分野では行政的＝指令的経済から市場経済への移行（特に私有化問題）が，政治分野では共産党に代替する統治制度の創設と国家の再編という事態が，複雑に絡み合うようになったのである。そして，これらの問題がいずれも最終的な決着に至らないうちに，ソ連は解体してしまったため，上記の問題は各連邦構成共和国に引き継がれていくことになった。以上の点を第 2 章では確認する。

　第 3 章から第 6 章は，1990 年から 1993 年までの政治過程を分析するが，そこには 2 つの目的がある。第一の目的は，「重層的転換」過程における各政治主体間の対抗関係の変遷を整理することであり，第二の目的は，その中で各改革課題がいかに交錯したのかを論理的に明らかにすることである。これはそれぞれ，表 1-1 の (1) と (2) に対応する。また，この 4 つの章で「政治主体」として考察の対象となるのは主に，議会内で議員が形成した政治連合である会派やブロック，各連邦構成主体の利益を代表するために積極的に活動した連邦構成主体行政府，そして，1991 年 7 月にエリツィンが就任した大統領である。これらの政治主体が，ペレストロイカ以降に生じた様々な問題についてどのような利益を有していたのか，そして異なる利益を持つ集団間の争いはどのような帰結をもたらしたのかを考察する。それによって，ある改革の帰結が，社会経済状況及び政治状況にどのような変化をもたらしたのか，そしてそのことが新たにどのような課題を生じさせたのかが明らかになり，「重層的転換」において「改革の連鎖」がいかに生じたのかを明確にすることができる。そして，こうした作業を通じて，政治制度が制度設計者の意図とは異なる特徴を帯びることになった理由を明らかにする。これは，表 1-1 の (3) に相当するものである。

　第 3 章と第 4 章では，ソ連末期の 1990 年から 1991 年にロシアで生じた問

題をめぐる各政治主体の対抗関係を考察する。この2つの章は，第2章と扱う時期が重複しているため，同じ問題を取り扱うこともあるが，後者がソ連全体の動きを中心に論述するのに対し，前者はロシア内部で「ソ連からの自立化」がいかに進んだかに焦点を置く。第3章では，ロシアがソ連の中でどのような位置を占めていたのかを検討した上で，政治改革の結果ロシアで生まれた議会制度の説明と，ロシアの自立化の契機となった第1回人民代議員大会を検討する。そして，第4章では「ソ連からの自立化」を理由にその後様々な分野で進展した改革の経過を検討する。

　この時期の大きな特徴は，第一に，ソ連で1988年以降に進められた政治改革の結果として，ロシア共和国でも政治改革が進められたことである。元来，共産党をはじめとして国家保安委員会(КГБ／KGB)，科学アカデミーなど，他の共和国には設けられた機関がロシア共和国レベルでは作られず，ソ連とロシアの境界は曖昧にされていた[54]。したがって，ロシアに独自の政治制度が確立していく過程は，その両者の違いが明確になっていく過程であった。第二に，上記の過程で，当初は連邦中央の決定に応じて進められた政治改革が，徐々にロシア独自のものとして自己運動を始めた。そして，第三に，政治・経済双方の分野で，ソ連とロシアの対立が生じ，結果的にこの対立がロシアにおいて様々な改革を進展させることになった。このように，この時期は「改革の連鎖」が本格的になった最初の時期であるだけでなく，それがソ連とロシアという2つの場(アリーナ)で生じたという非常に特殊な時期であった。

　第5章は，ロシアが新たな国家としてスタートを切った1992年の1年間の政治過程を考察する。1991年12月のソ連解体によって連邦再編問題は一時的に鎮静化したものの，エリツィン政権の主導による急進的な市場経済化が始まったことにより，1992年には政治主体間の対立が深まっていった。1992年前半は主に経済改革をめぐる問題が重要な政治イシューであったのに対し，この年の後半にかけては，経済政策の意思決定をどの機関が担うのかという統治制度のあり方へと，問題の性質が徐々に変化していった。この時期，議会には様々な会派やブロックが作られていたが，このように改革の

焦点が変化するのにつれて，議会内に形成される連合の形も非常に流動的になった。この章では，各ブロックの社会的背景を考察し，それらが各課題についていかなる選好を有していたのかを示しながら，この時期の政治対立の過程を追う。1992年後半にかけて議会内に「反大統領勢力」が拡大していったとする既存研究に対し，一部勢力が「反大統領」の姿勢を強めていったのは事実であるにせよ，議会全体はむしろ「原子化」傾向にあったことが，ここでは示される。

第6章では，憲法制定に至る最終段階であった1993年の政治過程を考察する。1993年は，エリツィン大統領とハズブラートフ最高会議議長が，両者の妥協点を模索して交渉を続けながらも権力闘争を過熱させていくという時期であった。エリツィン大統領は，原子化により多数派工作が困難になった議会を回避して政治を主導しようとする試みをたびたび見せた。そのような試みは失敗に終わることもあったが，国民投票での勝利を経て1993年6月に創設した憲法協議会では，私有化の過程で力をつけた連邦構成主体代表者を取り込むことによって，自らの権力拡大を憲法草案に盛り込むことに成功した。他方で，連邦制の問題については，エリツィン大統領は連邦構成主体の要求をある程度受け入れざるを得なくなった。「10月事件」の影響もあり，最終的には集権化が強められた側面もあるが，憲法協議会でエリツィンが示した妥協は，部分的に憲法に残されることになった。第6章ではさらに，このような過程を経て採択された憲法が，いかなる特徴を帯びることになったのかについても検討する。

結論として，第7章では憲法制定に至るまでのこれまでの議論をまとめ，ロシアの大統領制と連邦制の関係性について考察する。既存研究では，この2つの政治制度の成立は異なるものとして説明されてきたが，特に最終的な段階では，その形成過程は密接に関わっていた。つまり，「重層的転換」の過程で各主体の利益が流動化する中で，エリツィン大統領は強い大統領制を導入するためには，非対称な連邦制を認めざるを得なかった。このことがロシアの統治制度が「二面性」を孕むことになった原因である。

第 6 節　議論の射程と本書の意義

　本書の意義として，以下の 3 点を挙げることができる。まず，本書が掲げた問いに答えることで，ロシアの政治体制を構成する中心的な政治制度に対する理解を深めることができよう。ロシアは 1992 年初頭から市場経済化を本格的に開始したが，実質国内総生産(GDP)は 1990 年代のほとんどの期間で減少を続け，通貨金融危機を経験した 1998 年には 1989 年の約半分にまで落ち込んだ。特に 1990 年代前半には，工業生産の急激な減少と猛烈なインフレが同時に生じ，失業率も急上昇するという「転換不況」を経験した[55]。さらに，国の徴税能力も低かったために，財政は逼迫した状態が続いた。公務員への給与未払い問題は長らく深刻であり，そのことが官僚の汚職・腐敗を生み出す大きな要因となった。この問題は，現在でもロシアを蝕み続けている。また，財政悪化は，社会保障をはじめとする公共サービスの質の低下ももたらした。そして，こうした状況は国民生活の悪化に直結した。ロシアの人口は 1990 年代半ばから減少に転じ，男性の平均寿命が 50 歳代になるなど，この問題も現在に至るまで継続している[56]。

　以上のような混乱の原因について，多くの研究は，体制転換を経て成立した新しい政治体制における「国家の弱さ」や「統治能力の欠如」を指摘してきた[57]。市場経済化を実現するには，国家制度の確立が必要条件であったにもかかわらず，必要な制度が整備されず，ロシア国家の統治能力が低かったことが，一貫性を持った政策の実施や財政の健全化を妨げたというのである。従来こうした問題については，エリツィン大統領のパーソナリティや健康状態など，政治制度とは直接関係のない状況的な要因が指摘されることが多かった。しかし，こうした問題の根源の 1 つとして，1993 年憲法に規定された大統領制と連邦制の関係があると考えられる。つまり，本書の考察は，「国家の弱さ」の原因を政治制度に内在的な問題として捉え直すための視座を提供するものである。1990 年代の中央・地方関係は，大統領(及びその周辺)と連邦構成主体指導者との間の個人的・家産的な関係によって成り立つ

部分が大きかった[58]。それに対して，2000 年に大統領に就任したプーチン
は，自らの政策目標としてこうした関係の脆弱性を危惧し，「垂直的権力」
や「法の独裁」の回復を掲げた。具体的には，連邦制改革をはじめとする中
央集権化と与党「統一ロシア」の強化に取り組み，より安定的な体制の構築
と統治の効率化を目指すことになったのである。一般にプーチン政権下のロ
シアでは「権威主義化」が進んだと指摘されるが，そこにはこのような背景
があったことは見逃せない。次章以降の分析は，このようなロシアの政治体
制の発展を見る上での出発点を提示することになる。この点が，本書がもた
らす第一の学術的貢献となるだろう。

　また，以上の点を議論するための方法として，本書は独自の分析枠組と新
たな資料を用いて体制転換期の政治過程を捉え直す。この点が本書の第二の
意義である。ロシアの体制転換は，複数の改革が交錯しながら展開するとい
う「重層的転換」であった。この点を考慮し，ダイナミックな体制転換の全
体像を捉え直す。そしてそのために，従来の研究では十分に検討されてこな
かった新たな資料を利用する。既存研究は，主要な政治課題が議論され，対
立の激しさがしばしば顕在化した人民代議員大会を中心に分析してきたが，
本書ではそれに加えて，最高会議，憲法委員会，憲法協議会という 3 つの機
関の資料を利用する。人民代議員大会と最高会議がこの時期の議会を構成し
ていたが，前者が年に 1 度の通常大会と臨時大会のみの開催であるのに対し，
後者は常設の立法機関として機能していた。この最高会議の速記録によって
この時期の政治過程を跡付ける。また，憲法委員会はその最高会議内部に創
設された委員会で，現行憲法の改正と新憲法の策定作業を担った。そして，
憲法協議会は，新憲法策定の主導権を握るためにエリツィン大統領が創設し
たものである。以上のように，この 3 つの機関は，憲法制定に至る政治過程
においていずれも重要な役割を果たしたものである。これらの資料を新たに
検討し，この時期の政治過程を再構成すること，そして複数の改革の連関の
あり方を具体的に提示することが，本書の第二の意義となる。

　最後に，理論的には次のような意義を持つ。従来，体制転換期の制度形成
を扱う研究の多くは，比較政治学における主流理論である合理的選択論に

よって説明を試みるものが多かった。それによると，異なる利益を持つ主体が戦略的に行動し，自己の利益を最大化することを目指した結果として，制度は形成される。したがって，その制度は，それが形成される時点で最も優位に立つ主体の利益や選好を反映したものとなると推論される。これに対して，本書は「重層的転換」が起こる中で主体の選択肢は徐々に限定されていき，さらに各主体の利益が非常に流動的な状況下での選択は，その選択をした主体の想定と異なる帰結をもたらしうることを示す。しかも，その帰結を「偶発性」，「不確実性」，「複雑性」といった言葉に帰して説明するのではなく，先行する政治体制の特徴やそこから生じた体制転換過程を考察することによって，論理的に明らかにする。その意味で，本書の理論枠組は，合理的選択論と構造論という2つのアプローチを架橋するものである。

1) 本書で「ロシア」と記した場合，1991年12月のソ連解体以前についてはソ連の一連邦構成共和国であったロシア・ソヴィエト連邦社会主義共和国(ロシア共和国)を指し，ソ連解体以降についてはロシア連邦を指す。

2) 本書は，憲法の内容を分析することが，政治体制の特徴を考察する上での必要十分条件である，言い換えれば，憲法体制と政治体制が同義であるとは考えていない。ただし，憲法体制は，政治体制を構成する重要な要素であり，この点の分析は政治体制を考察する上で不可欠であると考える。また，ロシアではしばしば非公式な制度の重要性が指摘されるが(例えば Gel'man 2004)，非公式な制度が発達する背景には，公式の制度の瑕疵や機能不全があったり，公式の制度を操作したりすることがある(Hale 2011; 2015)。したがって，非公式な制度の分析に先だって，公式の制度を正確に理解するべきであるというのが，本書の立場である。

3) 佐々木 1999b；Венгеров 2009.

4) Colton 2008, 280; *Известия*. 16 ноявря 1993 г.

5) 現在のロシア憲法では，連邦を構成する主体を総じて「連邦主体」と記しているが，本書では慣例に準じて「連邦構成主体」という名称を使う。また，本書では，連邦構成主体と普通名詞の「地方」を同義で用いるが，連邦構成主体の1つである地方には，このようにルビをふることとする。

6) Путин 2000. 括弧内は引用者による。

7) 憲法起草の中心を担ったセルゲイ・シャフライ(Шахрай, Сергей М.)やタタルスタン共和国のミンチメル・シャイミーエフ(Шаймиеф, Минтимер Ш.)大統領など，連邦構成主体の多様性を考慮している権限区分条約には，国家の分裂を防ぐ意義があったとする論者もいる(Черепанов 2005, 132-133)。

第1章　政治制度の形成とその意図せざる帰結　29

8) 山口 1989, 1-16；岸川 2002, 19。

9) 本書で用いる「統治制度」という概念は，山口が「政府」と呼んだものとほぼ同
義である。それによると，「政府」とは，「国家政策の決定と執行の中軸装置である
「狭義の政府」＝内閣だけでなく，「広義の政府」，すなわち本来は決定された政策の
執行の任にあたるものとされているが，現実には国家政策の策定にも重要な役割を
果たすことが多い行政機構もしくは官僚制(中略)の上層部」を意味する(山口 1989,
10-11)。

10) この概念は，ウェーバーの「国家」の概念とも類似している。ウェーバーは，国
家の特徴を「暴力的支配の独占的性格」，「合理的な強制団体的性格」，「永続的な経
営的性格」であるとした(ウェーバー 1972, 90-91)。ただし，国家という言葉が内
包する多義性を考慮して，ここでは「統治制度」という用語を用いる。

11) ただし，ソ連解体の前後では，中央・地方関係というものの意味自体が大きく変
わった。そのため，問題は単に共産党を代替する機構を新設すればよいというもの
ではなく，国家を再編すべきか否か，どのような行政単位が「地方」になりうるの
かといったより根本的な問題を孕んでいた。この点については，第2章以降で詳し
く論じる。

12) ソ連は共産党を基盤とした集権的国家であったが，国家制度としては連邦制を採
用しており，それを構成する1つの共和国であったロシア共和国もまた連邦制で
あった。ロシア連邦の連邦制は，行政区分に関してはソ連時代のものをほぼ引き継
いでおり，制度の実体としては大きく異なるものの，ソ連解体後にできた新しい制
度というわけでは必ずしもない。同様に，大統領制もそれ自体はソ連解体前の
1991年に導入されており，連邦制と比べるとはるかに新しいものではあるが，憲
法成立とともに生まれたというわけでもない。

13) Huskey 1999; Nichols 2001.

14) 憲法第111条によれば，大統領の提案した首相を国家会議が3度拒否した場合，
大統領は首相を任命し，国家会議を解散し，新しい選挙を公示する。また，第117
条によれば，国家会議による政府不信任が採択された場合，大統領は政府の総辞職
を公示するか，または国家会議の決定に同意しないことができる。国家会議が3ヶ
月以内に政府不信任を再度採択した場合には，大統領は政府の総辞職を公示するか,
国家会議を解散する。このように，首相の任命及び政府不信任について，大統領と
国家会議の見解が対立した場合には，大統領に国家会議を解散する権限が担保され
ている。

15) Рыжков 1999; Fish 2000.

16) Shugart and Haggard 2001.

17) Shevtsova 1999; Reddaway and Glinski 2001; Fish 2001b; Colton and Skach
2005.

18) その背景には，比較政治学において「憲法工学(constitutional engineering)」
が1990年代に活発になり，政治制度と政治体制の特徴やその安定性との関係が議
論されたことがある(Shugart and Carey 1992; Mainwaring 1993; Linz and Valen-

zuela 1994＝2003; Sartori 1996＝2000)。

19) Filippov and Shvetsova 1999; Stoner-Weiss 2001; Ross 2002；大江他 2003。

20) Slider 2014, 158.

21) ただし，共和国だけは憲法を定め，大統領職を設けることができる(他の連邦構成主体は憲章を定め，行政府長は知事である)。

22) DeBardeleben 1997; Filippov and Shvetsova 1999; Ross 2002；兵頭 1999；中馬 2009。

23) 溝口 2013。

24) このようにロシアでは連邦制の非対称性が中央・地方関係の遠心化をもたらしたが，論理的には非対称性は必ずしも遠心化に帰結するわけではない。中央と地方が個別に交渉を進めることで，地方の力を分断し，中央が優位に立つことも可能である(いわゆる「分断統治政策」)。

25) Shevtsova 2001, 82.

26) Hall and Taylor 1996, 938-946.

27) Frye 1997; Roeder 1998.

28) McFaul 1999.

29) Huskey 1999; Shevtsova 1999; McFaul 2001; Moser 2001；上野 2001；森下 2001；Мороз 2005；津田 2005；津田 2007。

30) Easter 1997; Kitschelt 2001.

31) Matsuzato 2006；大串 2011。

32) Remington 2001, ch. 6; Kahn 2002；塩川 2007b。

33) 大江他 2003，102。

34) Filippov and Shvetsova 1999.

35) Barnes 2006. 既存研究に対するバーンズの批判は，おおむね同意できるものである。しかし，同書では，主体の選好や利益の変化がいかに生じるかという点について体系的な説明がなされていないため，説明が場当たり的で一般化・抽象化が困難であるという欠点も指摘できる。本書の立場は，この点を加味した上で構築されている。

36) Satz and Ferejohn 1994.

37) この点は，第2章で再び詳しく論じる。

38) 塩川 1993，36。

39) Rigby 1990；地田 2004。

40) Brown 1997＝2008, 230-231。

41) ブラウン(Brown 1997＝2008)は，この3つに外交政策の転換を加えて「四重の転換」という考えを示している。確かにゴルバチョフ期に外交政策は大きな転換を見せたが，本書の関心はブラウンのそれと異なり，主にソ連解体後にロシアでいかなる統治制度が成立したかという点にあるので，他の多くの研究と同様3つの分野について「転換」が生じたと考える。

42) Bunce 2004, 208-210, 230.

第 1 章　政治制度の形成とその意図せざる帰結　31

43) McFaul (2002)や Roeder (1999)を参照。また，経済改革と政治改革(民主化)の関係は，ポスト社会主義諸国にとどまらない比較政治学における１つの大きなテーマとなっている。例えば，Diamond (1992)や Przeworski et al. (2000)を参照。

44) 下斗米 1999；上野 2001；森下 2001。

45) 塩川 1999, 第 5 章。このような点については，以下の研究も参照(佐々木 1999a；McFaul and Stoner-Weiss 2004)。

46) Remington 2001, ch. 6.

47) 体制転換期の所有権をめぐる政治過程の政治制度形成への影響を論じるバーンズの研究(Barnes 2001)も，レミントンと同様の長所と短所を持つ。彼は，政治制度と直接的に関係のない問題の政治過程が，政治制度形成において重要であったという命題を主張しており，これは「重層的転換」の影響を論じたものと考えられる。しかし，ここでの被説明変数は，その他の研究と同様「強い大統領制」である。

48) 以下の議論の基礎となったものとして，溝口(2010；2011a)も参照。

49) リンスらに代表されるように，経済改革が優先されたことがロシアで民主主義が定着しなかった理由であると論じるものは多い(Linz and Stepan 1996)。こうした研究は，どちらの改革を先に実施するかを政治指導者が選択できたということを自明視しているが，政治指導者にそのような選択が可能だったか否かということ自体が検討の対象となるべき問題である。

50) Tsebelis 1990.

51) 本書と同様の問題意識を持つものとしては，Morgan-Jones (2010)を参照。彼は，不確実性の下で政治主体が行う選択には，アイデアが果たす役割が大きいと指摘している。

52) Horowitz 2002; Pierson 2004.

53) 比較政治学の 3 つのアプローチと，その方法論的課題については，Lichbach (1997), Lichbach and Zuckerman (2009)を参照。

54) これは，モスクワに 2 つの中心が生まれるのをソ連指導部が望まなかったことを反映している。ペレストロイカ末期には，この危惧された事態がまさに現実のものとなった。

55) 田畑 2004, 44-46。

56) 雲 2014。

57) Linz and Stepan 1996; Huskey 1999; Solnick 2000; Herrera 2001; Lynch 2005. 1990 年代のロシアは，ある程度の政治的自由があり定期的に選挙も実施されたが，国家は弱いままで政策実行能力も低い「ひ弱な多元主義(feckless pluralism)」とも評されている(Carothers 2002; Gel'man 2006)。

58) Hale 2004; 2005.

第2章　ソ連の統治制度とその矛盾

　本章では，ソ連はいかなる統治制度を有していたのか，そしてその統治制度はなぜ破綻をきたし，体制転換と国家の解体に至ったのかを整理する。現在のロシアの統治制度の特徴を考える際に，旧体制（ソ連）がどのようなものであったか，そしてその体制の崩壊と国家の解体とは何を意味するのかを理解しておくことは不可欠である。その理由を本書のアプローチに即して述べると，以下のようになる。

　第1章で定義したように，政治体制を「政治権力が，社会内で広範な服従を確保し，安定した支配を持続するときに，それを形づくる制度や政治組織の総体」であると捉えると，体制転換とは，この「安定した支配」を支える制度や政治組織（統治制度）が運用される基本的パターンの中で矛盾が顕在化した際に，その改革や根本的な転換を求めようとする運動であると考えられる。したがって，体制転換過程で生じる政治主体間の対抗関係は，旧体制の「矛盾」に依存しており，体制転換の帰結として生じる新たな政治体制とは，この「矛盾」を争点とする政治主体間の相互作用の結果である。この「矛盾」は，旧体制を支えてきた「支配の基本的パターン」の中から生じてきたものであるため，「矛盾」の内容，そしてそれが体制転換に与えた影響を考察するには，まず旧体制の特徴を把握することが必要となる。

　また，旧体制の特徴は，体制転換過程において政治主体が新たな政治制度を構築しようとする中で，主体の選択肢を限定するという意味でも重要である。旧体制での「矛盾」の顕在化は，それを解消する必要性を生じさせるが，そのことは，それまでと全く異なる体制が形成されることを必ずしも意味し

ない。むしろ，旧体制の中で蓄積された政治エリート間の資源配分や利害関係は，体制転換期における彼らの行動に影響を与えると考えられる。ただし，ここでは，体制転換後にも旧体制の制度が残存したという「制度の経路依存性」を主張したり，「党＝国家体制」という統治制度の特徴が，ロシアに成立した新しい統治制度の特徴を決定付けたと主張したりするわけではない[1]。そうではなく，旧体制の特徴は，体制転換のパターン（何が争点か，その争点をめぐりどのような勢力が対抗関係にあるか）に重大な影響を及ぼしたと考える。つまり，体制転換期に顕在化する争点は，旧体制の「矛盾」に起因するものであるし，旧体制下での資源の配分や利害関係が，体制転換における対抗関係のあり方を決定する。そして，そこで生じた問題がどのように解決されたか，または解決されずに残存したのかという点は，このような対抗関係における政治主体間の相互作用の結果であると考える。

　以上のことを踏まえた上で，体制転換を経てロシアにどのような統治制度が生まれたかを明らかにするという本書全体の目的を考えると，本章でなすべきことは次のようになる。本章では主にソ連の統治制度の特徴とその崩壊過程を論じるが，その目的は，社会主義体制の崩壊やソ連解体の要因を明らかにすることよりも，次章以降で体制転換過程における政治対立を具体的に分析していく準備作業として，ロシアの政治エリートがどのような課題に直面していたのかを整理することにある。ソ連解体という歴史的事件の意味自体を問うことの重要性は，ここであえて指摘するまでもない。しかし，ここではその点には深く踏み込まず，ソ連解体がその後の展開にどのような影響を与えたのかを考察することに重点を置く。そして，それを次のような形で論じる。第1節では，ソ連の統治制度の特徴と，体制末期に顕在化した「矛盾」がいかなるものであったかを明らかにする。そして，第2節では，1985年にソ連共産党書記長に就任したゴルバチョフの改革の試みが，いかに体制転換と国家の解体を招き，その過程でロシアはどのような問題に直面することになったのかという点について述べる。

第1節　ソ連の統治制度

　一言で「ソ連の解体」と言っても，それは様々な意味を持ちうるが，以下では，社会主義経済システムからの転換，共産党一党支配の終焉，そしてそれに伴う中央・地方関係の動揺と国家の解体という局面に着目する。ソ連の解体の大きな特徴は，これらが同時に起こったという点にあり，逆にそのことは，ソ連という体制の中でこれらが強く連関し，一体となっていたことを示している[2]。言い換えれば，共産党による意思決定の独占と，共産党の中央集権的構造という条件の下で生じた政治と経済の一体化が，ソ連という体制の中核的な特徴をなしていた。そして，体制を揺るがすような「矛盾」は，当然これらの連関の中で生じた。

　本節では，体制末期に「矛盾」として顕在化したことで改めて確認されたソ連の統治制度の特徴を整理する。まず第1項では「党＝国家体制」と呼ばれるソ連の政治体制の構造的特徴を整理する。続いて，この「党＝国家体制」がいかなる形で機能していたのか，そしてそこにどのような矛盾が生じていたのかを明らかにする。

第1項　「党＝国家体制」の成立とその構造

　ロシア革命後，ソ連が体制を安定化させるには，かなりの時間を要した。一般的に革命というものは，旧体制の正統性を否定するため，革命政府は，国家機構を一から作りかえる必要がある。したがって，その安定にはある程度の時間を要する。10月革命の担い手であったボリシェヴィキもその例外ではなく，ボリシェヴィキは，革命後すぐに一党支配体制を確立できたわけではなかった。当初のソヴィエト権力は，各地で成立した複数のソヴィエト政府の寄り合い所帯で，ボリシェヴィキと対抗する立場をとる各地の民族運動に対しても民族自決原則を尊重せざるを得なかった。ソヴィエト政府に代わり，共産党組織が統治制度として確立するには時間を要し，その過程では内戦も経験した。

共産党組織は，内戦が収束した後，1920年代を通じて少しずつ都市から農村に拡大していった。そして，1922年12月に，ロシア，ウクライナ，白ロシア，ザカフカース連邦（グルジア，アゼルバイジャン，アルメニア）の4共和国による連邦条約が締結され，ソ連邦が結成されると，ソ連共産党を頂点に，共和国[3]，自治共和国（党組織上は州として扱われる），地方（クライ），州，自治管区，地区，市というように，行政区画ごとに党組織が設けられ，末端の初級党組織は職場ごとに作られた。これらは，垂直方向のみに結び付くことで，ソ連共産党を頂点とした中央集権的構造を形成した（図2-1参照）。

すべての党組織は，ビューロー，党委員会といった指導機関を持ち，州レベル以上には監査委員会，共和国レベル以上には中央委員会と中央監査委員会が設置された。そして，党全体の活動を指導していたのは，ソ連共産党中央委員会に設けられた政治局と書記局であった。政治局は，名目的には中央委員会の委任を受けた事項のみを管轄する機関であったが，実質的には，党における主要な政策決定を執り行っていた。

それに対し，書記局は元来それほど重要な機関ではなかったが，1922年4月に書記長に就任したヨシフ・スターリン（Сталин, Иосиф В.）が，党内の権力闘争を通じて情報や人事権を書記局に集中していくと，書記局は大きな権限を持つ機関となった。共産党による一党支配体制が確立する中で，党書記局が人事を掌握する分野も拡大していき，ソ連社会のあらゆる分野において幹部の選抜，教育訓練，人員の配置を行うようになった。そして，形式的には選挙によって選ばれる代議員やその他のポストは，実質的にはすべて党の上部機関によって任命されることになった。このように，党による人事権の掌握（ノメンクラトゥーラ制[4]）は，党が人事を通じて国家及び社会に対して「指導的役割」を行使するための制度的基盤となり，共産党による支配の中核となると同時に，共産党内部のヒエラルヒーを保つ上でも中心的役割を果たしていた[5]。

共産党がこのように垂直的で集権的な党機構を持ち，あらゆる分野の人事を一元的に管理するノメンクラトゥーラ制を基盤としたという点に，「党＝国家体制」の最大の特徴がある。塩川は，この「党＝国家体制」を「単一支

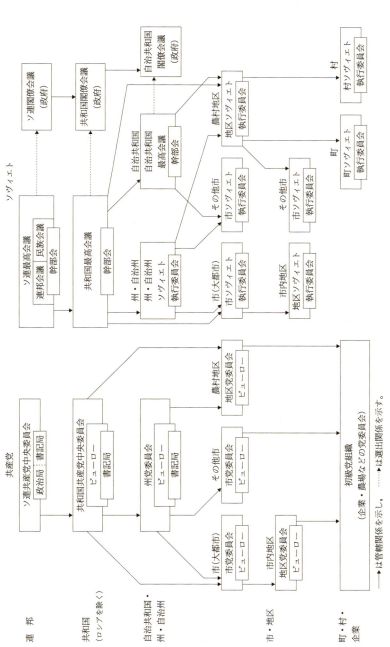

図2-1 ブレジネフ時代の共産党・ソヴィエト機構組織図

出典：池田（2004, 41）を一部修正。

配政党が重要諸政策を排他的に決定し，その政策が国家機関にとって直ちに無条件に義務的となり，かつ党組織と国家機関が機能的にも実体的にもかなりの程度オーヴァーラップしている」と定義した[6]。また，リグビーもソ連を「単一組織社会」と規定し，その特徴として，(1)社会活動のすべての領域が，フォーマルな階層組織によって支配・指揮・運営される，(2)共産党組織が他のすべての組織を単一の組織的総体として統合する，(3)この統合された総体内部におけるフォーマルな地位が権力，ステイタス，物理的報酬の主要な決定要因であるという点を挙げた[7]。次項で見るように，以上の点がソ連という政治体制の特徴をすべて表しているわけではない。ただし，「党＝国家体制」が，(1)集権的構造を持つ党機構が国家と同一化していた，そして，(2)それが経済活動を指揮しつつ，教育・医療など様々なサービスを提供することによって，社会の大部分を覆っていたという点をその基本的特徴としていたことは理解しておく必要がある。また，そのようなシステムを維持するために，巨大な官僚機構が存在していたことも重要である。

　他方で，憲法でソ連の国家制度における政治的基礎と位置付けられていたソヴィエトは[8]，長らく有名無実な存在であることを余儀なくされた。そもそも「ソヴィエト」とは，「会議」を意味する普通名詞であるが，1905年の第一次ロシア革命の中で初めて「労働者の代表者機関」という意味で用いられて以来，労働者にとって重要な意味を持つ言葉となった。そして1917年の2月革命の際には，各地でソヴィエトが結成され，これらが革命の担い手となった。10月革命後，ソヴィエト組織の整備が行われると，ソヴィエトは共産党機構を中心とする集権的な統治制度に組み込まれていく中で実質的な力を失っていき，「人民権力の象徴」という擬制をまとう存在となったのである。

　ソヴィエトが実質的な権力を喪失したのは，次の2つの理由による。第一に，共産党がソヴィエト選挙の候補者選出過程に決定的な役割を持っていたことである。ソヴィエト選挙は，共産党が選出した単独の候補者を信任するのみで，実質的に国民に選択の余地が与えられていなかった。第二に，ソヴィエトの活動は，共産党の決定を全会一致で追認するだけとなっていた。

ソヴィエトは，上記のような形式的選挙で選出された代議員から構成された
ために，その独自性を失っていたのである。ソヴィエトを空洞化させたこの
2つの要因は，ペレストロイカ期にソヴィエト（議会）にいかに実質的権力を
付与するかという議論の中で，改革の大きな焦点となった。

第2項 「党＝国家体制」の機能

　次に，第1項で述べた「党＝国家体制」の構造的特徴が，ソ連の中で実際
にいかに機能していたのかを検討しよう。共産党は，共産主義社会の建設と
いうイデオロギーによって社会を変革することを，第一義的な目標としてい
た。そして，それを達成する手段として国家権力を奪取し，中央集権的な組
織化を伴う指令経済（行政的＝指令的経済システム）を採用した。ただし，体
制が安定化すると，イデオロギー統制の持つ意義は徐々に減少し，社会全体
に対して共産党が果たす機能は，主に経済の管理，運営に向けられるように
なった。

　この行政的＝指令的経済システムが機能するための前提は，(1)共産党の意
思決定独占，(2)中央集権的計画経済，(3)国家的所有の支配，という3つの
要素であった。そして，ゴスプラン（国家計画委員会）で作成された中央計画
が，経済管理機構のヒエラルヒー（省庁，部局，企業合同）を通じて，多数の
義務的指標やノルマなどに分解されながら，末端企業に下達され，その遂行
が義務付けられた。この過程において，各級党組織は，それを側面から監視
するという役割を担っていた[9]。このことからも，前項で記した「党＝国家
体制」の集権的構造が，体制の運営において不可欠な存在であったことが分
かる。

　ここでは，「党＝国家体制」の機能として，2つの点を指摘することがで
きる。第一に，ソ連の経済は中央でなされる政治的な意思決定に強く依存し
ており，行政的・指令的に操作されるものであった。指令を下す中央機関と
生産を担う企業との関係は，独立した組織間の関係ではなく，巨大なヒエラ
ルヒー構造を持つ組織内の関係であった。そのため，この経済システムは政
治体制との密接な関わり合いの中で存在することになった。この「政治と経

済の一体化」は,「党＝国家体制」の大きな特徴であった[10]。

　しかし,ソ連経済がすべて指令によって決まっていたわけではない。「党＝国家体制」は全体としては指令の役割が支配的であったが,部分的にはそこから逸脱する要素が存在した。これが,「党＝国家体制」の2つ目の特徴である。リグビーは,一般論として,個人の活動の社会的役割を決定し,割り当て,調整する機能として,慣習,交換,指令という3つを挙げ,ソ連ではこの中で指令が最も根本的な要素であったが,他の要素も存在していたことを指摘している[11]。交換(市場経済)に不可欠な貨幣は,ソ連においても不要とはされず,それは指令(計画)を補完する存在として捉えられた。そして,これと関連して経済の分権化も生じていた。組織化・集権化を前提とする指令が,慣習や交換の要素で補完されていたということは,組織に部分的分権性が存在していたことを示している。ノーヴは,これを「集権的多元主義」という用語で表現した[12]。このように,「党＝国家体制」は,基本的構造としては集権的であったが,部分的に分権的傾向を有していた。そして,こうした傾向こそが,ソ連経済を背面から支えていたのである[13]。

　この分権的傾向は,企業の自立性と体制内部の利害対立という形であらわれた。第一に企業の自立性については,各企業の経営者は中央の指令を受け取るだけでなく,中央が生産課題を作成する際に,いかに少ない課題を受け取り,与えられた課題の達成を容易にするかに腐心した。そのため,経営者は企業の生産能力を上部機関に対して隠し,それを低く見せかけようとした。同時に,課題を超過達成しすぎると,翌年の計画で高い課題を与えられる恐れがあるので,課題をあまり大幅には上回らないようにも心がけた。経営者と中央との間のこのような情報の非対称性ゆえに,計画は中央から一方的に課されるものではなく,一定の交渉の余地が残されることになった。

　そして,企業ごとに設けられた初級党組織は,このような行動指針を持つ企業経営者と協調することに利益を見出した。なぜなら,企業の業績が悪ければ,経営者だけでなく初級党組織も非難されることになったからだ。したがって,初級党組織は,企業の利益促進のために経営者と共謀し,党指導部の持つ優先事項にしばしば反するような行動をとった[14]。また,企業は,従

業員に対して住宅，医療をはじめとする多様な社会サービスを提供する役割も担っていたから，企業経営者は人々の生活に対して大きな権力を握っていた[15]。こうして，企業を中心として独自のネットワークが形成されることになった。

第二には，経済が発展し，「党＝国家機構」が肥大化するにつれ，省庁間・部門間での目標の食い違いや利害の対立が生じたことを指摘できる[16]。スターリン期以降のソ連における多元主義の兆候を指摘したハフやラトランドも，党が経済を運営する上で果たす主要な役割として，省庁間の利害対立を調整していた点を強調している[17]。このように，「党＝国家機構」の巨大なヒエラルヒーの中では，部門間での目標の食い違いや指令の重複など，様々な問題が生じた。結果として，システムが想定していない，またはシステムから逸脱した行動が観察され，しかもそうした行動こそがシステムの持続を支えるという逆説的な状況が生じていた。

以上のように，ソ連の政治体制においては，共産党の集権的機構が発する指令が，社会・経済の中核であったことは間違いないが，体制が運営される中では，それにとどまらない分権的要素も存在していた。

第3項 「党＝国家体制」の矛盾

以上のような構造と機能を持った「党＝国家体制」は，1929年に始まった第一次5ヶ年計画以降，急速な経済発展をもたらし，ソ連を米国に次ぐ世界第二の工業・軍事大国にするなど一定の成果を収めた。国内の少数民族を含め貧困は一掃され，非識字者の解消，普通中等教育の普及，無料医療の発展，科学技術の向上などが達成されたことも，経済発展の成果であった。他方で，この経済成長は，重工業部門重視の政策によるものであり，戦後復興期が終わると，早くも経済の不均衡が目立つようになった[18]。そのため，1960年頃からソ連経済は製品の質や生産効率といった面で深刻な問題に直面し，1970年代後半の第十次5ヶ年計画あたりからは，成長率の低下が顕著になった。このように，当初は華々しい成果を挙げたかに見えたが，その背後では，ソ連の経済システムに重大な「矛盾」が蓄積されていた。そして，

42

ゴルバチョフがソ連共産党書記長として登場する頃には，ソ連経済にとって
改革は不可避なものとなっていた。

　しかし，「党＝国家体制」の内部には，経済的行き詰まりを打開するため
の改革を妨害する要素が存在した。例えば，佐々木は，ソ連の経済システム
が資源を一元的に管理するものであったがゆえに，中央のエリートが改革拒
絶勢力となり，ソ連の抱えるジレンマが膨れ上がっていった様子を描出して
いる[19]。スターリン期に急激な重工業化を進める上で構築された国家による
垂直型の資源コントロールは，その後工業化の進展という本来の目的の外に，
中央のエリート集団の地位を安定させるものとして再構築されていった。そ
のため，このエリート集団が改革を拒絶する政治勢力となった。そして，国
家統合の安定は，重工業部門の膨張を放置することに立脚するというジレン
マを抱えていた。かくして，エリート集団の安定のために経済的効率は犠牲
にされ，結果として体制は大きな負荷を背負うことになった。

　これに対し，バンスは，政治と経済の融合だけでなく，党と国家の融合に
よって成立した「党＝国家体制」が，大規模な階層的機構の内部で垂直的に
も水平的にもエリートを分断する作用を持っていた点に着目し，指導者の継
承問題，国際環境の変化などによって政治的機会構造が大きく変化する中で，
制度の「自己破壊的(subversive)」な特徴が顕著になり，システムの上層部
の不安定化がシステム全体を不安定化させるという連鎖反応を引き起こした
と論じている[20]。

　以上のように，「党＝国家体制」は，一定の時期までは効果的であり，安
定していたかに見えたが，その内部に大きな矛盾をため込んでいた。そのよ
うな矛盾は，以前から認識はされており，様々な形で改革が試みられてきた
が，本格的な改革には至らなかった。しかし，ペレストロイカを契機として，
それが一気に噴出することになった。

第2節　ペレストロイカとソ連の解体

　本節では，1985年3月のゴルバチョフ書記長就任から1991年12月のソ

連解体に至るまでの経緯を概観する。特に，ペレストロイカと呼ばれた改革運動の中で，どのような問題が争点となり，各争点がどのように交錯していったかを明らかにすることが，本節での課題となる。前節では，共産党を中心に政治と経済が一体化し，人事を中心として中央が地方を指導することによって，社会活動のほぼすべての領域が1つの「組織」の内部に包摂されていたことが，ソ連の基本的特徴であったという点を確認した。以下に見るように，この点は，ペレストロイカ期の政治過程に重大な影響を及ぼすことになった。ほとんどの社会領域が1つの組織内に包摂されていたために，ある問題が改革の俎上に乗ると，他の領域における改革の必要性も顕在化するといった具合に，改革の連鎖が生じたのである。

　本節の目的は，既存研究に依拠しながら，改革の連鎖の全体像を明らかにするとともに，どのような問題が未解決のままソ連解体後に各連邦構成共和国に引き継がれたのかを整理することである。したがって，ペレストロイカ期の個別の論点を詳細に論じるということはここでは行わない。また，1990年以降，ソ連とロシア（をはじめとする各連邦構成共和国）との対立が深まっていくが，それについても本節では概要を記すにとどめ，より詳細な叙述は次章で行うことにする。

第1項　ゴルバチョフの登場

　ソ連経済は，1960年代から製品の質や生産効率といった面での問題が目立ち始め，1970年代後半からは成長率の低下が顕著になった。さらに，社会的指標においても，先進資本主義諸国から立ち後れるようになった。ゴルバチョフが登場したのは，このような経済的停滞への対応が不可避になった時期であった。

　ペレストロイカ以前にも，生産効率を好転させるために，過度に中央集権的な経済管理を改めて企業の自主性を増大させようとする試みは，ニキータ・フルシチョフ（Хрущев, Никита С.）や，レオニード・ブレジネフ（Брежнев, Леонид И.）時代のアレクセイ・コスィギン（Косыгин, Алексей Н.）閣僚会議議長（首相）によって行われた。しかし，「党＝国家体制」が確立す

44

る中で肥大化した官僚機構には，中央集権的な管理制度の下で多大な利益を得ているエリート集団が存在し，いずれの改革も彼らの強い抵抗を受けて骨抜きにされていった[21]。特に，フルシチョフの後を受けて共産党第一書記（1966年に書記長に改称）に就任したブレジネフ体制においては，（とりわけブレジネフ自身が病気になった1974年以降）経済は長期低落傾向を示し，党官僚の腐敗が進行した。この時期は，後の改革派から「停滞の時代」と批判されることになる。

　ブレジネフの後を受けて共産党書記長に就任したユーリー・アンドロポフ（Андропов, Юрий В.）とコンスタンチン・チェルネンコ（Черненко, Константин У.）は，ともに高齢で病弱であり，短期間でその職を退くことになった。相対的に安定していたブレジネフ期には，経済が停滞しただけでなくエリートの高齢化も進行しており，1980年代になると指導部の世代交代が求められていた。当時54歳であったゴルバチョフは，政治局員の中で最も若く，新たな指導者として期待されて，1985年3月に共産党書記長に就任したのである。

　ゴルバチョフは，書記長就任直後から経済改革を進めるが，コスィギン改革とは違い，ゴルバチョフ時代に本格的な経済改革が始まる蓋然性が高まった要因として，ブラウンは以下の4点を指摘している。第一に，ゴルバチョフが党書記長に就任したときには，経済が以前よりはるかに悪化していた。すなわち，経済改革の必要性が，より強く，より多くの人に認識されるようになっていたのである。第二に，コスィギンの時代には他に参照すべき改革モデルが存在しなかったのに対し（逆に「プラハの春」の鎮圧により，改革の機運は削がれた），ゴルバチョフの時期までに，中国や東欧で経済改革の経験が蓄積され，ソ連指導部の改革に対する受け取り方が変化した。実際，1987年に制定された「国有企業（企業合同）に関する法律[22]」（以下，「国有企業法」）では，ハンガリー型の改革案が採択された。第三に，改革主導者が首相（コスィギン）ではなく，より権限の大きい共産党書記長であった。ソ連では，閣僚会議（政府）の権限は相対的に小さく，改革の遂行には共産党指導部の支持が必要であった。そして第四に，ゴルバチョフの提示したペレストロイカ

第2章　ソ連の統治制度とその矛盾　45

は，コスィギン改革よりも包括的なものであった[23]。ゴルバチョフが共産党書記長就任時にどの程度改革の全体像を抱いていたのかは議論の分かれるところだが[24]，客観的な条件に加えて，ゴルバチョフという指導者のリーダーシップが発揮されうる状況が生じたことが，本格的な改革の実施を準備することになった。

第2項　ゴルバチョフの経済改革

「加速化」路線

　ゴルバチョフは共産党書記長に就任すると，まず経済の「加速化」を課題として掲げた。1985年4月と6月の報告において，ゴルバチョフは「社会経済的発展の加速化」を党及び国民全体の課題としたのである。これは，科学技術振興策と機械工業への投資を集中的に行うことによって，経済成長の質的な向上を目指すものであった[25]。しかし，重工業への重点的投資を主軸とする改革案は，従来の経済政策のアプローチを踏襲するものであり，その効果は芳しくなかった。逆に，非効率的な資金利用の蔓延，投資の拡散と未完成建築の増加など否定的な結果を多く招いた[26]。こうして加速化路線が失敗に終わると，「加速化」という言葉も1988年頃までには使われなくなり，改革は別の形態へと移行していった。

　また，ゴルバチョフの書記長就任と並行して，指導部の世代交代も進んだ。1985年4月の党中央委員会総会では，エゴール・リガチョフ（Лигачев，Егор К.）書記（組織担当）とニコライ・ルィシコフ（Рыжков, Николай И.）書記（経済担当）が政治局員になった。リガチョフは，アンドロポフ時代にゴルバチョフとともに書記に任命され，ペレストロイカ初期にはイデオロギーや外交も分担し，反アルコール・キャンペーン[27]を主導した人物である。ルィシコフは1982年11月に書記になり，1985年9月に首相となった。さらに，7月にはグルジアの党第一書記エドゥアルド・シェワルナゼ（Шеварднадзе, Эдуард А.）が外相になり，12月にはエリツィンがモスクワ市第一書記に就任するなど，1906年生まれのブレジネフの世代から1930年前後生まれの世代へと，指導部の世代交代が一気に進んだ[28]。

46

　以上のように，「加速化」を中心とする初期の経済改革は，反アルコール・キャンペーンなど注目を集めるものもあったが，概して従来の政策アプローチの範疇にとどまるものであった。ゴルバチョフ自身も，この時期の経済政策が「誤りであり，時間の損失につながった」ことを認めている。ゴルバチョフは，1984年には既に構造改革の必要性を認識していたが，極度に不安定な経済状態に対する応急処置がまず必要であり，最初は従来のアプローチで修正を加え，その後で本格的な改革に取りかかろうと考えていたと回想録に記している[29]。しかし，「従来のアプローチ」は目立った効果があがらなかったために，ゴルバチョフは新たな方向性を模索することになった。

経済改革の本格化と挫折

　「加速化」という初期のスローガンが徐々に後景に退く中で，新たに「ペレストロイカ[30]」というスローガンが頻繁に使われるようになった。そして，それに伴い，改革の方向性にも変化が見られるようになった。

　経済政策の面では，国有企業以外の経済セクターの創出や企業経営の自立化といった新たな方向性が志向されるようになり，1986年11月以降，この点に関わる法律が次々と制定された。まず，1986年11月に制定された「個人労働活動に関する法律[31]」では，従来農業以外では認められていなかった個人の副業が，29の業種で認められた。また，1987年1月の合弁企業に関する2つの閣議決定[32]では，外資の導入が初めて認められることになった。

　さらに，企業経営の自立化という面においては，社会主義経済システムの中で市場メカニズムを部分的に摂取する分権化モデルを目指した国有企業法の制定が，大きな転機となった。また，1988年5月には，「ソ連における協同組合に関する法律[33]」が制定され，3名以上の市民による協同組合の結成が認められた。協同組合は，自らの生産・財政活動を独自に計画することができ，生産の拡大，生産性の向上，消費財・サービスの質の向上，雇用の創出などをもたらすことが期待された。

　このように，ゴルバチョフはまず，労働者の活動範囲を徐々に広げることで，企業経営の自立化を進めようとした。これら一連の法律は，外資の導入，

企業の独立採算制や自己資金調達制の採用などによる効率の改善及び財政赤字の縮小を目指したものであり，従来の経済システムから考えると大きな変化であった。しかし，これらの法律は適切に実施されず，その効果は不十分なものとなった。

　法律の適用を妨げた第一の要因は，官僚エリート層からの広範な抵抗であった。国有企業法の制定過程において，省庁や党の官僚が改革を阻もうとしていることを改めて認識したとゴルバチョフが述べているように[34]，フルシチョフやコスィギンの改革と同様，ゴルバチョフも改革に対する官僚層の強い抵抗にあった。第二には，これらの法律は，国家発注や割当については従来どおりの方式を維持したため，実質的には国家による介入が残存し，経済の自由化は限定的なものにとどまった[35]。このような状況の中で，ゴルバチョフら指導部は，改革の抵抗勢力たる官僚機構自体を改革の対象とすべきだという認識を強めた。その結果，1987年後半から1988年にかけて，改革の比重は，徐々に経済改革から政治改革へとシフトしていった。

第3項　ゴルバチョフの政治改革

ソヴィエト改革と共産党改革

　1986年4月に起きたチェルノブイリ原発事故をきっかけに，情報公開や言論の自由の象徴として「グラスノスチ」という言葉が，改革派知識人などに積極的に用いられるようになった。そして，グラスノスチの進展によって，以前より政治的な言説は活性化した。ただし，実際の政治過程においては党官僚が大きな権限を持つという状況には変化はなかった。ゴルバチョフは，経済改革を阻害しているのは既得権益を守ろうとする党・国家官僚であると考え，経済改革を遂行できる環境を整備するために，官僚機構の権限縮小を中心とする政治改革に乗り出した。ゴルバチョフがそれまでの指導者と大きく異なった点は，経済改革の進展を遅らせている原因である政治制度の改革をも射程に入れたという点にある。そしてそのような改革が可能になったのは，それだけ社会全体に閉塞感が広まっていたからだとも言える。このように，ゴルバチョフの改革の比重は，1987年後半から1988年にかけて徐々に

政治改革へと移っていった。

　ゴルバチョフ自身の言葉を借りれば，この政治改革の意義は，「権力を独占的に握っている共産党の手から，憲法でその所有者と規定されている各ソヴィエトの手に，自由な人民代議員選挙の手を通じて引き渡すこと[36]」(傍点引用者)にあった。実際，政治改革は，共産党改革とソヴィエト改革の2つを中心に進められ，前者から後者へと権力を移譲することが目指された。

　第1節で述べたように，ソヴィエト制度は，形式的にはソ連の国家制度の中心に据えられていたが，ソヴィエトの代議員選出プロセスを共産党が支配していたために，実質的な権力は奪われていた。1936年のスターリン憲法制定以来，ソヴィエト代議員は国民の直接選挙によって選出されていたが，実際に行われる選挙は単独候補者の信任投票であり，その候補者の選抜を共産党が支配していた。したがって，ソヴィエト改革はまず，複数候補による競争選挙を導入して，真の国民の代表を選出することを目指した。この点が，ソヴィエト改革の第一の課題となった。しかし，たとえソヴィエトの代議員を競争選挙で選んだとしても，ソヴィエト自体の機能を活性化しなければ，この改革の意義は損なわれてしまう。そこで，ソヴィエト改革の2つ目の課題は，ソヴィエトを党の決定を追認する場から実質的な決定の場へと変革することであった。そのため，新たに人民代議員大会を設置し，ソ連最高会議（ソヴィエト）を常設の立法機関に変革するという構想が示された(人民代議員大会と最高会議については後述する)。ソヴィエトを党の影響力から切り離し，ソ連最高会議を名目的にも実質的にも国家の最高権力機関とすることが，この改革の眼目であった。

　それに対し，共産党改革は次の2つの課題を持つものであった。ソ連の政治システムの最大の特徴は，共産党が強い集権構造を持っており，その機構を通じて国家と社会の大部分を支配した点にあったが，その要は，ノメンクラトゥーラ制に基づく党の人事管理であった。そこで，党改革の第一の課題は，党内の被選出ポストの多選を制限し，かつ党書記選挙に複数候補，秘密投票制を導入して「党内民主化」を徹底することであった。このように党書記選出に競争選挙を導入することは，ノメンクラトゥーラ制の廃止を意味す

るものであったから，当然のことながら党官僚はこれに激しく抵抗した。

　党改革の第二の課題は，党委員会と国家機関・経済機関との仕事を分離し，党のスリム化を図ると同時に，国家機関の自立性を高めるというものであった。党は，長年経済運営を担ってきたが，システムが複雑化していく中でその機能は徐々に党にとって重荷となっていた[37]。また，党による経済管理自体が経済の非効率性の原因とも考えられた。したがって，党と国家の分離という課題は，単に党委員会の権力を相対的に低下させるだけでなく，経済改革を推進する上でも欠かせないものとされた。

　このような政治改革の構想が最初に明らかにされたのは，1987年1月の党中央委員会総会であった。ゴルバチョフは，党書記選挙を複数候補，秘密投票で行うこと，地方ソヴィエト選挙に大選挙区制及び競争選挙を導入することを主張し，共産党協議会の47年ぶりの開催を提案した[38]。そして，1988年5月の「第19回全連邦党協議会に向けたソ連共産党中央委員会のテーゼ[39]」において，共産党改革とソヴィエト改革を中心としたゴルバチョフの政治改革案が，党中央委員会の総会決議として採択された。

　こうして，1988年6月から7月にかけて開催された第19回全連邦党協議会において，ソ連の統治制度の改革が正式に決定された。その意味で，この党協議会はペレストロイカの重要な転機となった。ここでは，「第27回ソ連共産党大会決定の実現経過及びペレストロイカの深化に関する諸課題について[40]」と「ソヴィエト社会の民主化及び政治システムの改革について[41]」という2つの重要な決議が採択され，上述の政治改革構想を具体化した[42]。

　この2つの決議では，党機構と国家機構の機能の分離，各級ソヴィエトの全権性の回復が重要であるとされた。そして，ソヴィエトの改革としては，(1)各級ソヴィエトの立法，監督，管理機能を強化し，ソヴィエトで決定される問題を拡大するとともに，ソヴィエト幹部会及びソヴィエト議長を秘密投票によって選出すること，(2)民主的方法で選出されるソ連人民代議員大会を国家の最高権力機関とし，そこから互選されるソ連最高会議を常設の立法，運営，管理機関とすることなどが定められ，ソヴィエトの権限拡大が目指された。また，共産党の改革としては，党内の民主化が重要であるとされ，

これまでの「形式的=ノメンクラトゥーラ的方法」に代わり，党中央委員会に至るまでのすべての党委員会の委員と書記を，複数候補による秘密投票選挙によって決定することが求められた。さらに，党と国家の機能分離を進める上で，党委員会機関(アパラート)の削減と権限の縮小についても言及された[43]。

ただし，この決議に記されたような複数候補による秘密投票選挙が，党協議会の後にすんなりと導入されたわけではなかった。ノメンクラトゥーラ制によって権力基盤を築き上げてきた党官僚が，当然のことながらこれに激しく抵抗したため，1989年8月から9月頃までは，州レベルの党委員会第一書記と連邦構成共和国党中央委員会第一書記の選挙はおおむね従来の方式(事実上の任命)によって行われた[44]。だが，徐々に複数候補選挙が導入されていったことも事実であり，従来のノメンクラトゥーラ制からの大きな転換がなされたことは間違いない。

人民代議員大会の創設

第19回全連邦党協議会での2つの決議に基づき，1988年12月に憲法が改正され，人民代議員大会の創設と最高会議の改革についての法的基盤が整備された。これにより，政治改革の柱の1つであるソヴィエト改革が，実際に始動することになった。そして，1989年3月にはソ連人民代議員選挙が実施された。

人民代議員の選挙は，地域別選挙区，民族・地域別選挙区という2種類の選挙区で行われ，それぞれ750名ずつの代表が選出された。この選挙は，従来と異なり複数候補が争う競争選挙であった。実際，都市部を中心に有力な地方党幹部が落選するケースも散見され，ソ連の政治史の中で画期をなす出来事となった。他方で，人民代議員大会は，社会団体(ソ連共産党，労働組合，協同組合，コムソモールなど)の代表枠を設け，その枠に全体の3分の1(750名)を確保し，団体ごとに代表が選出された[45]。こうして，ソ連人民代議員大会は，合計で2250名から構成される巨大な最高権力機関となったのである。

これに対し，最高会議は，人民代議員の互選による542名(連邦会議271名，民族会議271名の二院制)から構成された。人民代議員大会が，従来の最高会議と同様に非職業的議員からなり，基本的に年に1度の招集であったのに対し，最高会議は常設の立法機関として，実質的な意思決定を担うことが想定された。そして，1989年5月に招集された第1回ソ連人民代議員大会において，ゴルバチョフが最高会議議長に選出された。

人民代議員大会と最高会議という二層構造の議会制度が整備されたことによって，共産党の権力は相対化され，政治改革は新たな段階に入った。しかし，人民代議員大会は，2000名を超え，通常は年に1度しか招集されない上に，実質的な審議を行う経験も欠如しており非効率であった。最高会議も同じく経験不足であり，かつ政党・会派などの制度が整備されなかったために，共産党に代わる新たな権力の中心となることは容易ではなかった。

憲法第6条の修正，大統領制導入

このように，共産党の権力が縮小されたものの，人民代議員大会と最高会議から成る新しい議会制度はこれまで共産党が担ってきた役割を代替できなかったため，新たな「権力の中心」として大統領制の導入が構想されることになった[46]。また，それとほぼ並行して，共産党の指導的役割を記した憲法第6条を改正する動きも起こった。議会制度改革に続き，大統領制を導入することで権力分立原則を明確に打ち出し，また，憲法第6条の改正によって共産党以外の政党の活動を公式に認めたのである。この2つの変化は，「党＝国家体制」の根幹が変革されたことを意味するものであった。

1989年末の段階では，ゴルバチョフは，憲法第6条を改正し，複数政党制を導入することには慎重な態度を示していた。しかし，1990年2月の党中央委員会総会では，そこから一転して，(1)党は法的・政治的優位を自認しない，(2)政治的多元主義の発展過程では諸政党の創設もありうる，(3)ペレストロイカ推進のために広範な権限を備えた大統領制の導入が考慮されねばならないという考えを明らかにした[47]。そして，この2月総会は，大統領制と複数政党制の導入を含む憲法改正案を記した政治綱領を採択し，続く3

52

月の総会で，大統領候補にゴルバチョフが推挙された。続けて，第3回ソ連人民代議員大会は憲法改正案を採択し，その後ゴルバチョフを大統領に選出した[48]。また，この大会では憲法第6条を修正し，1990年7月に開かれた第28回ソ連共産党大会において，新しい党綱領が採択され，党規約が改正された。ゴルバチョフは共産党書記長の地位にとどまり続けたが，以上の過程を経て，共産党を中心とするソ連の統治制度は解体し，大統領を中心とした統治制度へと変容することになった。

政治改革の意義

　以上のように，ゴルバチョフは，経済改革を遂行するために既存の統治制度の変革が不可欠であると考え，「党＝国家体制」の変革を，ソヴィエト改革と共産党改革という2つの方向から模索した。ソ連の中で，ノメンクラトゥーラ制に基づく候補者指名は，中央が地方党組織を統制する上で重要な機能を果たしてきたものであり，集権的な統治制度の要であった。そのため，「党内民主化」の号令とともに中央の指導性が制限され，競争選挙によって選出された代議員から成る議会制度を構築したことは，大きな意味を持った。

　また，政治改革は，共産党が管轄する領域を縮小することで，国家機関の自立化を図るとともに，共産党自体をスリム化することも目指していた。このスリム化は，管轄する問題のスリム化(党と国家の分離)であると同時に，中央の地方に対する統制を弱めることでもあった。こうして，改革は，当初の意図を超えて政治の多元化を促し，各共和国に自立的な勢力が伸長する契機となった[49]。

　さらに，ゴルバチョフが進めた共産党権力の相対化は，ゴルバチョフ自身の権力基盤を掘り崩すものでもあった。そこで彼は，大統領制の導入によって，最高意思決定機関を従来の共産党政治局から大統領府へと移し，新たな「権力の中心」を設けようとした。しかし，政治の多元化の中で対抗勢力が予想以上の速さで力をつけ始めた上に，ゴルバチョフの側近も政治改革に対する態度がまとまっておらず，権力の移転はなかなかうまく進まなかった[50]。大統領制の導入とほぼ同時期には，共和国以下のレベルでも議会選挙が実施

され，各共和国の政治エリートは急速に発言力を拡大した。彼らは，必ずしも一貫した改革のシナリオを持っていたわけではないが，地方の経済的停滞は中央に責任があり，地方が中央の管理からある程度自由にならなければ，経済の窮乏化を止めることはできないという見方を表明し，ナショナリズムを巧みに喚起した。そして，政治制度改革の結果，これら共和国エリートが中央において共和国の利益を公に要求できる仕組みが生まれると，彼らは中央の政策に対する反発をさらに強めていった。停滞する経済の活性化を目指して始まったペレストロイカは，これまで概して「上から」進められてきたが，これ以降「下から」の動きも大きな力を持つようになった。つまり，政治改革を経ることによって，各共和国の自立化要求が強まり，中央・地方関係をめぐる問題が重要な政治イシューとして顕在化することになったのである。

このようにして，1990年になると，経済改革，政治改革，そして中央・地方関係の再編という3つの改革課題が交錯するようになった。次項で述べる連邦制再編（中央・地方関係の再編）の動きは，このように複数の改革が交錯した状況における，国家の将来像をめぐる論争であった。そして，それは，多様化する政治勢力に様々な方向から批判を受け，ゴルバチョフが求心力を失っていく時期とも重なっていた。

第4項　連邦制再編問題

政治改革の柱の1つである議会改革は，連邦中央に引き続いて共和国より下位のレベルでも実施された。そもそもソヴィエト制度は，各級ソヴィエトの集合体であったから，この改革がソ連最高会議より下位のソヴィエトをも改革の対象としたのは当然であった。1990年に各共和国で実施された議会選挙の結果は多様であったが，各共和国にできた新政権は概して連邦中央に対する自立性拡大を要求した[51]。1990年5月に初めて開催されたロシア人民代議員大会も「国家主権宣言」を採択し，これ以降ソ連法に対するロシア法の優位を主張するなど，「ロシアの自立化」を求めた[52]。かくして，1990年に入ると，連邦制の再編をめぐる問題，特に新しい連邦条約の策定をめぐ

る問題が，新たな政治課題として浮上してきた。

　この連邦条約とは，1922年のソ連樹立に関する条約のことである。10月
革命の担い手となったボリシェヴィキは，ただちに旧ロシア帝国領全体を支
配できたわけではなく，周縁部を中心に反革命勢力との内戦や，外国の干渉
軍との戦いも経験した。そのため，10月革命後しばらくの間は混沌とした
状況が続いた。このような状況を収束させ，単一の国家形成のために，ロシ
ア，ウクライナ，白ロシア，ザカフカース連邦の間で締結されたのが，連邦
条約であった。こうして，連邦国家としてのソ連が誕生したのである。ただ
し，ソ連の国家制度が連邦制を採用していたとはいえ，統治制度が中央集権
的なものであったことは，既に何度も述べたとおりである。また，「形式に
おいて民族的，内容において社会主義的」というスローガンに示されている
ように，ソ連において民族問題は解決済みのものと公式には考えられていた。
しかし，ペレストロイカの過程で，言論統制が緩やかになり政治の多元化が
生じる一方で，経済状況は好転しないばかりか，市場経済化政策が社会に混
乱をもたらしたために，各地で民族問題が噴出し，連邦中央に対する不満が
高まった。このような中で，1922年の連邦条約を，より分権的な新たな連
邦条約に再編すべきだという考えが強まった。

　各共和国の自立化要求が強まる中，1990年3月に，連邦中央は大統領制
を導入し，国家の一体性回復を目指した。一方で，大統領就任直後から，ゴ
ルバチョフは，共和国の主権とその経済的・政治的自立性を強化することや，
共和国より下位の行政区分である自治共和国などの地位向上を図ること，そ
して，現状に対応した新たな連邦条約を策定することが必要であると述べて
いた。また，大統領就任後最初の大統領評議会においても，連邦条約に基づ
くソヴィエト連邦制の根本的改革を優先的な課題として掲げていた[53]。この
ように，連邦中央と共和国の関係再編をめぐる動きは，1990年に入り急速
に活発になっており，ゴルバチョフは一方で大統領制導入により自らの求心
力回復を目指しつつも，連邦再編の問題も無視するわけにはいかなかった。
ソ連経済が一向に好転する兆しを見せない中で，ゴルバチョフは改革派・保
守派双方から批判を受けるようになっていたため，連邦再編を梃子に改革

派・保守派双方の連邦維持勢力を取り込もうとした[54]。かくして，4月に入ると，連邦中央と共和国(及び自治共和国などの自治地域[55])との関係を規定する法律が，ソ連最高会議で次々と制定され[56]，徐々にではあるが従来よりも分権化が推し進められた。しかし，共和国の要求の急進化は，こうした連邦指導部の妥協を上回る速度で進んだ。そのため，一連の法律の制定に対し，それを不服とする共和国(特にバルト諸国)は一層遠心力を高めていった[57]。

以上のような状況の中で新連邦条約(Союзный договор: Union treaty)草案の準備は進められ，1990年11月の第一次草案公表以来，新たな連邦条約をめぐって交渉が続けられた。公表された新連邦条約の草案は全部で4つあるが[58]，そこでの争点は，大きく2つに分けることができる。第一には，ソ連をどのような形で再編するのか，特に連邦制(フェデレーション)の形にするのか，国家連合(コンフェデレーション)の形にするのかという問題である。そこでは，連邦中央と共和国の間の権限区分に加えて，新しい国名も重要な争点であった。

第二の争点は，新たな連邦条約に署名する主体は何であるかというものであった。ソ連の連邦制は，連邦共和国の内部にも自治共和国などの民族的自治地域が存在するという「入れ子構造」をしており(ロシア共和国自体も連邦制であった)，連邦共和国に加えて，自治共和国も連邦条約の主体になるのかという点が，重要な争点であった。この問題は，内部に多数の自治共和国を抱えるロシアにとって特に重要であった。なぜならば，ロシアをはじめとする各連邦構成共和国が「主権」を宣言し，「自決」の権利を主張したのと同様に，その内部の自治共和国も自らの「主権」や「自決」の権利が当然に認められるべきだと主張し始めたからである。このことは，問題を一層複雑なものとした。こうして，連邦中央，ロシア，自治共和国という3者は，権限獲得のために「三つ巴」の争いを繰り広げることになった[59]。

この2つの争点をめぐる各政治勢力の対抗関係は，第4章で詳しく述べるが，連邦制の再編をめぐる交渉において大きな転機となったのが，1991年3月に実施された国民投票であった。この国民投票は，「対等な主権共和国の刷新された連邦(フェデラーツィヤ)としてのソヴィエト社会主義共和国連邦

56

（ソユーズ）の維持を必要と考えるか」という設問に対する国民の意見を問う
ものであった。この時期までに独立を志向するようになっていた6つの共和
国（バルト3国，グルジア，アルメニア，モルドヴァ）がこれをボイコットし
たが，全国で投票率は80％であり，設問に対する賛成票が76.4％を占めた。
この結果により，国民の多くはソ連の維持を支持していることが示された。

　1990年以降，ゴルバチョフの「右傾化」が顕著になるのと並行して，各
共和国指導部は程度の差こそあれ，共和国の自立化を求めて急進的な主張を
強めてきたので，連邦中央指導部（ゴルバチョフ）と各共和国指導部との関係
は，悪化する傾向にあった。特にエリツィンは，連邦条約締結に向けた交渉
を続けながらも，連邦条約草案に何度も批判を投げかけていた。しかし，国
民投票で「ソ連維持」の結果が出たことを契機として，1991年4月から，
国民投票に参加した9つの共和国指導部と連邦指導部との間で，新しい連邦
条約締結に向けた本格的な交渉（交渉が行われた別荘地の名称をとって「ノ
ヴォ・オガリョヴォ・プロセス」と呼ばれる）が始まった。そして，4月23
日には，9共和国首脳とゴルバチョフ大統領との間で合意が成立し（「9プラ
ス1合意」），共同声明が発表された。この共同声明は，(1)連邦条約（名称は
主権国家条約とされた）の締結が必要であること，(2)条約締結と新憲法の制
定に至るまで，憲法秩序の回復と現行法の無条件の遵守が必要であることな
どを確認するものであった[60]。また，この共同声明は，連邦条約を主権国家
の自発的な連合体を形成するための条約と位置付け，15共和国すべてが調
印することを前提としなくなったという点で，共和国に権限を委譲しながら
連邦を維持しようとする従来の条約案とは大きく異なるものであった[61]。

　その後も連邦条約草案の最終調整が続けられる中で，ゴルバチョフは共和
国に対して譲歩を続けた。最後に残された税制の問題をめぐって，ゴルバ
チョフ，エリツィン，ヌルスルタン・ナザルバエフ（Назарбаев, Нурсуртан
A.）カザフスタン共和国大統領の協議が行われ，その結果，事実上連邦の財
源を共和国に依存させ，連邦の独自財源を否定することが決まった。また，
連邦政府の保守派を解任することなどについても合意に至った[62]。このよう
に，連邦中央の譲歩によって，新しい連邦条約は調印を直前に控えるところ

まで進んだ。

第5項　ソ連の解体

　以上のような合意に基づき，連邦条約は 1991 年 8 月 20 日に調印される予
定であった。しかし，調印を翌日に控えた 8 月 19 日，この連邦条約が連邦
中央の権限を削減すること，そしてゴルバチョフが自身の再選と引き換えに
自分たちの解任に合意したことに不満を募らせた連邦政府の保守派勢力は，
「国家非常事態委員会」を組織し，条約調印の阻止を目的としたクーデター
を企てた。国家非常事態委員会はゴルバチョフに辞任を迫ったが，拒否され
たために彼をクリミア半島フォロスの大統領別荘に軟禁した。そして，ゴル
バチョフが健康上の理由で執務の継続が不可能となったため，（国家非常事
態委員会のメンバーの 1 人である）ゲンナジー・ヤナーエフ（Янаев,
Геннадий И.）副大統領が大統領の職務を引き継ぐと発表した。

　これに対して，エリツィン・ロシア大統領は素早く対応し，国家非常事態
委員会は非合法であると宣言して，市民による大規模なデモを先導した。一
方，国家非常事態委員会の足並みは揃わず，首謀者の逮捕によってクーデ
ターはあえなく失敗に終わった。こうして，保守派勢力が改革を阻止する道
は完全に閉ざされた。このクーデターの企ては，連邦政府の中枢から起こさ
れたものであったので，その失敗により連邦権力は一気に失墜し，ゴルバ
チョフの権威も同じく失墜した。反対に，クーデターを打倒したエリツィン
を中心とする「改革派勢力」がその勢力を拡大した。この「改革派勢力」の
中心をなしていた「民主ロシア」は，クーデターの起きた 8 月 19 日から 22
日までの間に，モスクワの最高会議ビル（「ホワイト・ハウス」）前で大規模な
デモを組織し，その動員能力の高さを示した。このクーデター直後の世論調
査では，モスクワ市民の 53％が「民主ロシア」を支持し（ソ連共産党の支持
率は 11％），ロシア全土でも 40％を超える人々が「民主ロシア」に対する支
持を表明した[63]。

　クーデターに対して，いくつかの共和国はそれを静観したり，曖昧な態度
をとったりしていたが，その失敗が明らかになると，各共和国は一転してこ

58

れに批判的な態度を示し，次々と独立を宣言した。他方で，1991年11月末までは，一層の分権化(実質的な国家連合化)の方向で，連邦条約調印に向けた交渉も続けられていた。しかし，ウクライナで12月1日に完全独立論者のレオニード・クラフチュク(Кравчук, Леонид М.)が大統領に選出され，同時に行われた国民投票では，投票総数の90%以上が独立を支持したことが情勢を決定的にした[64]。12月7日から8日にかけて，ロシア，ウクライナ，ベラルーシの3共和国首脳がソ連の消滅と独立国家共同体(CIS)の結成を宣言したことで，ソ連を維持しようという最後の試みも頓挫した。12月21日には，バルト3国とグルジアを除く11ヶ国がCIS創設協定議定書に調印したため，ゴルバチョフは大統領を辞任し，最終的にはソ連最高会議共和国会議が現状を追認する形で，12月26日にソ連の消滅を宣言した。

第3節　小　　括——ソ連解体と残された課題

　本章では，まず，「党＝国家体制」の構造的特徴を概観することで，共産党は中央集権的な組織原則を持ち，ノメンクラトゥーラ制を梃子に社会の大部分も包摂していたこと，そしてそれゆえに，共産党を中心に政治と経済が一体化していたことを確認した。ただし，国家機構としての連邦制が全く無意味であったわけでもなく，各地域は民族エリートの存在とともにある程度の自立性を保持しており，ブレジネフ期には特にその傾向が顕著であった。また，社会経済が複雑になるにつれ，この「党＝国家体制」はシステムの肥大化に直面し，その中心に位置する共産党にかかる負荷は，徐々に増大していった。

　かくして，1985年3月ゴルバチョフが共産党書記長に就任すると，彼はまず「党＝国家体制」の問題点は経済システムにあると考え，経済改革の実施を掲げた。この経済改革は様々な抵抗にあい行き詰まったが，ゴルバチョフは経済改革を停滞させる原因にまで改革の対象を広げた。このようにして始まった政治改革は，ソヴィエトへの競争選挙導入，共産党機構の改革(党内民主化)，共産党の指導的役割の廃止，ソヴィエトの議会化と大統領制導

入による権力分立原則の採用などを行うことによって，これまでの「党＝国家体制」を大きく変容させた。さらに，政治改革が進行していくのに伴い中央の統制が弱まると，政治は必然的に多元化し，改革の当初の意図を超えて各共和国に中央を批判する勢力が伸長した。こうして，「上から」の改革として始まったペレストロイカが，「下から」の動きにも突き動かされるようになったのである。

　他方で，ゴルバチョフにとっては，政治改革によるヒエラルヒー構造の弛緩は，その頂点に位置する共産党書記長としての自らの権力基盤を掘り崩すことを意味した。そのため，その後の改革を円滑に進めることは困難になった。これは「上から」の改革の限界であったと言える。ゴルバチョフは，権威の低下した共産党書記長に代わる新たな「権力の中心」として大統領制を導入することには成功したものの，権力基盤が共産党書記局から大統領府へとスムーズに移行したわけではなく，「権力の空白」状況は埋められないままだった[65]。さらに1990年に入ると，ゴルバチョフは，政治・経済改革の問題よりも，連邦の維持に傾注せざるを得なくなった。ゴルバチョフは，「連邦の刷新」という形で各共和国に譲歩しながら新たな連邦条約の締結を目指したが，様々な方面から批判を受け，1989年夏頃からは国民の支持も急速に低下した。対照的に，この時期各共和国のエリートは，巧みにナショナリズムを利用しつつゴルバチョフの「保守化」を攻撃し，発言力を強めていった。共産党という巨大組織に権力が極度に集中していたソ連で，それに代わる新たな権力の中心が用意されないうちに共産党機構のヒエラルヒーを否定し，それを解体したことは，結果的にソ連という国家の存在自体をも危機に陥れた。

　本書の問題意識にとって重要な点は，以上の過程で噴出した課題が，ソヴィエト体制の崩壊とソ連という国家の解体によって，すべて解決されたわけではないということにある。むしろ，次章以降で述べるように，ペレストロイカ末期に存在した政治課題の多くは，一部の論点や中心となる政治主体が変わったにせよ，大部分がソ連解体後に持ち越され，政治的・経済的権限をめぐってさらに激しい対立を引き起こした。したがって，ソ連解体後の変

60

動過程は，それ以前と同様複数の争点が交錯し，それらが相互に影響を与えながら進展した。このように，争点の多元性とその連関という特徴は，ソ連という旧体制の特徴に起因するものであり，既存の研究が指摘する「重層的転換」や「国家性」といった問題は，程度の差こそあれ，旧ソ連諸国の体制転換過程に共通する問題であると言える。

　また，ソ連／ロシアの体制転換過程のもう１つの特徴としては，争点が変わると，そこに関わる政治主体が変わるだけでなく，対立軸も変化するということが挙げられる。ある問題については利益を共有していた勢力が，他の問題については選好を異にして分裂し，かつその選好自体も流動的であった。「党＝国家体制」の下では，共産党以外の政党の結成や活動は禁止され，社会の相当部分が党＝国家に吸収されていたために，社会的亀裂に応じて利益を代表するような理念的な政党が形成されることはなかった。共産党以外の政党や政治組織の結成はソ連末期にようやく認められたが，ソ連という体制・国家が急激に解体していったために，これらの政党・政治組織は，組織的にも理念的にも十分に発達したものとはならなかった。そのため，争点となるべき政治課題が山積した一方で，それを解決すべき政治エリートは激しく離合集散を繰り返した。

　次章では，本章でも触れたペレストロイカ末期の各政治争点の交錯を，ロシア共和国とソ連中央の関係を踏まえて，より詳しく考察する。ソ連解体後のロシアで政治課題となった諸問題は，この時期に徐々に形成されていった。そして，それはソ連とロシア共和国の対抗関係の中で形成されていった。

　　1) 本書は，現在のロシアの政治体制にソ連時代の公式・非公式の制度が残存していることを前提としているわけではない。それと同時に，それらが残存する可能性を否定するものでもない。
　　2) 石井 1995b, 5-6.
　　3) 例外的にロシア共和国にだけは1990年まで党組織が作られなかった。このことは，ソ連という国家の再編が問題となった1990年以降に大きな意味を持った。この問題については，第3章第1節で詳述する。
　　4) ノメンクラトゥーラとは，各級の党委員会が人事を管轄する「職名のリスト」とそのポストにふさわしい「候補者リスト」を指し，転じて，そのような任命職にあ

る幹部やエリートなども意味した。このリストに基づき行われる人事制度が「ノメンクラトゥーラ制」と呼ばれた（上野 1995a, 102；地田 2004；Ogushi 2008, Appendix 1）。

5) 上野 1995a, 118-130。

6) 塩川 1993, 36。また，「党＝国家体制」がどの時期に成立したのかという点については，様々な議論がある。塩川（1993, 77-120）の他に，溪内（1978），石井（1981；1995a；1995b）なども参照。

7) Rigby 1990, 6.

8) 例えば，1977 年ソ連憲法第 2 条では，「ソ連邦における全権力は人民に属する。人民はソ連邦の政治的基礎をなす人民代議員ソヴィエトを通じて国家権力を行使する。他のすべての国家機関は人民代議員ソヴィエトの監督の下に置かれ，ソヴィエトに報告の義務を負う」と記されている。

9) 佐藤 2004, 434。

10) 佐藤 1975, 118；Burs 1973＝1978, 第 7 章；Bunce 1999b, 22.

11) Rigby 1990, 9.

12) Nove 1980＝1986. ノーヴによれば，ソ連の経済システムでは，中央での計画を担うゴスプランの仕事や決定が多岐にわたっていたため，かなりの権限が省に移譲されていたし，実際に，ソ連経済が機能していたのは，中央の計画官が事実上細部の決定をほとんど行わないからであった。

13) 経済体制をめぐる一般的考察及び社会主義体制の基本的特徴を包括的に論じたものとしては，塩川（1999, 78-130）も参照。また，ソ連後期の国家と社会の関係について論じたものとしては，松戸（2011）がある。

14) Rutland 1993, 48.

15) 国有農場，集団農場においても，人々はその生活を農場及びその経営者に大きく依存していた。

16) 佐藤 1975, 93。

17) Hough 1971; Rutland 1993.

18) 1951 年から 1980 年までの 5 ヶ年計画の平均成長率では，一貫して生産財生産が消費財生産の伸び率を上回っていた（左治木 1995, 136）。

19) 佐々木 1999a。

20) Bunce 1999b.

21) 左治木 1995, 147-148；佐々木 1999a。

22) Закон СССР «О государственном предприятии (объединении)» // *Ведомости Верховного Совета СССР*. 1987. № 26 (2412). Ст. 385. 1987 年 7 月に制定，翌年 1 月施行。

23) Brown 1997＝2008, 279-285。

24) ブラウンは，ゴルバチョフは経済改革を開始した当時から，政治改革も念頭に置いていたと主張しているのに対し（Brown 1997＝2008, 225），ハフは，ゴルバチョフは経済改革を達成するためのシナリオをそもそも持っておらず，旧システムの破

壊が機能的な市場の出現に必要な条件を生み出すとすら考えていた可能性があると指摘している (Hough 1997, 105-106)。

25) Горбачев 1987, Том. 2, 251-278.　この路線は，続く 1986 年 2 月に開催された第 27 回党大会で承認された。

26) 佐々木 1999a，162。

27) 反アルコール・キャンペーンは，ゴルバチョフの初期の経済改革を代表するものであった。アルコール問題は，ソ連において長らく大きな社会問題であり，飲酒が引き起こす労働規律の弛緩や犯罪の多発に対する対策が求められていた。反アルコール・キャンペーンは，綱紀粛正や労働効率の改善を目的としてとられた措置であり，その内容からも非常に注目を集めた政策であった。しかし，国家予算収入の約 14％を占めていた酒税収入の激減，密造酒の増大とそれに伴う闇経済の活性化など，その弊害も大きく，国民の評価も否定的なものだった。

28) この中では，リガチョフだけが 1920 年生まれとやや年長である。

29) Горбачев 1995＝1996，上巻，425-426。

30) 「ペレストロイカ」という言葉自体は，「再建」，「建て直し」，「改革」などを意味する一般的な単語であり，当初は体制内改革を示す言葉として用いられていたが，改革運動の展開に伴い，徐々にその意味は転化していくことになる。

31) Закон СССР «Об индивидуальной трудовой деятельности» // *Ведомости Верховного Совета СССР*. 1986. № 47 (2381). Ст. 964.

32) Постановление Совета Министров СССР «О порядке создания на территории СССР и деятельности совместных предприятий, международных объединений и организаций СССР и других стран — членов СЭВ» // *Собрание Постановлений Правительства СССР*. 1987. № 8. Ст. 38; Постановление Совета Министров СССР «О порядке создания на территории СССР и деятельности совместных предприятий с участием советских организаций и фирм капиталистических и развивающихся стран» // *Собрание Постановлений Правительства СССР*. 1987. № 9. Ст. 40.

33) Закон СССР «О кооперации в СССР» // *Ведомости Верховного Совета СССР*. 1988. № 22 (2460). Ст. 355.

34) Горбачев 1995＝1996，上巻，444-447。

35) ゴルバチョフを批判するいわゆる「改革派」勢力は，この点を根拠にゴルバチョフの改革が「中途半端」であると批判した。

36) Горбачев 1995＝1996，上巻，531。

37) Ogushi 2008, 31-32.

38) Горбачев 1987, Том. 4, 321-324, 360-361.

39) Тезисы Центрального Комитета КПСС к XIX Всесоюзная конференции // *КПСС в резолюциях и решениях съездов, конференций и пленумов ЦК*. Том. 15 (1985-1988). М. 1989. С. 595-616.

40) Резолюция «О ходе реализации решений XXVII Съезда КПСС и задачах

по углублению перестройки» // *XIX Всесоюзная конференция Коммунистическая партии Советского Союза, 28 июня–1 июля 1988 г.: Стенографический отчет.* (以下，*XIX Всесоюзная конференция КПСС*) Том. 2. М. 1988. С. 112-120.

41) Резолюция «О демократизации советского общества и реформе политической системы» // *XIX Всесоюзная конференция КПСС*. Том. 2. С. 135-144.

42) 各決議の作成にあたっては部会が組織され，そこで討議が行われたが，この2つの決議を準備した部会の議長はいずれもゴルバチョフであった。その他に，この党協議会では，「官僚主義との戦いについて」(Резолюция «О борьбе с бюрократизмом» // *XIX Всесоюзная конференция КПСС*. Том. 2. С. 147-152)，「民族間関係について」(Резолюция «О межнациональных отношениях» // *XIX Всесоюзная конференция КПСС*. Том. 2. С. 156-160)，「グラスノスチについて」(Резолюция «О гласности» // *XIX Всесоюзная конференция КПСС*. Том. 2. С. 166-170)，「法改革について」(Резолюция «О правовой реформе» // *XIX Всесоюзная конференция КПСС*. Том. 2. С. 172-175)という4つの決議も採択された。

43) 1988年8月から9月にかけて，党機構の削減が具体化された。そこでは，新たに6つの中央委員会付属の委員会(комиссия)を設置し，これらが部局を監督するという制度が導入され，党中央委員会書記の地位を相対的に低下させた(Ogushi 2008, 32-53)。

44) 上野 1995b，221；上野 1999，339-381。

45) 全体の3分の1を選挙ではなく社会団体に確保するというこの制度設計は，既存エリートの流出に伴う過度の混乱を防ぐ意図があった(上野 1995b，214-215；Remington 2001, 26-30)。しかし同時に，この制度設計が改革を遅らせたとして，当時ゴルバチョフの補佐官をしていたアナトリー・チェルニャーエフ(Черняев, Анатолий C.)は批判的であった(Черняев 1993＝1994，216-217)。

46) Ogushi 2008, ch. 3.

47) 木村 2002，26。

48) 改正された憲法では，最初の大統領は公選ではなく人民代議員大会が選出することになっていた。

49) 塩川 2007a，156-157。

50) Горбачев 1995＝1996，上巻，610；上野 1995c，283。ハスキーは，ゴルバチョフ自身に，大統領を中心とした統治制度を制度化しようとする意図があまりなかったと指摘している(Huskey 1999, 20-25)。

51) 1990年3月に，リトアニアが独立回復宣言を採択するなど，最も急進的な動きを見せたのはバルト3国であった。

52) これらの経緯については，次章で詳しく述べる。

53) *Союз можно было сохранить* 2007, 140-142.

64

54) Remington 2001, 33-35.

55) 共和国内部に，民族的自治地域として自治共和国，自治州，自治管区が存在した。その多くはロシア共和国内に存在したので，次章以降で見るように，ロシアとロシア内部の民族的自治地域の関係も大きな政治的争点となった。

56) それらを以下に列挙する。「市民の民族的平等の侵害とソ連領土の一体性の強制的違反に対する責任強化に関する法律」(4月2日制定)，「連邦共和国のソ連からの離脱に関する問題決定の手続きに関する法律」(4月3日制定)，「ソ連の地方自治と地方経済の一般原則に関する法律」(4月9日制定)，「ソ連，連邦共和国，及び自治共和国の経済関係の基礎に関する法律」(4月10日制定)，「ソ連諸民族言語に関する法律」(4月24日制定)，「ソ連と連邦主体の間の権限区分に関する法律」(4月26日)，「自身の民族国家的領域の外に居住するまたはソ連内にそうした領域を持たない市民の自由な民族的発展に関する法律」(4月26日)。

57) 塩川 2007a，60-63。皆川(1999，386)は，予想以上の国内環境の変化や政治プロセスでの行動規範の不在ゆえに，ゴルバチョフの政策は，必然的に対症療法的，部分改革路線になったと評している。

58) ソ連の新連邦条約草案をめぐる議論については，Kahn (2002)，Ross (2002)，森下(2001)，塩川(2007a；2007b)などを参照。

59) なお，ロシア以外の共和国も，自治共和国を共和国と対等に扱えば，将来自治共和国を多数擁するロシア共和国の勢力が圧倒的多数を占めることになることを危惧し，これに反対した(中井 1998，136-137)。

60) *Союз можно было сохранить* 2007, 224-227.

61) 中井 1998，136。

62) 塩川 2007a，67-69。

63) Brudny 1993, 153-154.

64) 中井 1998，153-156；木村 2002，106。

65) Remington 2001; Ogushi 2008.

第3章　ロシアの自立化の萌芽(1990年)

　前章では，経済改革として始まったペレストロイカが，徐々に政治改革と絡み合いながら進展した過程，そしてその中で萌芽した多元的な政治状況が，各共和国の自立化運動へと結実し，連邦再編問題をも引き起こした過程を見てきた。本章以降では，焦点をソ連からロシアに移し，ロシアでどのような問題が改革の対象となり，その問題に対してどのような勢力が関与していたか，また，改革の対象となった諸問題がどのように交錯していったかを明らかにする。

　本章と次章で扱う1990年から1991年というのは，どのような時期であったのだろうか。この時期の大きな特徴としては，次の3点が挙げられる。第一に，ソ連で1988年以降に進められた政治改革に続いて，ロシア共和国でも政治改革が進められたために，ソ連とロシアの境界が明確になっていった。元来ロシアには，共和国の名を冠した共産党組織，KGB，科学アカデミーなど，他の共和国が有していた組織が存在しなかった。ソ連指導部がモスクワに2つの中心が生じることを望まなかったため，ソ連とロシアの境界が曖昧にされていたのである。しかし，1990年以降にロシアに独自の政治制度が確立していくと，両者の違いは明確になっていった[1]。この過程は，ロシア共和国内部に目を向けた場合には，政治改革の進展と捉えられ，ソ連とロシアの関係性に注目すると，中央・地方関係の再編過程と考えられる。このように，この時期は，ソ連とロシアが異なる政治アリーナを構成し，しかも両者の関係性自体が大きな問題となった時期であり，その政治過程は不可避的に複雑になった。

第二の特徴は，上記のようなプロセスが進行する中で，当初は連邦中央の決定に基づいて進められた政治改革が，徐々に連邦中央の意図から離れて，ロシア独自のものとして自己運動を始めたという点である。また，その過程でロシアの政治主体性が明確に意識されるようになると，その主導権をめぐってロシアの政治エリート内部にも対立が生じることになった。次章以降で見るように，この問題はソ連解体後に一層激化することになるが，そうした政治対立の端緒をこの時期に見出すことができる。

第三に，ソ連にはソ連とロシアという2つの連邦制が存在しており，しかもそれらが「入れ子構造」になっていたことが，複雑な問題を引き起こした。ロシアは，ソ連という連邦国家を構成する主体の1つであったと同時に，ロシア自体も連邦制をとっていた。そのため，ソ連の連邦制再編が政治的争点となるにつれ，ロシアの中央・地方関係も動揺し始めたのである。

1990年から1991年にかけて，ロシアは，ソ連中央に対して権限拡大を要求したが，そのことが飛び火し，ロシア内部の民族的自治地域（主に自治共和国）も権限の拡大をロシア共和国に対して要求するようになった。民族的自治地域は，ロシアが要求する「主権」や「自決」といった権利は当然自分たちにも認められて然るべきだと主張した[2]。エリツィンらロシア共和国指導部は，ソ連との交渉における自らの要求が正当であると主張するために，一時的にロシア内部の民族的自治地域に対しても権限拡大を容認する態度をとった。しかし，徐々にその統制が困難になると，逆にソ連中央の指導部が民族的自治地域と手を結ぼうと画策するようにもなった。このように，この「三つ巴」の争いは，対立関係が次々と入れ替わりながら進行した。

以上のことから，この時期は，前章までに見てきた3つの改革の連鎖が，ソ連とロシア共和国という2つのアリーナにおいてそれぞれ存在するようになった上に，この2つのアリーナは元来境界が曖昧であったがゆえに，両者が互いに影響を与え合うという極めて複雑な状況が生じた。前章では，ソ連というアリーナにおける改革の連鎖を中心に述べたので，これ以降はロシアというアリーナに焦点を当てつつ，この2つのアリーナが交わっている部分について，より詳細に論じることにする。

このような議論を進めるための前提として，本章ではまず，ソ連の中でロシアはどのような位置を占めていたのかを整理する(第1節)。続いて，ソ連の政治制度改革に準じて進められた改革により，ロシアにどのような議会制度が生まれたのかを概観する(第2節)。この新しい制度の下，1990年3月にロシアで初めて人民代議員選挙が実施され，5月には第1回人民代議員大会が開会した。第3節では，「国家主権宣言」の採択など，ロシアの自立化を一気に推し進めたこの第1回人民代議員大会を取り上げる。ソ連に対するロシアの権限拡大を宣言したこの「国家主権宣言」は，それ以降約1年間の政治と経済の展開にとって決定的に重要な意義を持った。これ以降，「ロシアの自立化」を実現することを目指して，ロシア内の諸勢力に一定の協力関係が生じ，3つの改革分野の政治状況は急速に変化したのである。そこで，ここでは新しいロシアの議会にはどのような勢力が生まれたのか，そして，各勢力の立場の違いがいかに乗り越えられたのかを検討する。

第1節　ソ連におけるロシアの位置

ソ連は15の連邦構成共和国からなる連邦国家であったが，ソ連全体の人口の約半分，国土の3分の2を占めていたロシアは，その中で特別な地位にあった。それは単に規模の問題ではない。ロシアは，他の共和国とは異なり，長きにわたり共和国レベルの党組織を持たず，ロシア内部の行政区分(地方や州など)に設けられた共産党組織は，ソ連共産党に直接従属し，多くの国家機関もソ連中央のそれで代替されていた。そのため，ある意味ではロシアはソ連と一体化し，ロシア革命以来諸民族の「長兄」としてソ連を1つの国家としてまとめ上げる役割を果たしてきた。そして，そのことがロシア人の中に周辺諸民族に対する支配者意識ないしは優越感を生んだ。他方で，経済的にはロシアは必ずしも他の共和国より優位であったわけではなかったし，ソ連は公式には諸民族の平等や国際主義を掲げていたので，「ロシア人支配」が国家制度として確立したり，積極的に正当化されたりすることもなかった。

つまり，ロシアが連邦を構成する１つの共和国であるという点は，他の共和国と同じであった。そのため，ロシア人は，他の民族のために奉仕しているにもかかわらず，自分たちはそれに見合う地位や待遇を受けていないという不満も抱えていた。このようなことが，ロシア人の中に，支配者意識や優越感と同時に被害者意識と劣等感を醸成する契機となったのである[3]。

　そのような特別な地位にあったロシアに，1990 年に入り人民代議員大会という重要な国家機関が創設されたことは，ソ連とロシアの関係性を考える上で重要な転換点となった。これ以降，ロシアは人民代議員大会や最高会議を通じて独自の決定を下すようになり，優越感と劣等感が同居するロシア・ナショナリズムが大いに喚起されるようになった。また，ロシアの人民代議員大会や最高会議での決定はロシアの権限拡大を定めるものが多かったため，それらはしばしばソ連の決定と相反し，様々な問題を引き起こした。このような事情から，この時期のロシアの政治改革は，ソ連中央との権限をめぐる争いと交錯しながら進んでいくことになった。

第２節　ロシア人民代議員大会の創設と議会制度の概要

　本節では，この政治改革の結果として生まれた議会制度の概要と，その内部で形成された議員の連合を整理する。この議会において，体制転換期の政治論争が繰り広げられたわけだが，その議会はどのような仕組みであったのだろうか。そして，そこにはどのような勢力がいたのだろうか。

　また，最高会議の付属機関として設立された憲法委員会についても簡単に触れる。憲法委員会は，1990 年５月から６月の第１回人民代議員大会において，新憲法制定や現行憲法改正を準備するために設置された機関である。1990 年から 1993 年にかけて，新憲法制定の準備が行われていたが，それと同時に幾度となく現行憲法の改正が重ねられた。そうした中で，この憲法委員会は重要な役割を果たした。

第1項 議会制度の概要

　前章で見たように，ソ連では，ソヴィエト改革の一環として1988年12月にソ連人民代議員大会の創設と最高会議の再編，及び選挙制度の改革を定めた憲法改正が行われた。これに倣い，各共和国のソヴィエト制度についても改革が実施された。ロシア共和国では1989年10月に共和国憲法が改正され，直接選挙によって選出される人民代議員大会と，人民代議員の中からメンバーを互選して構成される最高会議という二層構造の議会制度が創設された（図3-1参照）。各共和国がどのような議会制度を採用するかは，各々の判断に任されたが，ロシアは，主に議員の数とその選出方法について相違があったものの，ソ連と類似した制度を採用することになった（表3-1，表3-2参照）[4]。このことからも分かるように，この時期のロシアにおける議会制度改革は，連邦中央の影響下で実施されたものであった。

　ただし，ロシアの議会制度とソ連の議会制度との違いを比較してみると，

図3-1　1990年から1993年のロシア議会の選出方法
出典：筆者作成。

表3-1　ソ連とロシアの人民代議員大会の比較

	人民代議員数	選出方法の内訳
ソ　連	2250名	地域：750名　　民族・地域：750名　　社会団体：750名
ロシア	1068名	地域：900名　　民族・地域：168名

出典：筆者作成。

表3-2　ソ連とロシアの最高会議の比較

	最高会議議員数	各院の構成
ソ　連	542名	連邦会議：271名　　民族会議：271名
ロシア	252名	共和国会議：126名　　民族会議：126名

出典：筆者作成。

70

前者の特徴が浮き彫りになる。ソ連人民代議員大会は，地域別選挙区での選挙，民族・地域別選挙区での選挙，社会団体枠からの選出という3つの区分から，それぞれ750名ずつが選ばれ構成された。それに対し，ロシアでは，社会団体枠は設けられず，すべての議席が国民の直接選挙によって選出されることになった。また，選挙区の区割りについては，地域別選挙区での選出が900名，民族・地域別選挙区での選出が168名であった。この2つの選挙区の定数が非対称なのは，ソ連では最大民族のロシア人が国民全体に占める割合が約5割であったのに対し，ロシアではロシア人が国民全体の約8割を占めており，その分少数民族に割り当てられる代表数も減少したためである。ただし，最高会議は共和国会議と民族会議の二院制であり，前者には地域別選挙区選出の人民代議員が，後者には民族・地域別選挙区選出の人民代議員が126名ずつ互選されるため，民族・地域別選挙区から選出された人民代議員の多くは，最高会議にも参加することになった。

　ソ連で始まった議会制度改革は，従来共産党の決定を追認するばかりであったソヴィエトに実質的な権力を与えることを目的としていたが，これは連邦構成共和国の議会制度改革においても同様であった。この制度改革の際に改正されたロシア共和国憲法によると，人民代議員大会は「国家権力の最高機関」であり，憲法の採択と改正，首相の承認，最高会議の採択した法令の取消しなどの権限を排他的に有する機関であった。ただし，人民代議員大会は年に1度の定期大会と必要に応じて開催される臨時大会のみの活動であり，最高会議が常設の立法機関として機能することになった。

　最高会議は，共和国会議と民族会議の二院制であり，人民代議員の中から互選された252名で構成される。両院は同数でかつ同権であるが，一般的問題(国家建設，社会・経済的発展，市民の権利・自由・義務など)については，共和国会議が優先的に審議を行い，民族間の平等や各民族の社会・経済的発展などの問題については民族会議が優先的に審議するとされた[5]。人口に応じて区割りされた地域別選挙区選出の議員から構成される共和国会議は，相対的に都市部の代表が多く，民族会議より民主的であったという評価もある[6]。ただし，この議会制度が機能していた1993年秋までの時期に，共和

第3章　ロシアの自立化の萌芽(1990年)　71

国会議と民族会議が明確に対立した例はほとんどなく，両者の違いは曖昧であった。実際，たいていの審議は両院合同で実施され，法案等の採決も同時に行われていた。

第2項　人民代議員選挙と議員の連合形成

以上のような制度改革を経て，1990年3月に，ロシアで初めての人民代議員選挙が実施された。この選挙は，前年のソ連人民代議員選挙と比べると，より競争的であった。実際，複数候補による競争選挙が行われた割合は高く，1名の立候補者しか出馬しなかった選挙区は，全1068選挙区のうち33選挙区だけであった[7]。第1回ロシア人民代議員大会開催の時点では，代議員の約86%が依然として共産党員であったが，この時期になると共産党の内部にはすでに様々な勢力が生まれていたのである[8]。

この選挙を前にして，ソ連人民代議員大会で「地域間グループ」を形成していた「民主派」の代議員らは，「民主ロシア」という選挙ブロックを組織し，同時に行われる地方ソヴィエト選挙も含めて活発な選挙キャンペーンを展開した[9]。その結果，「民主ロシア」ブロックは人民代議員大会の30%から40%を占める勢力となり，モスクワ市やレニングラード市の人民代議員ソヴィエトでは，過半数を獲得するまでに至った[10]。「民主ロシア」が1990年1月の創設大会で発表した綱領は，(1)改革を支持しつつも，ソ連指導部の政治的失敗や経済的誤算に対しては批判的態度を明確にし，独自の代替策を提示しなければならない，(2)効率的な市場構造の形成だけでなく，市民の生活水準低下を防止する措置を講じなければならない，(3)ソ連は，共和国がソ連に与えた権限だけを行使可能とすべきであり，そのためにロシア連邦の主権を宣言し，法的にも確定する必要がある，(4)この主権は，ロシア連邦内の諸民族の自治とも柔軟に組み合わされなければならない，などの主張を掲げた[11]。「民主ロシア」は一般に「改革派」「民主派」として知られた勢力であるが，この綱領を見ても分かるように政策の具体性には乏しく，その主張は玉虫色であった。

他方で，人民代議員大会では，「ロシア共産主義者」というもう1つのグ

72

ループも形成された。第1回人民代議員大会においては，このグループは
355名(約33%)を擁する勢力であった[12]。この「ロシア共産主義者」は，い
わゆる「保守派」が形成したグループであったが，「民主ロシア」と同様に
こちらも明確な主張を持った集団ではなかった。また，「保守派」としてソ
連指導部と歩調を合わせることもあれば，ロシア・ナショナリズムを喚起し
て，ソ連共産党に対し批判的な態度をとる場合もあり，その意味では「民主
ロシア」と共通する部分もあった。

　ほぼ同数で拮抗していたこの両者が，第1回人民代議員大会における二大
勢力となり，大会の進行を主導した。もっとも，この時期の議会内グループ
は，緩やかな連合という程度のもので，党議拘束はほぼないに等しかった。
どちらも，選挙における候補者の選出や選挙運動における財政支援を体系的
に行ったわけではなく，組織的に未熟で，所属議員の行動を十分に統制する
こともできなかった[13]。それと同時に，こうしたグループが組織化を進める
のを後押しするような議会規則も未整備であった。例えば，議員が複数のグ
ループに所属することを禁止する会派ルールが制定されるのは，1991年10
月であり，それまでは様々なグループが乱立し，多くの議員が複数のグループ
に所属する状態にあった[14]。

　このように，各グループの凝集度はあまり高いとは言えないものであった
が，当時自らも代議員であったヴィクトル・シェイニス(Шейнис, Виктор
Л.)は，「民主ロシア」と「ロシア共産主義者」の社会構成(職種)と政治的
志向性には密接な関係があったことを示している。これをまとめたのが表
3-3である。この表に示されているように，第1回人民代議員大会において
「ロシア共産主義者」の主張に従った投票行動を行っていたのは，最高政治
指導部をはじめ高い役職を持つ人々であったのに対し，下級管理職，労働者，
コルホーズ員，知的労働者(技師，学者，医師など)出身の代議員の投票行動
は，「民主ロシア」の主張とおおむね一致していた。そして，中級管理職に
就く代議員の投票行動は，ほぼ二分していた。このことから，それまでの
「党＝国家体制」において占めていた地位が高ければ高いほど，その代議員
は「ロシア共産主義者」を支持していたのに対し，そこでの地位が低い者，

表3-3 第1回人民代議員大会(1990年5月～6月)に
おける議員の政治的志向性

社会構成(職種)	投票行動(%)	
	民主ロシア	ロシア共産主義者
最高政治指導部	4	96
高級管理職	8	90
中級管理職	45	51
下級管理職	74	23
労働者，コルホーズ員	74	24
知的労働者	87	11

出典：Шейнис 2005, Том. 1, 277-279.

労働者，知的労働者は「民主ロシア」との親近性が高かったということが分
かる。

第3項　憲法委員会の設置

続いて，憲法委員会の組織と活動についても簡単に触れておく。第1回人
民代議員大会では，新憲法策定を担う機関として最高会議内に憲法委員会が
創設された[15]。憲法委員会委員長には，この人民代議員大会で最高会議議長
に選出されたエリツィン，副委員長にはルスラン・ハズブラートフ(Хасбу-
латов, Руслан И.)最高会議第一副議長が就任し，その他に100名の委員が
選出された。そして，人民代議員大会と同様憲法委員会においても，「民主
ロシア」を中心とする「民主派」と「ロシア共産主義者」を中心とする「保
守派」が，ほぼ同数で均衡していた[16]。

また，憲法委員会創設に続いて，人民代議員大会が採択した決定「新憲法
草案準備のいくつかの問題について」では，新憲法策定に向けた計画が示さ
れた。その計画によると，まず憲法委員会は新憲法の基本概念を国民投票に
付すこととされた。そして，その投票結果に基づいて憲法委員会は新憲法草
案を準備し，これを1991年1月の人民代議員大会に提出することになっ
た[17]。

もっとも，憲法委員会の活動は，新憲法草案を準備することにとどまらず，
ソ連の連邦条約におけるロシアの地位をめぐる問題を検討することや，現行

74

憲法の改正案を作成することにまで及んだ。1990年後半以降，ソ連の連邦制の刷新が主要な政治課題となる中で，新しい連邦条約の締結を目指して交渉が進められていたし，同時に，急激に変化する状況に現行の法制度を適応させるために，様々な形で憲法を改正する必要にもかられていた[18]。そのため，憲法委員会はこれらの問題にも対応することになった。他方で，このような急速な事態の変化の中で，憲法委員会の最大の任務である新憲法策定作業は，決して計画どおりに進まなかった。上述の計画にあるような新憲法の基本概念に関する国民投票は結局行われなかったし，最初の憲法草案が公表されたのも，ようやく1990年11月になってからであった[19]。

また，エリツィンは，1991年7月に大統領に就任した際に，最高会議議長を辞任したが，最高会議の付属機関である憲法委員会委員長の座にはとどまり続けた。ただし，実態としては，徐々にエリツィンと憲法委員会との立場の相違は広がっていった。後に，新憲法草案の内容をめぐって両者の対立が激化していくが，エリツィンが大統領になり，憲法委員会の活動から距離を置くようになったこともその一因であった。

第3節　自立化の始まり

以上のような制度改革によってロシアにも新しい議会制度が発足し，1990年5月16日から6月22日まで第1回人民代議員大会が開催された。この大会では，その後の展開を方向付ける様々な問題が議論されたが，本節では，その中でも特に論争的であり，その後の展開に対して重要な意味を持った最高会議議長の選出と，「国家主権宣言」の採択という2つの問題を取り上げる。この2つの事例から，この時期のロシア議会内の勢力関係を明らかにしつつ，「ソ連からの自立化」という方向で議論が進行していったことを示す。

第1項　最高会議議長の選出

第1回人民代議員大会では，5月24日から最高会議議長の選出問題が審議された。「民主ロシア」は，当時「エリツィン現象」とも呼ばれるほどの

第3章　ロシアの自立化の萌芽(1990年)　75

圧倒的人気をほこっていたエリツィンを議長に当選させるべく，人民代議員選挙の前から積極的に運動を展開した[20]。エリツィンは，1989年のソ連人民代議員選挙でモスクワから出馬し，約90%の得票率で当選し，1990年3月のロシア人民代議員選挙でも地元スヴェルドロフスクで84%の得票率で当選していた。このように，国民から強く支持されているエリツィンを最高会議議長に据えようという動きは，「民主ロシア」内部では当初から規定路線であった。

　これに対し，エリツィンの補佐官であったレフ・スハノフ(Суханов, Лев Е.)によれば，ソ連指導部の監視下にある保守派はエリツィンの議長就任を妨害しようとするキャンペーンを展開した[21]。しかし，ソ連指導部は反エリツィンという立場では一致していたものの，候補者選びは難航し，大会が始まってもなお候補者が定まらないという有様だった。ゴルバチョフの意図もはっきりせず，いったんはロシア共和国首相のアレクサンドル・ウラソフ(Власов, Александр В.)の名前があがったが，ウラソフでは選挙に勝てないという声が強まり，結局ソ連共産党クラスノダール地方委員会第一書記のイワン・ポロスコフ(Полозков, Иван К.)が候補者となった[22]。

　こうして，「民主ロシア」はエリツィンを，「ロシア共産主義者」がポロスコフを支持し，ウラジーミル・モロキン(Морокин, Владимир И.：カザン航空大学上級教官)を加えた3名で最高会議議長の座が争われた[23]。最初の投票では，議員総数の過半数(531票)の賛成票を獲得した候補がいなかったため，エリツィン，ポロスコフの上位2名で，改めて決選投票が行われることになった。しかし，2回目の投票でも両候補は過半数を獲得できなかった(表3-4)。そのため，大会は，候補者を立て直して再選挙を行うことを決定した。エリツィンは再選挙にも立候補したが，ポロスコフは出馬をとりやめ，代わって最初にゴルバチョフが擁立しようとしたウラソフが出馬することになった。そして，5月29日に行われた再選挙では，エリツィンが過半数をわずかに4票上回る535票の賛成票を獲得し，最高会議議長に選出された(表3-5)。

　このように，最高会議議長選挙は混戦となり，3回の投票を経てエリツィ

表 3-4　第 1 回人民代議員大会における最高会議議長
選挙(1990 年 5 月 26 日)の結果

	エリツィン	ポロスコフ	モロキン
第 1 回投票(賛成／反対)	497／535	473／559	32／1000
第 2 回投票(賛成／反対)	503／529	458／574	

注：議員総数は 1060 名，有効投票数はいずれの投票でも 1032
票。
出典：*Первый Съезд народных депутатов РСФСР,
16 мая-22 июня 1990 года: Стенографический
отчет.*（以下，*Первый Съезд народных депутатов
РСФСР*）1992-1993. Том. 2. C. 343, 347.

表 3-5　第 1 回人民代議員大会における最高会議議長
再選挙(1990 年 5 月 29 日)の結果

	エリツィン	ウラソフ	ツォイ
投票結果(賛成／反対)	535／502	467／570	11／1026

注：議員総数は 1060 名，有効投票数は 1037 票。
出典：*Первый Съезд народных депутатов РСФСР.*
Том. 2. C. 445-446.

ンが辛勝した。結果的には，当時国民から圧倒的な支持を得ていたエリツィ
ンが議長選挙でも勝利したわけだが，この結果は決して順当なものではな
かった。むしろ，上の投票結果を見る限り，確かに投票を重ねるごとにエリ
ツィンに対する賛成票は微増したものの，大会内でのエリツィンへの支持は
代議員全体の半数程度にすぎず，この選挙は「民主ロシア」と「ロシア共産
主義者」が拮抗する状況を強く反映する形となった[24]。

　しかし，最終的にエリツィンの当選を決定付けた要因は，両派の選挙に対
する姿勢の違いにあった。ゴルバチョフは，エリツィンの最高会議議長就任
に対する反対の立場を公言し，保守派のポロスコフを擁立したが，彼をエリ
ツィンの有力な対抗馬として選挙戦を戦う準備は十分にできていなかった[25]。
ロシア共和国最高会議幹部会議長を 1988 年から 1990 年まで務めたヴィタ
リー・ヴォロトニコフ(Воротников, Виталий И.)の目からは，この時期のゴ
ルバチョフの関心はソ連の新連邦条約策定に集中しており，この議長選挙に
はあまり関心を持っていないように見えていた[26]。これに対し，「民主ロシ

第3章　ロシアの自立化の萌芽(1990年)　77

ア」は人民代議員選挙前からエリツィンの議長就任に向けて動き始め，議長
選挙の過程でも水面下で様々な交渉を重ねた。その結果，党官僚，ソヴィエ
ト，軍の代表の一部やインテリ層が，エリツィン支持へと立場を変更したの
である[27]。このように，「民主ロシア」と「ロシア共産主義者」(及びソ連指
導部)の議長選挙に対する姿勢の違いが，エリツィンの議長就任という結果
をもたらした。

　いずれにせよ，エリツィンが最高会議議長に就任したことは，その後の展
開にとって大きな意味を持った。エリツィンは，最高会議幹部会の人事では
保守派とのバランスを考慮したが，次章で見るように，自らの立場を利用し
てその後の改革を主導した。エリツィンは，人民代議員大会でも最高会議で
も安定的な多数派を確保したわけではなかったが，アジェンダの設定という
意味では常に主導権を握ることになった。

第2項　国家主権宣言

背景と両派の選好

　第1回人民代議員大会で，最大の焦点となったのは，ロシアの「主権」を
めぐる問題であった。その背景には，この時期ソ連全体で政治的多元化が進
行し，各地で民族問題が頻発するようになり，1989年9月の党中央委員会
総会以降は連邦制再編も議論され始めていたという事情がある。こうした状
況を反映して，他の共和国と同様に，ロシアでも連邦中央に対する権限拡大
の問題が浮上し，「国家主権宣言」が策定されることになった。「国家主権宣
言」の細かい内容は後述するが，この宣言はロシアで制定された法律がソ連
法に優越することなどを定めており，「ロシアの自立化」を決定付ける出来
事であった。そして，「国家主権宣言」が採択された6月12日は，国民の祝
日になっている。

　この議題は，5月21日から審議が始まり，最高会議議長選挙後も議論が
続いた。この問題に対して，「民主ロシア」と「ロシア共産主義者」はそれ
ぞれどのような態度をとっただろうか。「民主ロシア」は，人民代議員大会
が招集される前の1990年3月から4月にかけて，大会における重要課題を

記した文書を作成した。そして，その中には「国家主権宣言」の草案も含まれている[28]。「民主ロシア」が作成したこの草案は，あまり詳細なものではなかったが，「ロシア共和国内部における，ロシア共和国の憲法と法律の至高性」という記述など，後に主権宣言にそのまま反映された部分も含んでいた。このように，「民主ロシア」は「党＝国家体制」の中央集権的な支配を相対化し，ロシア法のソ連法に対する優位性を確保することで，ロシアを独自の主体として確立させることを目指していた。表3-3に示したように，「民主ロシア」は「党＝国家体制」内部で相対的に低い地位に就いていた人々から構成されていたので，ソ連指導部と自己を差別化し，旧来とは異なる統治のあり方を提示することに自己の存在意義を見出していたのである。

　一方「ロシア共産主義者」の主張は，それとは異なるものであった。彼らの多くは，「党＝国家体制」で相対的に高い地位に就いていたいわゆる「保守派」であったが，この保守派勢力は，人民代議員大会の招集と同時期にロシア共産党の創設を達成したことで，ソ連共産党内部のリベラルな改革派とは疎遠になっていた。そのような状況で彼らは，共産党を中心とした体制を維持することを前提としつつも，ロシア領内の連邦財産を自らの管理下に入れることを緊急の課題としていた[29]。このように，「ロシア共産主義者」は，「民主ロシア」とは異なる立場からソ連指導部との差別化を模索しており，「国家主権宣言」にこの財産管理に関する内容を盛り込もうとしたのである。

争点と審議過程

　以上のように，「民主ロシア」と「ロシア共産主義者」は異なる立場に立ちながらも，ロシアの自立化という共通目標を持って，「国家主権宣言」の審議に臨んだ。そのため，両者の利益は対立するものではなく，双方の立場をいかに統合しながら，ソ連に対するロシアの自立性を拡大できるかという点が焦点になった。しかしそれと同時に，審議が進む中で，「国家主権宣言」は両派が想定していなかった別の問題も抱え込むことになり，次の2つの争点が交錯することになった。

　第一の争点は，ロシアとソ連中央の関係性をめぐる問題である。ロシアと

第 3 章　ロシアの自立化の萌芽(1990 年)　79

ソ連中央の関係見直しは，「国家主権宣言」作成のそもそもの目的であった。
特に議論が白熱したのは，ロシア法の連邦法に対する優位などが記されてい
る第 5 条や，ソ連からの自発的離脱を定めた第 7 条であった。この問題につ
いては，「民主ロシア」と「ロシア共産主義者」の間には，いくつかの見解
の相違があった。例えば，前者に所属する議員が，主権を手にするためには，
現行憲法からの逸脱もやむを得ないという発言をしたのに対し，後者は，ソ
連の解体を危惧し，「ソ連の維持に対する不変の支持」を宣言に盛り込むこ
とを提案した[30]。しかし，他方で，ロシアがソ連から離脱しないという前提
の下で，ロシアの権限を拡大するという一般的方向性，そして，ロシア領内
の財産の管理をソ連ではなくロシアが管轄するという点においては，両者の
見解は一致していた[31]。かくして，第 5 条は過半数(531 票)をわずかに 13
票上回るという僅差ではあったが，採択されるに至った[32]。

　第二の争点は，ロシア内部における中央と地方の関係であった。上述の
「民主ロシア」が作成した「国家主権宣言」案には，ソ連とロシアの関係の
みが記されており，ロシア内部の自治地域に関する記述は全くないことから，
ロシア内部の連邦関係における「主権」をめぐる問題は，事前には準備され
ていなかったことがうかがえる。しかし，実際の審議では，この問題を規定
している第 9 条をめぐって，議論が最も紛糾した。

　その第一の要因は，ソ連を構成する共和国が，ソ連中央に対して自立化を
求めるようになるにつれ，共和国内部の民族的自治地域も共和国に対して同
等の要求をするようになったことが挙げられる[33]。例えば，「国家主権宣言」
の第 5 条では，「ソ連の管轄に自発的に委ねられたものを除き，国家的及び
社会的活動におけるあらゆる問題の決定に際しての，ロシア共和国の全権」
が定められているが，これに倣い，民族的自治地域(自治共和国，自治州，
自治管区)についても，その領内での「全権」や「自治地域の法律のロシア
共和国に対する法律の優位」を定めることが提案された[34]。また，自治地域
のロシアからの離脱権についても議論された。これも，ロシアとソ連中央の
関係見直しにおける論点の 1 つであった。このように，第一の争点の内容を
模倣するような形で，民族的自治地域が自らの権限拡大をロシア指導部に対

して要求したのである。したがって，「主権」をめぐる問題は，ソ連とロシアの関係にとどまらず，ソ連，ロシア共和国，その内部地域という三層間の関係をめぐるものとなった。

　この問題が紛糾した第二の要因は，領域的行政区分である地方（クライ）や州が，民族的自治地域と同等の権限拡大を要求したことにある。ロシアの連邦制は，民族的自治地域（自治共和国など）と領域的行政区分（地方（クライ）や州）という異なる種別の行政単位から構成されていたが，民族的自治地域出身の代議員が，上記のような権限拡大を要求する一方で，地方（クライ）や州の代議員は，「国家主権宣言」において自らが代表する地域の利益が考慮されていないことを批判した。さらには，そのような見解の相違を問題視して，この点を規定する第9条を削除すべきだという意見も出された[35]。このように，ロシア人地域である地方（クライ）や州が，民族的自治地域との同権化を要求する意見を提出し，ロシアの連邦構成主体間でも見解の相違が生じたために，問題は一層複雑化した。

　この第二の争点をめぐっては，「民主ロシア」，「ロシア共産主義者」という連合形態はほとんど意味をなさず，行政区分上の違い（ロシア中央，民族的自治地域，ロシア人地域）が見解の相違として表れた。そうした中，議事を進行していたエリツィンは，民族的自治地域と地方（クライ）・州を併記して，双方の大幅な権限拡大の必要性を認めるという妥協案を提示した。それまで対立していた諸勢力はこの提案を受け入れ，圧倒的な多数でこれを可決した[36]。そして，その直後に「国家主権宣言」全体に対する投票が行われ，投票総数929票のうち907票が賛成という圧倒的多数で採択された[37]。

　このような経緯で採択された「国家主権宣言」は，ロシア共和国の多民族的な人民（ナロード），が主権の担い手であり，自発的にソ連の管轄に委ねられたものを除き，あらゆる問題の決定に全権を有すること，ロシア領内においてロシアの憲法と法律が至高性を持つこと，そして，ロシア人民代議員大会は，地方（クライ）及び州と同様に，自治共和国，自治州，自治管区の権利の本質的拡大の必要性を認めることなどを定めた。他方で，ロシアは他の共和国とともにソ連の連邦条約の下で結集し，他の共和国やソ連の主権的権利を認めることも規定されている。このように「国家主権宣言」では，「全権」，「主権」，「主権的

権利」などといった言葉が各所に出てくるが，それぞれが具体的に何を意味するのかははっきりしない。それらは厳密に定義されたものというより，むしろ「ロシアの自立化」を象徴的に表すものであった。したがって，この「国家主権宣言」は，ロシアは「刷新されたソ連」を構成する存在であり，ソ連の維持を前提とする一方で，ソ連に対するロシアの自立性や権限の拡大を主張したものであった[38]。

「民主ロシア」と「ロシア共産主義者」は，「国家主権宣言」に対して異なる立場に立っていたが，ソ連に対する法的な優位，ロシア領内の財産確保というそれぞれの意図は，どちらも最終的な文言の中に反映された。つまり，この両派の意図は対立的ではなく，どちらの主張も1つの文書に組み込むことが可能であったし，だからこそ両派が協力することも可能であった。最終的に「国家主権宣言」が圧倒的多数で可決されたということは，この点に関して両者の利益が合致したということを示している。最高会議議長選挙に如実に表れたように，ロシア人民代議員大会は，一般的に「保守派」とされる「ロシア共産主義者」と，「改革派」とされる「民主ロシア」がほぼ拮抗した状態にあったので，「国家主権宣言」をめぐる問題に関しても両派が激しく対立する可能性はあった。しかし，この問題は，両派の志向性の相違を際立たせる問題ではなく，両派の共通の「敵」であるソ連中央との関係性を問うものであった。そのため，第5条のように，僅差で採択された問題を除けば，おおむね全会一致に近い状況で，この宣言は採択された。

また，エリツィンが採択間際に提起した妥協案は，民族的自治地域と地方や州の双方の要望をある程度取り込むことによって，「国家主権宣言」を成立させる上で重要な役割を果たした。しかし，前述のとおりそもそも「主権」という言葉がかなり曖昧に用いられていた上に[39]，ロシア内部の民族的自治地域と地方・州の「権限拡大」についても，具体的な内容は決定されないまま，結論は先送りにされた。そのため，この問題はこれ以降もロシアの中央・地方関係をめぐる大きな対立軸となった[40]。

第4節　小　　括

　本章では，ソ連に続いて行われたロシアの政治改革の結果，ロシアでどのような議会制度が生まれたのか，そしてその新制度がどのようなスタートを切ったのかを見てきた。ソ連という国家の中で，ロシア共和国の存在は独自性を持たないように設計されていたが，ロシアで議会制度改革が実施され，その議会で「国家主権宣言」が採択されたことは，ロシアの自立化が進む大きな転換点となった。次章で検討するように，これ以降ソ連が崩壊するまで，ソ連とロシアの対立という構図が大きな政治的焦点となったのである。

　人民代議員大会と最高会議の内部に目を向けてみると，「民主ロシア」と「ロシア共産主義者」という2つの勢力が均衡し，どちらも過半数に満たないという状況であったが，両派は必ずしも対立していたわけではなく，ソ連との対抗関係がクローズアップされる状況ではしばしば協力関係が見られた。「国家主権宣言」の採択はその最たる例であるし，人事の面でも両派のバランスが配慮された。

　「国家主権宣言」の採択は，その後のソ連とロシアの行く末を決定する上で，2つの意味で大きな転機となる出来事であった。それは第一に，ソ連とロシアという2つの国家の中央・地方関係が，同時に政治的課題となり，この2つの問題が交錯する契機を形成した[41]。つまり，ソ連中央，ロシア，ロシア内地域という3つのレベルがそれぞれどの問題に管轄権を持つのかということが，大きな論争点になった。この問題をめぐっては，ソ連とロシアという2つの連邦制を規定する文書として，2つの連邦条約が並行して準備されることになり，新たな中央・地方関係の構築が目指された。

　そして第二に，「国家主権宣言」は，その後のロシアの発展に対し，経済的にも政治的にも大きな影響を及ぼした。経済面では，「国家主権宣言」で規定されたロシア領内の財産管理を法的に確立するために，様々な法律が矢継ぎ早に制定され，国有企業の私有化にまで事態は進んだ。政治的には，「ロシアの自立化」を確保するために，ロシアが独自の政治機構を持ち，自

立的な政策決定を可能にすることの必要性が認識されるようになった。そして そのために大統領制導入の議論が活発化した。このように、「国家主権宣言」を起点として、1990年後半から1991年半ばにかけて、様々な分野で状況は急激にかつ大規模に変化した。「国家主権宣言」は、そのような変化を引き起こすきっかけとなったのである。次章では、これらの問題がいかに交錯したのかを検討する。

1) 1990年にロシア共産党が創設されたことも、ソ連とロシアの境界が明確になっていく上で、象徴的な出来事であった。実際、ロシア共産党の創設について、ゴルバチョフは、それがソ連にとって「遠心力」となることを懸念する発言をしている（*Союз можно было сохранить* 2007, 150-154）。

2) この時期、「主権」や「自決」といった言葉は、様々な意味で用いられた。しかし、その意味が曖昧であったにもかかわらず（むしろ、曖昧であったからこそとも言えるが）、様々な集団が自らの利益を確保するためにそれを利用した。

3) このような結果として、ロシアには特異なナショナリズムが存在し、体制転換期には深刻なアイデンティティの分裂を経験した（中井 1998, 23-31；塩川 2007a, 198-220を参照）。

4) 連邦構成共和国のうちで、人民代議員大会を設置したのはロシアだけであった。

5) *Народные депутаты России* 1998, 17.

6) Remington et al. 1994, 161.

7) Пихоя и др. 2011, 232.

8) Филатов 2000, 48.

9) 「民主ロシア」の活動については、Brudny (1993)を参照。

10) Remington 2001, 90-91.

11) Предвыборная программа «Демократической России» 1990.

12) *Народные депутаты России* 1998, 51.

13) Remington 1994, 161-162.

14) 会派に関するルールについては、第5章で詳述する。

15) Постановление СНД РСФСР «Об образовании Конституционной комиссии» // *Ведомости Съезда народных депутатов РСФСР и Верховного Совета РСФСР*. (以下、*Ведомости СНД и ВС РСФСР*) 1990. № 3. Ст. 24.

16) Румянцев 2007, 21-22; Шейнис 2005, Том. 1, 314-316. 当初憲法委員会は各地方出身の代議員によって組織される予定であったが、その大半をいわゆる「保守派」勢力が占めたために、主要な政治勢力間のバランスを考慮して、法学者や実務家などの議員が急遽加えられた。

17) Постановление СНД РСФСР «О некоторых вопросах подготовки проекта Конституции РСФСР» // *Ведомости СНД и ВС РСФСР*. 1990. № 4. Ст. 57.

18) この時期のロシア共和国憲法は，1978 年に制定されたものであった。ロシア人民代議員大会の新設と最高会議の改革を定めた 1989 年の改正をはじめとして，この憲法は頻繁に改正が重ねられることになった。

19) Румянцев, О. Г. (общ. ред.) *Из истории создания Конституции Российской Федерации. Конституционная комиссия: стенограммы, материалы, документы (1990-1993 гг.).* (以下，*Из истории создания Конституции РФ*) 2007. Том. 1. С. 597-663.

20) Шейнис 2005, Том, 1, 328-329.

21) Суханов 2011, 151.

22) Colton 2008, 181-182; Воротников 2011, 236-245. ポロスコフは，1990 年 6 月に創設されたロシア共産党の第一書記に就任した。

23) 投票は，各候補に賛成または反対の票を投じるという方式で行われた。

24) 木村 2002, 45；上野 2001, 15-16。

25) Батурин и др. 2001, 82-84; Шейнис 2005, Том. 1, 302-304；塩川 2007a, 231。

26) Воротников 2011, 244.

27) Шейнис 2005, Том. 1, 305-306.

28) Материалы Конституционной комиссии блока «Демократическая Россия» // *Из истории создания Конституции РФ*. Том. 1. 2007. С. 39-50.

29) Шейнис 2005, Том. 1, 317.

30) *Первый Съезд народных депутатов РСФСР*. Том. 3. С. 472-474, 483-485. その他にも，「国家主権宣言」の内容には直接は関係ない問題について「民主ロシア」と「ロシア共産主義者」が互いに批判し合うこともあった。例えば，「ロシア共産主義者」の側から，「民主ロシア」の急進的な私有化政策を批判し，国民の生活水準を保つためには，多様な所有形態を維持することの必要性を訴えるような発言があった (*Первый Съезд народных депутатов РСФСР*. Том. 1. С. 573-575)。

31) そのため，ロシアの主権的権利に反するソ連の法令の施行は，ロシア領内で停止されるといった非常に急進的な修正案も採択された。

32) *Первый Съезд народных депутатов РСФСР*. Том. 3. С. 512.

33) 共和国内部の民族的自治地域の多くはロシア共和国にあったので，こうした問題はロシアで最も顕著であった。

34) *Первый Съезд народных депутатов РСФСР*. Том. 4. С. 167.

35) *Первый Съезд народных депутатов РСФСР*. Том. 4. С. 165-170, 215-216, 239-250.

36) *Первый Съезд народных депутатов РСФСР*. Том. 4. С. 250-251.

第3章 ロシアの自立化の萌芽(1990年)　85

37) *Первый Съезд народных депутатов РСФСР*. Том. 4. С. 251.

38) Декларация СНД РСФСР «О государственном суверенитете РСФСР» // *Ведомости СНД и ВС РСФСР*. 1990. № 2. Ст. 22.

39) 例えば，エリツィンは第1回人民代議員大会の演説において，「主権」は，個人，企業，コルホーズ，ソフホーズ，地区ソヴィエト，初級ソヴィエトなどにも認められるべきだと発言している(*Первый Съезд народных депутатов РСФСР*. Том. 1. С. 570)。

40) 塩川 2007b，21-22。

41) ゴルバチョフは，回想録の中で，「国家主権宣言」の内容が異なっていれば，連邦解体を防ぐことは可能であったが，実際に採択された「国家主権宣言」は，それまで連邦中央とバルト3国の間で模索されていた努力——改編された連邦体制の中で両者の関係を規定しようとするもの——を打ち壊すことになったと述べている(Горбачев 1995=1996，上巻，676-677)。

第4章　自立化の拡大(1990年〜1991年)

　ロシアで議会改革が実施され，競争選挙で選出された第1回人民代議員大会で「国家主権宣言」が採択されたことは，ソ連と一体化していたロシアが自立化していく大きな契機となった。そしてこれ以降，市場経済化，大統領制の成立，連邦制再編という複数の分野で様々な改革が急速に展開していくことになる。本章では，まず個々の改革の経過を個別に検討する。具体的には，経済改革の進展については第1節で，政治改革の進展については第2節で取り上げ，中央・地方関係の再編については第3節で論じる。ここでは，どのような勢力がいかなる利益を持っていたのか，そして，それらがどのような争点をめぐって対立していたのかをできる限り明らかにする。最後に，第4節において，これら複数の改革がどのように交錯していったのかを論じ，本章をまとめる。

第1節　経済的自立化——「法律戦争」と私有化の進展

　第1回人民代議員大会で採択された「国家主権宣言」は，ロシア国内の財産の占有，利用，処分の権利を宣言していたが，これに法的根拠を与えるために，ロシア最高会議は1990年後半から1991年にかけて，国内財産の管理に関する様々な法律を採択した。この時期はソ連でも，同様の法律や，最高会議及び政府の決定が採択されており，ソ連とロシアの双方が自らの法律の優位性を主張し合う状況が生じ，このような状況は「法律戦争」と呼ばれた。本節ではまず第1項で，「国家主権宣言」以降，経済分野で活発化したソ連

88

とロシアの権限をめぐる争いの経緯を簡単にまとめる。続く第2項では，私有化をめぐる立法過程をやや詳しく検討することで，この時期の各政治勢力の関係性を明らかにする。経済分野では，ロシア域内にある資産の管轄権をいかに確保するかという点が大きな課題となっており，それゆえに，市場経済化を進めること自体には党派を超えたコンセンサスがあった。したがって，私有化に関する立法も，「民主ロシア」主導の下で進展していった。第3項では，このように進展した経済改革が，他の改革分野にどのような影響を及ぼしたのかを検討する。

第1項　500日計画と法律戦争

　1988年以降，連邦中央は政治改革へと改革の重心を移したため，経済改革の進展はそれ以前と比べるとやや減速したが，1990年に入り，経済の危機的状況に対する認識が高まると，ソ連政府内で経済改革を本格化する動きが再び強まった。ただし，ソ連政府内では市場経済化を進めるという全体的な方向性にはコンセンサスがあったが，改革の具体的な方針については意見の対立があった。レオニード・アバルキン（Абалкин, Леонид И.）ソ連副首相（経済改革担当）は，比較的急進的な市場経済化計画を作成したが，それに対して，ルィシコフ首相は大胆な経済の自由化を控える計画を提出したのである。このように，ソ連政府内でも改革の方向性についての統一的方針は欠如していた。

　そのような状況で，アバルキンに登用された若い経済学者であるグリゴリー・ヤブリンスキー（Явлинский, Григорий А.）らは，400日で市場経済へ移行することを提唱する「400日計画」を策定した。エリツィンは，ヤブリンスキーをロシア共和国の副首相に任命し，この計画をロシア国内で実現することでゴルバチョフとの権力闘争を有利に進めようとした。これに対しゴルバチョフも，ソ連政府の計画とロシア側の計画が衝突することを恐れ，なんとかヤブリンスキーの計画に関与することでエリツィンの独走を止めたいと考えた[1]。その結果，1990年7月，ゴルバチョフとエリツィンは作業グループを設置して，急進的なヤブリンスキー案を基礎に，新たに「500日計

画」を策定することに合意した。エリツィンはソ連指導部の改革のテンポが遅いことを盛んに批判しており，長らく両者の関係は悪化の一途を辿っていたが，突如として一時的な協調関係が生まれたのである。このように，ロシア側の動きは，連邦中央が無視できないほど実質的意義を持つようになっていた。そして，この両者の一時的協調の下で，500日計画はゴルバチョフの経済顧問であったスタニスラフ・シャターリン(Шаталин, Станислав С.)とヤブリンスキーという2人の経済学者を中心として策定されることになり，8月末に発表された[2]。

　しかし，この協調関係は長くは続かなかった。ロシア最高会議はこの500日計画を9月11日に承認したが，ゴルバチョフは，500日計画とルィシコフ首相らが策定したソ連政府の経済改革案とを一本化することを模索した。経済学者のアベル・アガンベギャン(Аганбегян, Абер Г.)は，当初500日計画を受け入れる形で一本化案を作成したが，ルィシコフ首相，アバルキン副首相の反対にあい，今度は政府案に近い形で折衷案(「国民経済の安定化と市場経済への移行の基本方針」)を作成し，ソ連最高会議は10月にこの基本方針を採択した[3]。同時に，ソ連からロシアに権限を移譲する形で独自に市場経済化を進めるべきだという意見も強まった。さらに，ロシア最高会議は，現在のソ連政府にはこの計画を実行する能力がないとして，その退陣を要求したのである。

　この折衷案は，政府案と500日計画の双方の作成者に不満を残す結果となった。ロシア最高会議においては，エリツィンが両案を一本化することは「アンペアとキロメートルを統合するようなもの」と評し，これを非難した。特に，500日計画は共和国が域内の経済活動に関する法的規制に対して排他的権利を有するなど，共和国の主権を重視するものであったのに対し，ソ連政府案は「上からの押し付け」である点をエリツィンは問題視した[4]。また，「民主ロシア」勢力もゴルバチョフが改革を遅らせている点を激しく非難した。他方で，ゴルバチョフは，急進化する「民主ロシア」とソ連政府内の保守勢力とに挟まれながら，両者のバランスをとろうと試みた。しかし結果的に，そのような態度はゴルバチョフの優柔不断さや「右傾化」の表れとみな

され，「民主ロシア」のさらなる批判を招くことになった。さらに，これまでの彼の支持層を離反させるきっかけともなった[5]。

　こうしてゴルバチョフとエリツィンの一時的協調が結局不調に終わったことで，ソ連とロシアの対立は再び高まった。特に，ソ連とロシアの双方が，それぞれの採択した法律の優位性を主張し合う「法律戦争」がこの頃から始まった。そこで繰り広げられたのは，もはやルールに基づく競争ではなく，何が正当なルールなのかをめぐる争いであった[6]。例えば，1990年10月に採択された「ロシア共和国領内におけるソ連機関の法令の効力に関する法律[7]」は，ソ連機関が定めた法令がロシアの主権に反している場合，ロシア最高会議または政府はその法令の効力を停止できると定め，「国家主権宣言」の内容を法的に確立しようとするものだった。また，同月に採択された「ロシア共和国の主権の経済的基礎の確保に関する法律[8]」は，ロシア共和国内の土地や天然資源はロシア国民の民族的資源であるとし，脱国有化や私有化に関するロシアの法律が採択されるまでは，これらの資産収用に関するソ連のいかなる法令もロシア領内での適用は許されないと定めた。

　さらに1990年12月には，ソ連で既に制定されていた法律とほぼ同じ分野を規定する2つの法律が，ロシア最高会議で採択された。1つは，1990年3月に制定された「ソ連における所有に関する法律[9]」(以下，「ソ連所有法」)に対抗して制定された「ロシア共和国における所有に関する法律[10]」(以下，「ロシア所有法」)である。

　このロシア所有法は，まず，私的所有を国有，公有，社会組織所有と並ぶ所有形態の1つとして認めた。また，天然資源は当該地域国民の財産だという点は，ソ連所有法とロシア所有法の双方で規定されていたが，前者は，全連邦的意義を持つ経済活動に必要な天然資源については，当該地域住民の同意の下に，ソ連邦所有になるとしたのに対し，後者ではこのような規定は除去された。さらに，後者には，前者にはない私有化に関する条項も含まれていた。

　第二に，1990年6月にソ連最高会議で採択された「ソ連における企業に関する法律[11]」(以下，「ソ連企業法」)に対して，ロシアで「企業及び企業活動に

第4章　自立化の拡大(1990年〜1991年)　91

関する法律[12)]」(以下，「ロシア企業活動法」)が制定された。ソ連企業法も，市場経済への移行を想定し，その過渡期の法的基盤を提供するものであったが，ロシア企業活動法は，ソ連企業法よりさらに市場経済化に接近した形で企業の経営形態を規定し，私有化の経路も示した[13)]。そして，1990年12月の第2回ロシア人民代議員大会では，このような一連の法律制定に基づいた憲法の改正もなされた[14)]。

　以上のように，ロシア最高会議及び人民代議員大会では，「国家主権宣言」に基づいて，土地，資源，企業などの管轄に関する法律が次々と採択された。それらは，市場経済へのより革新的な移行を想定し，ソ連の法律で規定されていない問題を法制化するなどして，ロシア内部の財産の管轄を確保しようとするものであった。「法律戦争」はソ連内部の中央・地方関係に関する争いであったと言えるが，それが主に経済分野で展開されたために，この争いが結果的に市場経済化を促進するという側面があった。

第2項　私有化関連法の制定

　「国家主権宣言」以降の経済改革をめぐるソ連とロシアの対立において，1つの節目となったのが，1991年7月の私有化に関する2つの法律(「ロシア共和国における記名私有化預金及び口座に関する法律」，「ロシア共和国における国有及び公有企業の私有化に関する法律」)の制定であった[15)]。社会主義経済システムの下では，生産手段は主に国有であったため，市場経済化を進める上では，この国有財産を私有化する方法が重要な争点となるのは当然であった[16)]。そのため，1990年以降これらの財産の管轄問題，そして，その財産の私有化に関する問題が少しずつ法制化されていたが，私有化の具体的方法を規定したこの2つの法律の制定が，経済システムの転換を一層推し進めた。そこで，以下では，この2つの法律の制定過程における争点を明らかにし，その争点をめぐってロシア最高会議内にどのような対立が存在したのか，そして法案審議の結果はいかなるものになり，他の改革分野に対してどのような影響を及ぼしたのかを考察する。

背景と争点

ペレストロイカの過程で，市場経済化が少しずつ進行していたが，前項で記したとおり，「法律戦争」と呼ばれるソ連とロシアの対抗関係を通じて，それはさらに加速した。そして，1991年5月に私有化関連法案の審議がロシア最高会議で始まったとき，私有化に関する問題状況は以下のとおりであった。

第一に，国有企業を私有化すること，すなわち，「生産手段の共有」という社会主義経済システムの根幹を解体・変革することについては，ロシア国内で既にコンセンサスがあった。特に，ソ連最高会議でも私有化関連法の審議がほぼ同時期に行われていたため，法律を早く成立させないと多くの国有財産が「ロシアの法律に基づかずに」私有化されていき，ロシアがこれを失うことになるということが強く危惧されていた[17]。ペレストロイカ初期の経済改革が，抵抗勢力による反対を受けていたことと比較すると，この時期の経済改革をめぐる状況はかなり変わっていた。

第二に，法整備が不十分であるにもかかわらず，私有化プロセスは実際に進行していた。ゴルバチョフの一連の経済改革の結果，民営企業の創設は段階的に容認されるようになり，小規模な私有化が自然発生的に生じていたのである。だが，情報を多く持つ党・国家官僚が経済界に転身して国有財産を私物化したり，国有企業の経営者がそのまま企業の所有者となったりする状況が問題となっていた[18]。このような状況を是正するために，私有化の法的基盤を確立することが必要であるとの認識が共有されていた。これらの理由から，ロシアでは私有化関連法を早急に制定する必要性が高まっていた。

審 議 過 程

ロシア最高会議では，1991年5月から私有化関連法の審議が始まった[19]。私有化の具体的方法をめぐっては，「500日計画」の起草者でもあるヤブリンスキーが，国有企業の売却を主張して，株式売買の制限も設けずに私有化をできる限り市場メカニズムに委ねることを求めたのに対し，ミハイル・マレイ(Малей, Михаил Д.)国家財産管理委員会[20] 委員長やピョートル・フィ

リッポフ(Филиппов, Петр С.)最高会議経済改革・財産問題委員会委員長
は，私有化に社会の広範な層が参加できるように，小切手(バウチャー)を配
布することや，労働者を困窮させないために，彼らの権利を保護することを
主張した[21]。この主張の背景には，国有企業売却による私有化が成功しな
かったポーランドの経験から，労働者に一定の株式を確保する方法が支持さ
れたという側面もある[22]。そして，法案の審議は後者の主張を中心に進めら
れた。

　ただし，マレイとフィリッポフの主張がすべて一致していたわけではない。
例えば，マレイが売却される株式の30％を無料で労働者に譲渡することを
求めたのに対し，フィリッポフは，無料譲渡には反対していた。だが，この
ような立場の違いは，エリツィン大統領，ハズブラートフ最高会議議長など
も参加した交渉を経て解消され，マレイ案(政府案)が撤回される一方で，政
府は労働者に対し追加的特権を付与できるという文言が追加された[23]。他方，
経済的な平等性が確保されないという立場から，労働者にさらに大きな特権
を与えるよう求める意見もわずかにあったが，そうした意図を持つ修正案は
いずれも否決されており，最高会議内では支持を得られなかった[24]。このよ
うに，私有化の方法については立場の違いがあったものの，議論の中心にい
たヤブリンスキー，マレイ，フィリッポフという3人は，いずれも市場経済
化を積極的に推進するという立場をとっており，総じてエリツィンに近い人
物が法律策定のイニシャチヴをとっていたと言える。

　成立した2つの法律は，これ以降の私有化過程を規定する制度的枠組を提
供するものであった。まず，国有財産の一部は無料で国民に譲渡され，残り
は売却されることになった。また，国民が株式購入のみに利用できる記名私
有化口座が設けられ，入手した株式は交換可能だが，3年間は売却が禁止さ
れた。さらに，労働者には，投票権のない株式を無料で入手可能(全体の
25％)，及び投票権のある株式も割引で購入できるという特権が付与される
ことになった[25]。この法律に基づき，1992年には私有化計画が策定され，
本格的に私有化が開始されることになる。

第3項　経済的自立化の影響

　「法律戦争」における様々な法律の制定は,「ロシアの自立化」や「ロシアが優位な条件下での市場経済化」を目指したものであったと言えるが,ソ連とロシアの間で競い合うように矢継ぎ早に法律が制定されていったことによって,結果的に市場経済化を促進することになった。また,「500日計画」をめぐるソ連とロシアの対立の激化を見ても分かるとおり,この対立は単に経済的な問題にとどまらず,連邦と共和国の関係という国家像をめぐる争いの側面も孕んでいた[26]。

　このようにソ連対ロシアという対立の構図が顕著な状況では,「国家主権宣言」のときと同様,私有化関連法においても「民主ロシア」と「ロシア共産主義者」という両派は,比較的協調的な関係を維持した。このことから,「ロシア共産主義者」にとっても私有化は必ずしも反対すべき事項ではなかったことが分かる。「保守派」といえども市場経済化に全面的に反対なわけではなく,国有財産の私有化自体には既にコンセンサスがあったのである。また,「改革派」であることを社会にアピールしたい「民主ロシア」にとっては,急進的市場経済化という政策がそれを訴える上で有用であったのは間違いない。そのため,1991年8月のクーデター未遂事件以降,ソ連中央の権威が急激に低下し,ロシアの自立性が確固たるものになると,エリツィン政権はまずこの問題に取り組んだ。次章で見るように,1992年初頭から本格化する急進的な市場経済化はこのような背景で進められたものだった。

　経済的自立化のさらなる影響としては,これらの法律が事実上の私有化を進行させたため,本格的な市場経済化が始まる前に,すでに競争条件が不平等になっていたということがある。「党＝国家体制」のヒエラルヒー構造は以前から弱まっていたが,ペレストロイカ期に企業の自主性を強化する動きが強まったことは,そうした旧来の統制をさらに弛緩させた。党官僚や企業長の多くが,このような状況を利用して,国有企業を私物化するために奔走した。このように,企業の自立化(事実上は企業長層の自主性拡大)は,市場経済メカニズムの導入という側面だけでなく,後の国有企業の私物化(ノメ

ンクラトゥーラ私有化)を可能にする前提条件ともなったのである[27]。そして，このようにして政治的・経済的に力をつけた勢力は，後の政治に大きな影響力を発揮することになる。市場経済化が，党＝国家による統制の廃止を目指しているとしても，それは必ずしも経済活動の「脱政治化」を意味しているわけではなく，企業の私有化，私物化をめぐって政治と経済が交錯する新たな接点を数多く生み出すことになった。

第2節　政治的自立化――大統領制の導入

「国家主権宣言」以降加速した「ロシアの自立化」のもう1つの側面が，ロシア共和国で実施された政治改革である。経済改革の場合には，ロシアの法律の優位性を主張することが「法律戦争」や私有化関連法の進展につながったが，ソ連に対抗するという意図は政治制度改革にも及び，大統領制導入を促進した。それは，ロシアに新たな「権力の中心」を設け，自立的な意思決定を可能にしようとするものであった。大統領制は，ソ連でまず1990年に導入され，その後連邦を構成する共和国でも次々と導入されていた。そのため，ロシアでこの問題が議論される際にも，当然ソ連の大統領制が参考にされた。しかし，1990年に行われたロシアの議会改革がソ連の議会改革と連動して進んだのとは対照的に，1991年に入ってから実施された大統領制導入は，ソ連の政治改革の一部として実施されたものではなく，ロシア内部で独自に計画されたものであった。その意味で，大統領制創設をめぐる政治過程も，「国家主権宣言」以降のロシアの自立化の1つの重要な帰結であった。そこで，以下では，この政治過程を辿りながら，大統領制導入をめぐる争いと他の改革に対する影響を検討する。

第1項　大統領制の導入

背　景

ソ連で政治改革が進み，ソ連共産党に代わる新たな「権力の中心」を目指して，ソ連で大統領制導入が議論され始めた際に，カザフスタン共和国の共

産党中央委員会第一書記であったナザルバエフは、「連邦大統領制導入構想と諸共和国の独立性拡大の間の矛盾が既に目立っており、これを解消するために」各共和国でも同様のモデルを採用すべきだと主張した。このことを皮切りに、各共和国が手にし始めた自立性を確保するため、共和国にも大統領制導入を求める要求が強まった[28]。特に、ソ連人民代議員大会における「改革派」の議員連合である「地域間グループ」が、この動きを主導した[29]。

　このように、共和国レベルにおける大統領制の導入は、連邦中央からの「自立化」と大いに関係があったが、それはまた「民主化」という政治的スローガンとも密接に関わるものだった。ペレストロイカ以降、政治改革が進められる上で、「民主化」という言葉は政治的に重要な意味を持ち、多様な局面で使われた。「民主化」が具体的に何を意味するのかは曖昧なことが多かったが、それが「党＝国家体制」による集権的統治に対するアンチテーゼであるという点では一致していた。そこでは、体制の理念としては「平等」を掲げながらも実質的には長らく垂直的・集権的支配を基本としていた「党＝国家体制」とは異なり、この「民主化」というスローガンこそが真の「平等」や「参加」を含意するのだと考えられたのである。そのため、「民主化」というスローガンは、必然的に連邦中央からの「自立化」と重なり合うようになった。そして、この「自立化」を達成するためには、ロシアに連邦中央に対抗する強力な執行権力が必要であると考えられるようになり、「自立化」と表裏一体の関係にある「民主化」も、強力な指導者としての大統領を希求するという傾向を併せ持つことになった。「党＝国家体制」へのアンチテーゼであるはずの「民主化」が、強い指導者を希求するというのは逆説的だが、この時期のロシアでは、大統領に強大な権限を与えることは、「ロシアの自立化」を実現するだけでなく、「平等」を達成するためにも必要不可欠であるという考えが、それなりの影響力を持っていた[30]。このように、後に権威主義的と批判されることになる大統領制の導入は、社会全体の「民主化」が喧伝される中では相応の支持を獲得していたのである。後述するように、エリツィンは、こうした国民感情を理解してか、国民投票を大統領制導入のきっかけとして利用した。

大統領制成立の過程

　大統領制関連法案が起草されるまでの過程を見ると，エリツィンがそれを主導していたことが明確に分かる。前章で述べたように，1990 年に成立したソ連の大統領制は共産党に代替する「権力の中心」として機能することに失敗していたが，エリツィンにとって，ゴルバチョフと同等の役職に就くことは，ソ連に対抗する上で必要な手段であった。さらに，そのポストに国民による直接選挙で選出されることは，自己の正統性を一層高めるはずであった[31]。このように，ソ連との関係において優位に立つことが，エリツィンが大統領制導入を望む最大の理由であった[32]。

　エリツィンは，1990 年 3 月の人民代議員選挙の前にはすでに大統領制導入に言及しており[33]，最高会議議長選挙に出馬した際には，大統領選挙を 1991 年 5 月までに実施するとも発言していた[34]。また，1990 年 12 月の第 2 回人民代議員大会で採択された決定「ロシア共和国の国家機関システムの再編に関する法案準備について[35]」では，大統領制導入のために法案を作成することを最高会議と憲法委員会に求めた。このように，大統領制導入に向けた動きはかなり早い段階から始まっており，しかもそれは人民代議員大会の過半数の支持を得ていた[36]。この決定に基づき，1991 年 1 月，エリツィンは憲法委員会内に 19 名からなる編集会議を設置し，そこで新憲法草案を策定するとともに，大統領制導入に向けた提案を準備するように命じた[37]。そして，2 月に入ると，大統領制導入の是非をめぐる国民投票の実施について，最高会議内で議論が始まった。1991 年 3 月には，ソ連維持の是非をめぐる国民投票をソ連全土で実施することが予定されていたが，この機会を利用して，大統領制導入に関する国民投票をロシアで実施することを「民主ロシア」が提案したのである。

　しかし，次節で見るように，この時期はソ連とロシアの対立が一層深まった時期であり，それに関連して，ロシア最高会議と人民代議員大会においてエリツィンに対する批判が急激に高まる出来事があった。そのきっかけとなったのが，1991 年 1 月にソ連からの分離独立の動きを強めるリトアニア

共和国に対しソ連軍が軍事介入し，市民13名が死亡した「血の日曜日事件」である。このとき，エリツィンはただちにバルト諸国首脳と会談し，ロシアとバルト3国が相互に主権を承認し合うという共同声明を発表した。また，エリツィンはこの事件におけるバルト3国の行動を支持し，ゴルバチョフのソ連大統領辞任を要求した。これに対して，ロシア最高会議幹部会の6名がエリツィンの権威主義的政治手法を非難し，彼に対する不信任を表明する政治声明を出したのである[38]。この政治声明を準備したゴリャチェワ最高会議副議長は，国民投票を権力闘争のために利用しているという点からもエリツィンを批判し，大統領制導入に対しても嫌悪感を示した[39]。また，同時期には，臨時人民代議員大会を招集し，エリツィンに活動報告を求めるという声明も出され，これには272名の人民代議員が署名した。実際には，これはエリツィンを最高会議議長から解任しようとする動議であった。

　このように，エリツィンの独断的な政治手法に対する批判は，国民投票が近づく時期に高まった。そして，その批判は「ロシア共産主義者」からだけでなく，「民主ロシア」の所属議員からも噴出したのである[40]。こうした批判は，エリツィンが大統領に就任すれば，様々な意思決定を独断的に行う傾向がさらに強まるのではないかという懸念に基づいていた。しかし，それが大統領制導入に向けた動きを押し戻すことはなかった。エリツィンの不信任を表明する声明が出された翌日（2月22日），先の政治声明に署名したメンバーとは別の最高会議幹部会メンバー11名が，この政治声明は国全体を不安にさせ，政治状況を先鋭化させるものだとして，これを反対に非難する声明を出した[41]。また，モスクワではエリツィンを支持する大規模なデモが行われた。ゴリャチェワらの行動は「ゴルバチョフの陰謀」であるという声も国民の中にはあり，エリツィンを後押しした[42]。そして2月27日には，大統領制導入の是非を国民投票で問うことが発表された。

　かくして，ソ連維持をめぐる国民投票が行われる1991年3月17日に，ロシア共和国では大統領制導入をめぐる国民投票も実施されることになった。大統領制導入には議会内で，特にその上層部に反対意見があったが，エリツィンは，法整備を行う前に国民投票を行うことで法案に正統性を付与し，

第 4 章　自立化の拡大（1990 年〜1991 年）　99

大統領制導入の推進力にしようと考えた。エリツィンはその後も重要な政治的決定に国民投票を利用することになるが，1991 年 3 月のこの国民投票はそのさきがけとなるものであった。

　同日に行われた 2 つの国民投票のロシア共和国における結果をまとめたのが，表 4-1 と表 4-2 である。この 2 つの表が示しているように，ソ連維持に関するものとロシアへの大統領制導入に関するものの双方で賛成票が約 70％となり，2 つの国民投票はほぼ同じ結果であった。このことからまず，ロシア国民の多くが，ソ連の維持とロシアの自立化は両立すべきものと考えていたということが分かる[43]。第 1 回人民代議員大会の開催以来，「ロシアの自立化」に向けた動きが強まっていたが，それは「ソ連の解体」に直結するものではなく，多くの者はソ連の維持を前提としていた。このような認識は，国民の間でも広く共有されていたということがこの投票結果から分かる。

　国民投票の結果から分かる第二のことは，国民の強力な指導者への希求とエリツィンに対する期待の高さである。これは，ゴルバチョフに対する支持低下と対照をなすものであった。ゴルバチョフは，大統領就任後徐々に「保守化」もしくは「右傾化」していったが，1990 年末には，それに反発したシェワルナゼ外相が辞任するなど，ペレストロイカ初期からの側近の多くを

表 4-1　ロシア共和国におけるソ連維持に関する
　　　　国民投票の結果

投票に参加した選挙人数（投票率）	79,701,169（75.4％）
賛成票数（投票総数に占める割合）	56,860,783（71.3％）
反対票数（同上）	21,030,753（26.4％）
無効票数（同上）	1,809,633（ 2.3％）

出典：*Правда*. 26 марта 1991 г. С. 1.

表 4-2　ロシア共和国における大統領制導入に関する
　　　　国民投票の結果

投票に参加した選挙人数（投票率）	76,425,110（75.09％）
賛成票数（投票総数に占める割合）	53,385,275（69.85％）
反対票数（同上）	21,406,152（28.01％）
無効票数（同上）	1,633,683（ 2.14％）

出典：同上。

失い始めていた[44]。そして，この頃にはゴルバチョフに対する国民の支持も大きく失われていた。このような状況から最も恩恵を受けたのがエリツィンだった。彼は，ソ連指導部と対立する中で国民の支持を獲得してきた人物であるが，ゴルバチョフとの対決姿勢を強めることで，改革志向の指導者というイメージをさらに強めていった。そのような態度は，ゴリャチェワ最高会議副議長らの反発に見られたように，一部勢力からの批判を招いたが，国民はむしろ「決断力」のある指導者としての期待を強めていた。実際，エリツィンは国民投票の機会を利用して大統領制導入のための道筋を開くことに成功した。

　国民投票の直後に開催された第3回人民代議員大会は，大統領選挙の日程を1991年6月12日にすると定めた[45]。まだ必要な法整備は行われていなかったが，国民投票によって大統領制導入は既定路線となり，まず選挙の日程が定められた。6月12日は1年前に「国家主権宣言」が採択された日であり，この日に大統領選挙を実施することはロシア・ナショナリズムに強く訴えかけるものがあった。

　着々と大統領選挙への準備が進む現実を追いかけるかのように，1991年4月24日に大統領法と大統領選挙法が最高会議で可決された[46]。大統領制導入という重要な問題に関する法案であるにもかかわらず，2つの法案の審議はたった1日しか行われなかった。これは他の法案と比べても異例の速さである。しかも，審議過程においてそれほど目立った論争も巻き起こらなかった。例えば，後に激しい対立を引き起こすことになる大統領・政府・議会の権限区分についても，大統領法案の審議過程ではあまり激しい議論とはならず，大統領は最高会議の同意の下で首相を任命すること，閣僚は首相の提案に基づき大統領が任命すること，大統領は最高会議や人民代議員大会を解散する権限を持たないことなどが定められた。また，何人かの議員が，大統領就任時の宣誓について(第4条)，ロシアの憲法や法律を遵守することに加えて，ソ連の憲法や法律を遵守することを宣誓することが必要だと主張したが，この提案はいずれも否決された[47]。続く5月の第4回人民代議員大会において大統領法は再度採択され，また，関連する憲法条項が改正されたことによ

り，大統領制導入に関する法整備が完了した。

大統領選挙とエリツィンの勝利

　以上のような法律制定過程を経て，1991年6月12日に大統領選挙が実施
された。この選挙は，大統領候補と副大統領候補のペアに対して賛成か反対
かの票を投じるという方式で行われた。副大統領候補には最高会議副議長の
ハズブラートフや，エリツィンの側近であったゲンナジー・ブルブリス
（Бурбулис, Геннадий Е.）の名前もあがっていたが，エリツィンは彼らでは
「物足りない」と感じていた。そこで，第3回人民代議員大会において「ロ
シア共産主義者」からの離脱を表明し，95名の代議員を引き連れて改革派
グループ「民主主義のための共産主義者」を創設したアレクサンドル・ルツ
コイ（Руцкой, Александр В.）を副大統領候補として指名した。ルツコイは，
アフガニスタンに従軍した経験を持つソ連の「英雄」であったため国民の人
気が高かったし，共産党内の改革派や軍人の票を集めることも期待できた[48]。
ルツコイ本人にとってもこの指名は予想外のものであったが[49]，エリツィン
は，ルツコイを自分のパートナーとすることで，「民主ロシア」の支持者だ
けでなく，「ロシア共産主義者」の支持層や浮動票も取り込もうと目論んだ。
　ソ連共産党指導部は，事前の分析で選挙戦での苦戦を予測していたが，
ルィシコフ前ソ連首相を支持するという立場をとった[50]。また，ワジム・バ
カーチン（Бакатин, Вадим В.）ソ連安全保障会議メンバーもソ連指導部と近
い立場の人物であった。その他には，民族主義的で過激な言動で知られるウ
ラジーミル・ジリノフスキー（Жириновский, Владимир В.）自由民主党党首
らが出馬した。エリツィンは，この選挙運動においても反ゴルバチョフ，反
ソ連共産党という立場を貫き，他の候補者との戦いというよりも「ロシアの
ソ連からの自立化」をアピールすることで選挙戦を戦った[51]。
　投票結果は，エリツィンとルツコイの圧倒的勝利と言えるものであった
（表4-3参照）。エリツィンは，22の地方で賛成票の割合が50％を下回ったが，
地元スヴェルドロフスク州，隣接するチェリャビンスク州，そしてモスクワ
市で70％を超える賛成票を獲得した。また，女性のうちの半数以上が，エ

表4-3　1991年6月12日の大統領選挙の投票結果

大統領候補	副大統領候補	賛成票数（賛成票率）	反対票数（反対票率）
エリツィン	ルツコイ	45,552,041(57.30%)	32,229,442(40.54%)
ルィシコフ	グロモフ	13,395,335(16.85%)	64,386,148(80.99%)
ジリノフスキー	ザヴィジア	6,211,007(7.81%)	71,570,476(90.03%)
トゥレエフ	ボチャロフ	5,417,464(6.81%)	72,364,019(91.03%)
マカショフ	セルゲエフ	2,969,511(3.74%)	74,811,972(94.10%)
バカーチン	アブドゥラチポフ	2,719,757(3.42%)	75,061,726(94.42%)

出典：*Советская Россия*. 20 июня 1991 г. С. 1.

リツィンに賛成票を投じた[52]。これに対し，ソ連指導部が支持していたルィシコフはエリツィンの3分の1も賛成票が得られず，バカーチンは最下位に終わった。この選挙の結果，エリツィンがロシアの初代大統領に選出された。

第2項　政治的自立化の影響

　ロシアの政治改革は，ソ連の政治改革からほぼ1年遅れで進んだ。1989年3月にソ連人民代議員選挙が実施され，その1年後の1990年3月にロシア人民代議員選挙が行われた。ゴルバチョフは1990年3月に大統領に選出され，エリツィンは上述のとおり1991年6月の選挙で大統領に選出された。ただし，この2つの政治改革の過程は大きく異なるものであった。議会制度の改革については，ソ連憲法の改正において既に，連邦構成共和国でもソヴィエトの改革を実施することが予定されていた。議会制度の形態を選択する自由は各共和国に残されていたが，ロシアにおける議会改革は連邦中央からのトップダウンという意味合いが強いものであった。対照的に，ロシアにおける大統領制導入は，ロシア共和国の独自の動きによって実現した。ロシアにとって「国家主権宣言」採択以降の最大の目的はソ連からの自立化であったが，本節で見てきた大統領制導入もその目的を達成するための方策の1つであった。しかも，それはゴルバチョフが連邦維持のために計画した国民投票の機会を利用して進められ，大統領選挙は「国家主権宣言」採択からちょうど1年後に実施されたのである。こうした点もロシアの自立化を示す上で象徴的であろう。このように，人民代議員大会設置に始まるロシアの政

治改革は，中央・地方関係（ソ連とロシアの関係）の再編をめぐる問題と交錯する中で，その性格を大きく変えることになった。

　また，大統領制導入をめぐっては，当初は最高会議幹部会を二分する形で権力闘争が生じたが，エリツィンはゴルバチョフとの対決姿勢を示すことで，こうした事態をうまく切り抜けた。そして，国民投票の結果が大統領制導入を既定路線とし，その現実を追いかけるように法律が急いで整備された。こうした手続きの妥当性を疑問視する声はもちろんある。しかし，ロシアに大統領制が導入され，ロシアに独自の「権力の中心」が生まれたことで，「国家主権宣言」以降の政治改革は1つの区切りを迎えた。

　さらに，大統領制が導入され，エリツィンが大統領に就任したことは，それ以降の政治の展開に大きな影響を及ぼした。まず，ソ連指導部を批判することで国民の人気を得てきたエリツィンが大統領に就任したことで，ソ連とロシアの対抗関係は一層際立つことになった。ロシアへの大統領制の導入は，この時期行われていた新しい連邦条約締結に向けた交渉にも大いに影響を与えた。また，大統領は特定の選挙区や支持母体を持たず，国民全体の利益の代表者であるという意味で特殊な政治主体でもあった。特にエリツィンは，人民代議員大会において大統領に選出されたゴルバチョフとは異なり，自分が国民の直接選挙で選ばれた「国民全体の指導者」であることを自分の強みであると考えていた。そして，そのことを強調するため，支持政党の組織化など特定の支持基盤を固めるような行動をとらなかった。このことから，社会の一部ではなく，社会全体の利益を代表する指導者としてのイメージが重視されていたことが分かる。エリツィンのこうした戦略は，一面では成功していたと言えよう。彼の支持率は他の政治家と比べても圧倒的で，大衆的な人気は非常に高かった。その一方で，安定的な政治基盤を持たないためにその立場は危ういという面も併せ持っていた。このような大統領の特性も，その後の展開に重要な影響を及ぼすものであった。

第3節　2つの連邦条約とソ連の解体

　私有化に向けた法整備と大統領制の導入は，どちらもロシアの自立化を促進する上で大きな意味を持ったが，1990年後半以降に最も論争的であった問題は，ソ連とロシアの2つの連邦条約をめぐるものであった。前2節で述べた事例も，ソ連とロシアの関係再編という大きな文脈の中で起きたものであり，連邦制再編というテーマが，この時期の政治過程をかなりの程度規定していた。

　第2章でその経緯に触れたとおり，1990年から1991年にかけて，新しいソ連の連邦条約(Союзный договор: Union treaty)を締結するための交渉が進められていた。一方，同じく連邦制をとっているロシア共和国内部の連邦関係を新たに規定するために，ロシアの連邦条約(Федеративный договор: Federation treaty)を策定する準備も，1990年5月から6月の第1回人民代議員大会から始まった[53]。以下では，まず第1項でロシアの連邦条約をめぐる問題状況と争点をまとめる。ソ連とロシアの2つの連邦条約は異なるものであったが，1つの国家に存在する2つの連邦制を規定する文書として準備されたので，当然そこに関与する政治主体の多くは，双方に利害関係を有しており，この2つの問題は相互に連関したものだった。そこで，続く第2項では，この両者の関係を考察しながら，2つの連邦条約の策定過程を検討する。

第1項　ロシアの連邦条約をめぐる問題状況

　元来，ソ連の連邦制が連邦条約によって定められたものであったのに対し，ロシアの連邦制は条約に基づいて形成されたものではなく，内部の関係性は憲法によって規定されていた。しかし，ソ連で新しい連邦条約の準備が始まると，それに応じてロシアの連邦条約を策定しようとする動きも生じた。

　このロシアの連邦条約をめぐっては，解決すべき問題がいくつか存在した。第一の問題は，ソ連とロシアの2つの連邦条約の関係性をどうすべきかとい

第4章　自立化の拡大(1990年〜1991年)　105

う問題であった。これは，ロシアの連邦条約というイシュー自体が，ソ連に
対するロシアの自立化という文脈の中で浮上したことに起因していた。第1
回人民代議員大会で採択された「国家主権宣言」は，ソ連に対するロシアの
権限拡大を規定することを主眼としていたが，その起草過程でロシア内部の
地域もロシアに対して同様の権限拡大を要求したことは既に述べたとおりで
ある(第3章第3節第2項)。ロシアの連邦条約は，このようなロシア内部地域
からの要求に応じて作成された側面が強いが，第1回人民代議員大会でエリ
ツィンは，「ロシア内部の連邦主体間の関係は，連邦条約に基づいて調整さ
れることが新憲法の政治的基礎にならねばならない」と述べており，連邦条
約のアイデア自体はロシア指導部にも共有されていた[54]。しかし，ロシア内
部の連邦構成主体の要求は，ロシアのソ連に対する要求と同じ内容を持つも
のであったので，前者を否定することは後者の要求の正当性を放棄すること
にもなりかねず，これはロシア政権にとって非常に厄介な問題であった。し
たがって，ソ連の連邦条約の内容とロシアの連邦条約の内容は，必然的に相
互に影響するものであった。

　第二に，ロシアの連邦構成主体の要求をいかに取りまとめるかという問題
があった。ロシアの連邦制がそもそも民族的自治地域(自治共和国[55]，自治
州，自治管区)と領域的行政区分であるロシア人地域(地方，州)という異な
る種類の行政単位から構成されていたため，ロシアの連邦構成主体の要求も
多様であった。「国家主権宣言」採択の際にも，民族的自治地域とロシア人
地域との間には意見の対立があり，エリツィンの妥協案提示はその対立を収
めたが，この問題の最終的な解決は先延ばしにされた。ロシアの連邦条約に
よってその連邦関係を改めて規定するにあたり，この問題は再び大きな争点
となった。

　第三の問題は，ロシアの連邦関係をどのような形式で規定するのかという
ものであった。具体的には，連邦関係を憲法で規定するという憲法的連邦派
と，連邦条約によって規定するという条約的連邦派との間で見解の相違があ
り，連邦条約を策定する場合にも，連邦条約は憲法の一部となるのか否か，
などの点で争いがあった。

以上のような主要な争点に対して，ロシア政府とロシア内部地域はそれぞれどのような立場であっただろうか。

ロシア政府の立場

　2つの連邦条約が同時進行したために，その双方に直接関わっているロシア政府（エリツィン）は，ソ連指導部と交渉を続けつつ，ロシアの内部地域にも対応しなければならないという難しい立場に立っていた。ロシア政府としては，ソ連の連邦条約においてはロシアの権限をできる限り拡大する一方で，ロシア内部地域の要求はできる限り抑え込むことが，最も望ましい結果であった。しかし，2つの連邦条約の争点は非常に類似したものであったので，一方で分権化を進め，他方で集権化を進めるということは，ほぼ不可能であった。そのため，エリツィンは場当たり的な発言を繰り返し，その主張は一貫性に欠けたものであった。例えば，1990年夏に，エリツィンがタタール自治共和国（後のタタルスタン共和国）やバシキール自治共和国（後のバシコルトスタン共和国）を訪問した際には，エリツィンは「取りたいだけ取れ」と発言し，自治共和国がロシア共和国にとどまりつつ，ソ連の連邦条約に直接署名して連邦共和国の地位を得ることや，自治共和国が望むすべての権利を保持することを認めた[56]。そのため，ロシア内部の自治地域は1990年夏以降次々と「主権宣言」を行い，そのような状況は「主権のパレード」と呼ばれた[57]。しかし，自治共和国が共和国と同等の地位を得ることは，ロシア自体の解体を招くのではないかということも危惧された。実際，1991年に入りソ連の連邦条約の調印が近づいてくると，エリツィンはそれまでの態度を翻し，ロシアの自治地域がソ連の連邦条約の主体となることに否定的になった[58]。このように一貫性に欠けるエリツィンの態度は，上述の第二，第三の問題についても同様であった。

　これに対し，ロシアにおける憲法問題や連邦条約の問題を主導していた憲法委員会のオレグ・ルミャンツェフ（Румянцев, Олег Г.）責任書記は，かなり明確な態度を持っていた。彼は，第二の問題については，ロシアの連邦構成主体は同権である（つまり，自治地域とロシア人地域の区別は撤廃すべき

第4章　自立化の拡大(1990年～1991年)　107

である)という立場に立ち，第三の問題については，連邦関係は憲法におい
て規定すべきであるという憲法的連邦派の立場を貫いており，憲法とは別に
連邦条約を策定することに反対であった。また，ハズブラートフは，連邦条
約の策定を前提としつつも，ロシアの連邦制は「条約による連邦制」ではな
く，「条約・憲法的連邦制」であるとして，条約的連邦派と憲法的連邦派の
中間的立場をとっていた[59]。

ロシア内部地域の立場

　ロシア内部地域の中で，連邦条約の問題にまず声をあげたのは自治共和国
であった。自治共和国は，ロシアのソ連に対する要求をコピーするような形
で，自らの権限拡大を要求したので，ロシアのソ連からの自立化が進めば進
むほど，自治共和国のロシアに対する要求も強まっていく傾向にあった。当
時タタール自治共和国の最高会議議長で，その後1991年から2010年まで大
統領を務めたシャイミーエフは，この点を明確に意識していた。彼は，2000
年にタタルスタンの主権宣言10周年に関する演説の中で，次のように述べ
ている。

　　タタルスタンは，ロシアによる国家主権宣言の採択に続いて主権を宣言
　しました(中略)。その後の〔タタルスタン〕共和国のすべての措置は，ロシア
　の規範，そしてロシアが加入している国際的な規範に合致したものであり，
　文明的な法的空間から逸脱するものではないということを述べておかなけ
　ればなりません[60]。

　これは，タタルスタンの行動はロシアの主張の論理やそれが依拠する規範
の枠内にあるということを意味しており，このような形で自らの主張を正当
化することでロシアが手にした権利を自分たちも享受しようとする意図を
持っていたことを示唆している。シャイミーエフはさらに「ソ連邦の創設
者」としてソ連の連邦条約に直接署名することを主張し，自らの地位をソ連
を構成する連邦主体にまで格上げしようとした[61]。この時期，自治共和国は

概してソ連とロシアの対立を自らの権限拡大に利用しようとしており，ソ連とロシアの双方を睨みながら要求を拡大していったと言える。上述のとおりエリツィンは最初これを認めるような発言をしたが，徐々にこうした立場に否定的になっていった。

　以上のように，自治共和国がロシアにおける権限の拡大とソ連の中での地位の向上を同時に主張した一方で，ロシア人地域はこれに異議を唱えた。彼らは，民族的行政区分（自治共和国）であろうが，領域的行政区分（地方・州）であろうが，ロシアの連邦制を構成する主体であることには変わりがなく，これを差別することは不当だと主張した。そのため，ロシア人地域はロシアの内部地域の同権を要求した。当然，それは自治共和国の要求と食い違うものであった[62]。

　また，当時ロシア最高会議民族会議議長であったアブドゥラチポフは，ロシアの連邦条約をソ連の連邦条約より先に締結し，それをロシア憲法の一部とすることが必要であると主張した[63]。これは，ロシアの連邦制における連邦条約の役割を重視するという条約的連邦派の考えであった。民族会議は自治共和国など民族的自治地域の代表者が多く集まっており，アブドゥラチポフの見解は，そうした地域の利益を完全に代弁したものとは言えないにせよ，先に挙げたロシア指導部の立場とは異なるものであった。

　このように，ソ連中央，ロシア政府，ロシア内部地域という3層間での主張の対立が生じたというのが，この時期の2つの連邦条約をめぐる争いの特徴であった。これをまとめたのが表4-4である。ソ連政府はロシアをはじめとする共和国に対し，ある程度の権限分割はやむを得ないとしてこれを認めていたが，連邦を維持することは新連邦条約を策定する上での大前提であった。そうした中で，ソ連政府は一時的にロシア内部地域の地位格上げ要求を容認する構えを見せ，共和国による過剰な要求を牽制した。反対に，ソ連政府に対して権限拡大を要求しているロシア政府は，内部地域の扱いに苦慮した。そして，その対応はソ連政府との関係性に依存していた。ロシアの内部地域も，民族的自治地域とロシア人地域で主張は異なるが，ソ連政府とロシア政府の争いをうまく利用しようと努めていた。次項では，こうした「三つ

表 4-4　連邦条約をめぐる立場の相違

	対 ソ連政府	対 ロシア政府	対 ロシア内部地域
ソ連政府	――	ある程度の権限分割を容認。連邦の維持が目的。	当初は連邦構成共和国との同権化容認。その後撤回。
ロシア政府	権限拡大を要求。ソ連の主体は連邦構成共和国のみ。	――	当初は民族的自治地域・ロシア人地域の双方に権限拡大を約束。その後撤回。
ロシア内部地域	ソ連の連邦条約への直接加盟を要求(連邦構成共和国への昇格)。	独立については曖昧な立場。民族的自治地域とロシア人地域で態度が異なる。	――

出典：筆者作成。

巴」の関係がいかに展開していったのかを見てみよう。

第 2 項　2 つの連邦条約の交錯

　以上のような複雑な対抗関係が存在する中で，ソ連とロシアの 2 つの連邦条約をめぐる交渉はどのように進められたのだろうか。塩川の整理によれば，1990 年後半からソ連解体に至るまでの時期は，3 つに区分できる。すなわち，第一に「国家主権宣言」から 1991 年初頭にかけての時期，第二には 1991 年3 月の国民投票から同年夏までの時期，そして第三に 1991 年 8 月クーデター未遂事件から同年末のソ連解体までの時期である[64]。

　第一の時期は，「国家主権宣言」によりロシア法のソ連法に対する優位が宣言され，その後主に経済資源の管理をめぐって「法律戦争」が生じた時期である[65]。この時期は，「500 日計画」をめぐる一時的協調もあったが，政治・経済両分野でソ連に対するロシアの自立化が激しく争われた。そして，こうした動きと並行するように，ロシア内部の諸地域も同様の主張を展開したことで，2 つの連邦条約をめぐる動きが本格化した。

　ソ連の連邦条約に関しては，そこで規定される新しい国家の形をどのようなものにするのか――連邦制(フェデレーション)か，国家連合(コンフェデレーション)か――という点が，最大の争点であったが，「法律戦争」のさなか，ソ連指導部は「主権国家の連邦(ソユーズ)」という形でソ連を再編する

ことを記したソ連の連邦条約第一次草案を策定した。そして、ゴルバチョフは、草案発表直後の 1990 年 12 月に開かれた第 4 回ソ連人民代議員大会で、この草案は国家連合ではなく、連邦制（フェデレーション）原則に基づくものであると述べた[66]。これに対し、1991 年初頭の段階で、ロシア指導部の考えは、「主権国家による国家連合」の形でソ連の連邦条約を締結するという方向に向かい[67]、ウクライナをはじめとする共和国と二国間条約を締結していった[68]。

　一方、ロシアの連邦条約については、1990 年 6 月のロシア最高会議幹部会決定「連邦条約について」で初めてその考えが示され、それに基づき、9 月からは最高会議民族会議で連邦条約草案の策定作業が始まった。そして、1991 年 1 月末にロシアの連邦条約草案が自治共和国に送付された。このように、第一の時期は 2 つの連邦条約双方の草案が最初に準備された時期であった。本章でこれまで見てきたとおり、この時期は様々な局面でソ連とロシアの対立が際立つ時期であった。エリツィンが自治共和国の権限拡大を容認するような発言をしたために、当初はロシアと自治共和国の関係は良好であったが、ソ連の連邦条約草案が連邦構成共和国と自治共和国の対等化を規定していたために、自治共和国は徐々にロシア政権よりもソ連中央に近づいていった[69]。

　第二の時期の始まりは、1991 年 3 月の国民投票であった。そこでは、ソ連という国家を維持することとロシアに大統領制を導入することがともに信任された。国民投票で当面の目標を達成したソ連・ロシア両指導部は、対立を緩和させ、接近していくことになる。一方、ロシアの連邦条約の草案が各地域で検討される中で、ロシア内部の利害対立がより顕在化していった。

　国民投票直後の 1991 年 3 月末に始まった第 3 回ロシア人民代議員大会は、ソ連の連邦条約とロシアの連邦条約の問題を同時に審議し、この 2 つの連邦条約について異なる決定を基本採択した。ソ連の連邦条約については、その署名手続きを定める決定が作成され、ロシア内部の自治共和国は、ロシアの代表団の一員として、または独自の代表団によって直接ソ連の連邦条約に署名できるとされた[70]。

第 4 章　自立化の拡大(1990 年～1991 年)　111

　ロシアの連邦条約については，「ロシア共和国の民族的・国家的体制の基本原則に関する(ロシアの連邦条約に関する)決定」が基本採択された。そこでは行政区画ごとに権限の違いを設けるか否かという「国家主権宣言」以来の問題がやはり争点となった。この大会でのハズブラートフの報告では，ロシアの連邦制を構成する主体を自治共和国，民族的自治地域(自治州，自治管区)，地方・州という 3 種類に区別しているが，連邦条約にはこれらすべてが加わることになり，連邦主体間の平等を最大限達成することこそ連邦条約の意義であるとされた。実際，この決定には，自治州，自治管区，地方，州の地位向上に関する法律を準備するよう最高会議に求めるという文言があり，ロシアを構成する主体の平等を強調することで，自治共和国の動きを牽制し，ロシアの一体性を保持しようとしたものであった[71]。

　このように，ソ連の連邦条約に関しては，自治共和国に配慮した内容が組み込まれる一方で，ロシアの連邦条約に関しては，自治共和国以外の地域の要求を配慮するような決定がなされた。

　しかし，その直後に始まったノヴォ・オガリョヴォ・プロセスは，自治共和国を排除してソ連政府と 9 共和国政府との間でソ連の連邦条約に関する交渉が進められ，これは「9 プラス 1 合意」に結実した(第 2 章第 2 節第 4 項参照)。このようにソ連中央と共和国が対立していた状況から一転し，両者が接近しソ連の連邦条約の策定が進んだというのが第二の時期の特徴であった。この過程で，各共和国は，ソ連の連邦条約にロシアの自治共和国が直接調印することに反対するという立場で合意した[72]。

　第三の時期は，1991 年 8 月のクーデター未遂事件以降の時期である。「9 プラス 1 合意」の成立を転機としてソ連の連邦条約は締結寸前まで進んだが，調印予定の前日にクーデターが企てられ，連邦中央の権威が失墜したことにより，2 つの連邦条約締結に向けた動きは一気に減速した。例えば，1991 年前半には，ロシアの最高会議や人民代議員大会において，2 つの連邦条約の問題は頻繁に討議されていたが，1991 年 8 月以降は議論が停滞し，審議も行われなくなった。確かにこの時期にもソ連の連邦条約をなんとか締結させようという最後の試みが続けられたが[73]，クーデター未遂事件によってソ連

指導部の権威が一気に失墜したことで，その締結は困難になった。このような状況の中で 1991 年 12 月にソ連が解体したために，ロシアの連邦条約の問題は，締結に至らないままソ連解体以降に持ち越されることになった。

第4節　小　　括

　本章では，1990 年にロシアに設けられた新たな議会制度の下で採択された「国家主権宣言」を契機として，様々な分野で改革が同時にかつ交錯しながら進んだ様子を見てきた。ソ連解体までのこうした「改革の連鎖」状況をまとめると，次のようなことが言える。

　第一に，「改革の連鎖」は以下のような経過を辿った。「国家主権宣言」がロシア法のソ連法に対する優位などを宣言し，「ロシアの自立化」を明確に打ち出したことを契機として，ロシア国内で経済的にも政治的にも様々な改革が急速に進められることになった。経済的には，「法律戦争」と呼ばれる争いの中で，資源や財産の管轄に関する法律が矢継ぎ早に制定された。これらの法律は体系だった政策の下で作られたものではなかったので，その後多くの問題を引き起こすことになるが，この時点ではこれらの法律がロシアの市場経済化を進展させたのも事実であった。政治的にも，ロシア共和国の「権力の中心」として大統領制が導入された。エリツィンは人民代議員選挙前から大統領制の導入に言及していたが，「法律戦争」を経験する中でロシアの政治制度の脆弱さが改めて痛感され，ソ連中央からの自立を目指した改革として大統領制導入が議論されたのである。ロシアにおける議会制度の整備は，ある程度連邦中央の意図に従って行われたものであったのに対し，大統領制の導入はエリツィンの主導で行われた。そして，その頃には，政治改革は連邦中央の当初の意図とはかけ離れたものとなっていた。

　第二に，このような過程では，それが政治的問題であるか，経済的問題であるかにかかわらず，各勢力の政治的志向性の違いは克服され，「ロシアの自立化」というスローガンの下で最高会議や人民代議員大会では比較的容易に多数派連合が形成された。私有化をはじめとする経済的問題においても，

第 4 章　自立化の拡大(1990 年～1991 年)　113

大統領制導入のような政治制度に関する問題においても，イニシャチヴを
とって議事を進行したのは「民主ロシア」であったが，これと拮抗する「ロ
シア共産主義者」が激しく抵抗する事態には陥らなかった。むしろ，細かな
政策的論点をめぐる対立や権力闘争が起こることはあっても，「ロシアの自
立化」という方向性に対して両者の態度は一致した[74]。この点は，ソ連解体
以降の議会においては多数派形成が困難を極めたという事実と比べると，大
きな違いである。

　そして以上のような経過と並行して，ソ連とロシアの 2 つの連邦条約締結
が準備された。ロシアをはじめ多くの共和国が，ソ連中央に対して政治的・
経済的な権限拡大を要求し，その関係が不安定になる中で，ソ連の連邦条約
はそうした状況を安定化することを目指していた。しかし，ロシア内部の連
邦問題が同時に浮上したことで事態は複雑化した。このロシアの連邦条約を
めぐっては，議会内の亀裂は党派ではなく議員の出身地域に応じたものと
なった。各議員が選出地域の利益を代表するのはある意味で当然であり，こ
の問題をめぐる立場の相違が，各々がどこの代表であるかという点に規定さ
れたこと自体はとりたてて奇妙なことではない。より強調すべき点は，この
時期のロシアの議会内会派には，そのような地域ごとの見解の違いを調整す
る力が十分にはなかったということである。「民主ロシア」も「ロシア共産
主義者」もこの問題について明確な方針を持っていなかったし，会派に所属
する議員の行動を統制する組織力も脆弱であった。さらには，各会派がそう
した組織力を強化するような制度的インセンティヴも存在していなかった。
この点は，次章以降でさらに詳しく検討したい。

　事態は，1991 年 8 月のクーデター未遂事件という突発的な出来事によっ
て大きく変わった。ソ連の連邦条約は，連邦解体直前まで締結の努力が続け
られたが，結局ソ連の解体によって不要になってしまった。そして，ソ連の
連邦条約と連動していたロシアの連邦条約をめぐる議論についても，関係す
る主体間で合意には至らず，議論はその後しばらく停滞した。

　このように，「国家主権宣言」を契機に，1990 年から 1991 年にかけては
様々な分野で大きな変革が進められたが，ソ連の解体によって，体制転換の

過程は新たな局面に進むことになった。そして，クーデター未遂事件をめぐ
る行動で一躍国民的な支持を獲得したエリツィンを中心に，1992年初頭か
ら急進的な市場経済化が推し進められることになったのである。

1) Горбачев 1995＝1996, 上巻, 734。

2) *Переход к рынку*, 1990.

3) 岡田 1998, 38-41。

4) Пихоя и др. 2011, 251.

5) Hough 1997, 361-372; Шейнис 2005, Том. 1, 407-408; Brown 1997＝2008, 518-527。

6) 塩川 2007a, 239-241。

7) Закон РСФСР «О действии актов органов Союза ССР на территории РСФСР» // *Ведомости СНД и ВС РСФСР*. 1990. № 21. Ст. 237.

8) Закон РСФСР «О обеспечении экономической основы суверенитета РСФСР» // *Ведомости СНД и ВС РСФСР*. 1990. № 22. Ст. 260.

9) Закон СССР «О собственности в СССР» // *Ведомости Съезда народных депутатов СССР и Верховного Совета СССР*. 1990. № 11. Ст. 164.

10) Закон РСФСР «О собственности в РСФСР» // *Ведомости СНД и ВС РСФСР*. 1990. № 30. Ст. 416.

11) Закон СССР «О предприятиях в СССР» // *Ведомости Съезда народных депутатов СССР и Верховного Совета СССР*. 1990. № 25. Ст. 460.

12) Закон РСФСР «О предприятиях и предпринимательской деятельности» // *Ведомости СНД и ВС РСФСР*. 1990. № 30. Ст. 610.

13) 加藤 2005, 88-92, 96-99。

14) Закон РСФСР «Об изменениях и дополнениях Конституции (Основного Закона) РСФСР» // *Ведомости СНД и ВС РСФСР*. 1991. № 29. Ст. 561.

15) Закон РСФСР «Об именных приватизационных счетах и вкладах в РСФСР» // *Ведомости СНД и ВС РСФСР*. 1991. № 27. Ст. 925; Закон РСФСР «О приватизации государственных и муниципальных предприятий в РСФСР» // *Ведомости СНД и ВС РСФСР*. 1991. № 27. Ст. 927.

16) privatization には，経営形態の「民営化」と所有形態の「私有化」という2つの側面がある。ロシアや他の旧社会主義諸国で行われた privatization は，後者の側面が強かったので，本書では「私有化」という言葉を用いている。

17) *Третья сессия Верховного Совета РСФСР. Бюллетень № 27 сов-*

第 4 章　自立化の拡大(1990 年〜1991 年)　　115

местного заседания Совета Республики и Совета Национальностей. (以下, *Третья сессия Верховного Совета РСФСР. Бюллетень №*) 7 мая 1991 г. С. 8.

18) Гимпельсон 1993, 35-39; Solnick 1998.

19) 法案の審議過程については, Barnes (2001; 2006)を参照。

20) 国家財産管理委員会は, 私有化問題を管轄する行政側の担当部署であり, マレイは委員長を 1990 年 11 月から 1991 年 11 月まで務めた。

21) *Третья сессия Верховного Совета РСФСР. Бюллетень № 27.* С. 8-16.

22) Åslund 1995, 230.

23) *Третья сессия Верховного Совета РСФСР. Бюллетень № 36.* 2 июля 1991 г. С. 23, 67-70.

24) *Третья сессия Верховного Совета РСФСР. Бюллетень № 27.* С. 37-39; *№ 36.* С. 71-72.

25) 西村 1993, 153-155。

26) Пихоя и др. 2011, 251.

27) 塩川 1999, 419。

28) Ogushi 2009, 5-8.

29) Горбачев 1995=1996, 上巻, 616-617。

30) トクヴィルは, 政治的な平等を達成するためには, 各市民に権利を与える方法と, 誰にも権利を与えない方法の 2 つがあると指摘している(トクヴィル 1987, 上巻, 112-113)。

31) 実際, 大統領就任後にエリツィンは, 人民代議員大会で大統領に選出されたゴルバチョフよりも, 国民による直接選挙で大統領になった自分の方が, 国家の指導者としての正統性を備えているという点に何度も言及した。

32) また, 当時最高会議議長であったエリツィンは, その幹部会が集団的に意思決定を行う点に嫌悪感を覚えており, そこから自由になることを望んでいたことも指摘されている(Remington 2001, 94-95)。

33) Батурин и др. 2001, 78.

34) *Первый Съезд народных депутатов РСФСР. Том. 2.* С. 234.

35) Постановление СНД РСФСР «О подготовке законопроектов о реорганизации системы государственных органов РСФСР» // *Второй (внеочередной) Съезд народных депутатов РСФСР, 27 ноября-15 декабря 1990 года: Стенографический отчет.* 1992. (以下, *Второй Съезд народных депутатов РСФСР*) Том. 6. С. 242-243.

36) この決定を採択する際の投票結果は, 総投票数 833 に対し, 賛成 642, 反対 109, 棄権 82 であった(*Второй Съезд народных депутатов РСФСР.* Том. 6. С. 189)。

37) Распоряжение Председателя Верховного Совета РСФСР «О мерах по

обеспечению дальнейшей деятельности Конституционной Комиссии Съезда народных депутатов РСФСР» // *Из истории создания Конституции РФ*. Том. 2. 2008. С. 55-59.

38) Политическое заявление членов Президиума Верховного Совета РСФСР, народным депутатам РСФСР // *Из истории создания Конституции РФ*. Том. 2. 2008. С. 117-119. この政治声明には, スヴェトラナ・ゴリャチェワ (Горячева, Светлана П.)最高会議副議長, ボリス・イサエフ (Исаев, Борис М.)最高会議副議長, ラマザン・アブドゥラチポフ (Абдулатипов, Рамазан Г.)民族会議議長, ウラジーミル・イサコフ (Исаков, Владимир Б.)共和国会議議長, アレクサンドル・ヴェシニャコフ (Вешняков, Александр А.)共和国会議副議長, ヴィタリー・スィロヴァトコ (Сыроватко, Виталий Г.)民族会議副議長が署名した。

39) *Третья сессия Верховного Совета РСФСР. Бюллетень № 13*. 21 февраля 1991 г. С. 3-5.

40) 塩川 2007a, 244-246。

41) *Из истории создания Конституции РФ*. Том. 2. 2008. С. 119-120.

42) Батурин и др. 2001, 108-109.

43) ただし, ソ連維持への賛成票の71.3%という数字は, 投票を実施した9共和国のうちで, ウクライナ (70.2%)に次いで低い数字だった。

44) Черняев 1993＝1994, 260-332。

45) Постановление СНД РСФСР «О перераспределении полномочий между высшими государственными органами РСФСР для осуществления антикризисных мер и выполнения решений Съездов народных депутатов РСФСР» // *Ведомости СНД и ВС РСФСР*. 1991. № 15. Ст. 495.

46) Закон РСФСР «О выборах Президента РСФСР» // *Ведомости СНД и ВС РСФСР*. 1991. № 17. Ст. 510; Закон РСФСР «О Президенте РСФСР» // *Ведомости СНД и ВС РСФСР*. 1991. № 17. Ст. 512.

47) *Четвертая сессия Верховного Совета РФ. Бюллетень № 23 совместного заседания Совета Республики и Совета Национальностей*. (以下, *Четвертая сессия Верховного Совета РФ. Бюллетень №*) 24 апреля 1991 г.

48) Ельцин 1994＝1994, 上巻, 62-65；上野 2001, 19。

49) ルツコイ 1995, 35-36。

50) Пихоя и др. 2011, 272-274.

51) Colton 2008, 195.

52) Пихоя и др. 2011, 278.

53) この2つの連邦条約を区別するために, Союзный договор (Union treaty)を「ソ連の連邦条約」, Федеративный договор (Federation treaty)を「ロシアの連邦条約」と記述することにする。

54) *Первый Съезд народных депутатов РСФСР*. Том. 1. С. 569.

第4章　自立化の拡大(1990年～1991年)　117

55) 1990年12月の第2回ロシア人民代議員大会において，自治共和国を「共和国」
へと呼称を変更することが確認された。しかし，連邦を構成する15共和国と区別
するために，本書では，ソ連解体の1991年末までの時期に関しては，便宜上これ
らを「自治共和国」と記すことにする。1992年以降はこのような区別をする必要
がないので，「共和国」と記す。

56) Kahn 2002, 114-123; *Союз можно было сохранить* 2007, 164-166；塩川
2007b，23。

57) 1990年末までに，11の自治共和国が「主権宣言」を行い，5つの自治州または
自治管区は，自治共和国への格上げを自ら宣言した。

58) 一方，ソ連中央(ゴルバチョフ)の側も，このように態度を変えるロシア政府(エ
リツィン)との関係を見据えながら，ロシア内部地域にソ連の連邦条約の主体とな
ることを認めるような発言をすることもあれば，それを否定することもあり，こち
らの態度も揺れていた(塩川　2007b，27-38)。

59) *Третий (внеочередной) Съезд народных депутатов РСФСР, 28
марта-5 апреля 1991 года: Стенографический отчет.* (以下，*Третий
Съезд народных депутатов РСФСР*) 1992. Том. 2. С. 197-198.

60) Шаймиев 2000. 括弧内は引用者による。

61) *Союз можно было сохранить* 2007, 184.

62) 塩川　2007b，36-37。

63) *Третья сессия Верховного Совета РСФСР. Бюллетень № 3.* 30
января 1991 г. С. 3-16. ここで，アブドゥラチポフは，民族的自治地域とロシ
ア人地域との主張の対立についても言及したが，それについての解決策は特に提示
しなかった。

64) 塩川　2007b，27-43。

65) 一部の共和国では，ソ連からの独立がこの時期に宣言された。例えば，リトアニ
アでは「血の日曜日事件」(前節参照)を経て，1991年2月9日に住民投票が行われ，
約9割が独立に賛成した。また，グルジアでも3月31日の住民投票を経て，4月9
日に独立を宣言した。

66) *Союз можно было сохранить* 2007, 189.

67) Батурин и др. 2001, 129-130.

68) 中井 1998，132-133。

69) 塩川　2007b，27-31。

70) Постановление СНД РСФСР «О Союзе Суверенных Республик (Союзном
договоре) и порядке его подписания» // *Третий Съезд народных депута-
тов РСФСР*. 1992. Том. 5. С. 159-161.

71) Постановление СНД РСФСР «Об основных началах национально-государ-
ственного устройства Российской Федерации (о Федеративном договоре)» //
Третий Съезд народных депутатов РСФСР. Том. 5. С. 156-159.

72) *Третья сессия Верховного Совета РСФСР. Бюллетень № 29.* 16

мая 1991 г. С. 35-38.
73) 塩川 2007b，39-43。
74) Remington et al. 1994.

第5章　市場経済化の開始と議会内ブロックの離合集散(1992年)

　1991年8月のクーデター失敗により連邦指導部の権威は失墜し，最終的にソ連が解体したことで，「重層的転換」をめぐる対抗関係は新たな局面を迎えた。1つには，1990年から1991年にかけての政治過程を規定していた「ソ連対ロシア」という対立の構図がなくなった。そのため，ロシアの政治エリート(特にエリツィン大統領)は，ロシアがソ連を構成する1つの共和国であるという制約の中で行動せざるを得なかったそれまでとは異なり，独自の経済改革を遂行できるようになった。しかしその一方で，これまでよりも具体的で包括的な改革プログラムを示す必要が生じた。それまでは「ソ連に対するロシアの優位」の確立こそが最大の目的であり，その範疇ではある程度の支持を得られたが，ソ連の解体以降は，より具体的な新たな改革の展望を示すことが求められたのである。

　ソ連解体により生じたもう1つの変化は，ロシアの政治エリートが形成していた連合の流動化である。1990年から1991年にかけては，ソ連との対抗関係が，ロシアにおいて人民代議員大会を中心とした政治エリートの大連合を可能にしており，前章で私有化法制定や大統領制導入の例に見たように，そのことが改革の迅速な実施を促進する側面もあった。しかし，ソ連の解体によってそのような対抗関係がなくなり，具体的な改革路線をめぐっての対立が顕在化していった。そのため，エリート連合の再流動化が生じ，複数の改革が交錯する中で新たな対抗関係も生まれてきた。

　それでは，そこで生まれた新たな対抗関係とはどのようなものだったのだ

ろうか。1990 年後半以降の政治過程では，経済改革，政治改革，連邦制再編がほぼ同時並行で進んだが，1992 年以降になるとそうした状況は変化した。まず，1991 年の大統領制導入は，ロシア内部に政治を主導する「権力の中心」をもたらしたという意味で，政治改革における 1 つの帰結点となった。また，ソ連とロシアの 2 つの連邦条約に代表される中央・地方関係の再編問題は，ソ連の連邦条約締結直前の 1991 年 8 月に起きたクーデター未遂事件によって頓挫したために，いったん停滞を余儀なくされた。かくして，1991 年 8 月以降，エリツィン大統領にとっての当面の課題は，急進的な市場経済化の本格的実施にあった[1]。

　この章では，ソ連解体後 1 年間の政治過程を考察する。政府は 1992 年初頭から本格的な市場経済化を開始したため，1992 年前半は経済改革をめぐる対立が顕著であった。しかし，その年の後半にかけては，ロシアの経済政策に対して責任を持つ機関は何か，そして，より一般的に，各機関の権力関係をいかなるものとすべきかという問題が浮上し，大統領と最高会議議長の権力闘争と絡みながら，事態が進行した。すなわち，中央の意思決定のあり方をめぐる争いが再び重要な政治課題となったのである。1991 年に大統領制が導入された際には，ソ連からの「自立化」を進めるために，制度形成を迅速に行うことが何よりも重視された。そのため，こうした問題が詳細に議論されることはなかった。しかし，エリツィンが 1992 年初頭から進めた本格的な市場経済化の成果は芳しくなく，社会は大きな混乱状況に陥っていた。そうした状況は大統領に対する批判を強め，その批判は意思決定のあり方にまで及び，その後政治制度をめぐる争いへとつながっていったのである。

　以下では，まず第 1 節で，ソ連解体前後の政治状況を概観した上で，1992 年以降の政治過程に関わる政治主体を整理する。続く第 2 節及び第 3 節で，経済政策をめぐる争いが政治的権限をめぐる争いへと展開していく政治過程を考察する。ソ連解体後の政治過程については，既存研究にもかなりの蓄積があるが，その多くはソ連解体以降 4 度開催された人民代議員大会における議論を中心に扱っている[2]。本書は，それに加えて，日常的に立法作業を行っていた最高会議での議論とそこでの議員の連合関係の変化を取り上げて，

この時期の変化をより動態的に捉えることを試みる。

第1節　ソ連解体前後の政治主体

　本書の視角は，体制転換期には政治主体の利益や選好も変化することを考慮し，イシューごとに各政治主体の利益や選好を整理しながら，政治エリートが形成する連合の変容を明らかにすると同時に，「改革の連鎖」がいかに生じたかを論理的に明らかにすることで，ロシアの統治制度が持つ「二面性」がいかに生じたのかを説明しようとするものである。そこで，本節ではまず，この時期の政治過程で中心的役割を担った大統領，議会内ブロック，地方行政府という各政治主体がどのような制約の下で行動していたのかを，おおまかに整理する。

第1項　大　統　領——特別権限の獲得

　ソ連解体後の政治過程において，各政治主体がどのような条件や制約の下で行動したのかを考えるためには，1991年8月のクーデター未遂事件にまでさかのぼる必要がある。ソ連指導部内部から起こったこの事件は，ゴルバチョフの権威を大きく失墜させたと同時に，ロシア最高会議ビルの前に登場して戦車の上で演説を行い，クーデターの違法性を訴えたエリツィンを一躍国民的な人気者とした。そうした情勢は議会内にも波及し，エリツィン人気の絶頂期は，少なくとも1991年10月に再開された第5回人民代議員大会までは継続した[3]。エリツィン大統領は，この大会中の10月28日に行った演説の中で，8月クーデターを経てロシアは政治的自由を守ったが，今度は経済分野で改革を進めて，経済危機からの脱出を図らなければならないと主張した。そして，そのためには，経済の自由化と安定化を同時に推進するとともに，私有化，独占排除，軍民転換などの構造転換を迅速に進めることが必要であるとした。特に，私有化については，中小企業の50%を3ヶ月以内に私有化するという目標を掲げた[4]。このように，エリツィンは経済改革を最優先の課題として設定し，その中でも特に市場経済化のスピードを重視し

た。そしてエリツィンは，この経済改革を遂行するためには，1年間の期限付きで自らが自由に政府を編成できる特別な権利が必要であると訴えた[5]。

大会は，エリツィンの演説で述べられた経済改革の基本原則を承認した上で[6]，急進的経済改革を実施するために，1992年12月1日までの約1年間，エリツィン大統領に特別権限を与えることを定めた2つの決定を採択した。それは第一に，「閣僚会議（政府）に関する法律」（以下，「政府法」）が制定されるまでは，大統領が独自に中央行政府の再編問題を解決すること，そして，行政府と立法府の選挙の実施をあらゆるレベルで禁止し，地方，州，自治州，自治管区，市及び地区の行政府長官を大統領が任命することを定めた[7]。

また，2つ目の決定は，経済改革関連の大統領令は，現行の法律に反するものであっても，それが最高会議に提出されてから7日以内に最高会議が否決しなかった場合には，そのまま施行され，否決した場合にも，大統領提出の法案として10日以内に最高会議で審議されることを定めた[8]。

この2つの決定は，期限付きではあるものの，大統領が議会の干渉を受けずに政策を決定することを可能にし，地方の行政府長官の任命権を大統領に付与することによって，その政策の実行をも担保しようとするものであった。そして，これらの決定は，人民代議員大会で圧倒的多数で可決された。以上のことから，クーデター未遂事件後のエリツィンの国民的人気が継続していたこの時期，人民代議員の大半が急進的な経済改革を大統領が主導することを容認していたことが分かる[9]。こうして，エリツィンは，急進的市場経済化を実施するための特別権限を手に入れた。

また，大統領の行動を理解する上でもう1つ重要な特徴がある。それは，エリツィン大統領は，1991年7月の就任以来一貫して，自らが国民の直接選挙で選ばれたという事実を強調し[10]，特定の社会集団や地域に依拠するのではなく，国民全体の指導者であることを演出しようとしたということである。既存のエリートや政治制度を批判し，国民に直接訴えかけながら，党派的な利益ではなく国民全体を代表していると主張するのは，典型的なポピュリスト的政治手法であると言えるが[11]，このことは大統領にとって強みであると同時に，弱点ともなった。

第5章　市場経済化の開始と議会内ブロックの離合集散(1992年)　　123

　一方では，エリツィン大統領は，直接選挙で選出されたという自らの「民主的正統性」を強調することで，自分がロシア国民にとって最もふさわしい指導者であると喧伝し，実際そのような戦術は相当程度成功した。エリツィンの活動に対する支持は，最高会議議長に就任した1990年6月を頂点としてその後徐々に低下しており，1991年8月のクーデター未遂事件直後にはいったんその数値は回復したものの，ソ連解体後はエリツィンを支持しない人の割合が，支持する人の割合を上回った[12]。しかし，それでもエリツィンは，他の政治家と比べると国民から比較的高い支持を得ていた。エリツィンは，政治エリート間の交渉が行き詰まった際に，問題を国民投票に付して国民の支持を勝ち取り，事態を突破するという政治手法をたびたびとることになるが，それはこのような状況が前提となっていた。

　他方で，「国民全体の指導者」を目指し，特定の支持基盤の形成に力を割かなかったエリツィン大統領は，重要な政治的決断を行うたびに，自分の決定を支持する勢力を探し求める必要があった。しかし，そのようにして作られる連合は当然不安定なものであり，大統領は常にそうした連合の形成に尽力し続けなければならなかった。このことは大統領の行動における大きな制約となった。そしてこの点において，大統領は，自らの立場が他の主体との関係に大きく規定される独特の存在であり，後述する他の政治主体(議会内ブロック，地方行政府)とは異質な存在であった。

第2項　議会内ブロック

　次に，1991年末から1992年初頭にかけての議会内の状況を整理する。上記のとおり，クーデター未遂事件以降一定の期間は，人民代議員大会においても最高会議においても，多くの議員がエリツィン大統領を支持していた。しかし，中期的に見れば，それはクーデターという非常事態を経験した後の特異な状況であり，エリツィン大統領に安定的な支持基盤があったわけではなかった。人民代議員大会設立直後には，「民主ロシア」と「ロシア共産主義者」という2つの有力な勢力が拮抗しつつも，その他に多数のグループが形成され，各議員が複数のグループに所属するという状況が続いた。しかし，

議会規則が整備されるにつれ，議員はいくつかの会派へと分かれていった。

「会派」と呼ばれるのは，議会内に形成される政治的原則に基づく集団のことである。1991年10月の人民代議員大会暫定規程の改正により，50名以上の代議員が集まることで会派の形成が可能になり，複数会派への所属が禁止された。また，3会派以上が集合して「ブロック」を形成することも認められた[13]。人民代議員大会に登録されている各会派は，最高会議においてもその名の下で活動するようになり，これが議員連合の基本となった[14]。

1992年4月に招集された第6回人民代議員大会では，「改革連合」「建設的勢力」「ロシアの統一」という3つのブロックが形成された。一般的な評価としては，「改革連合」は，「民主ロシア」を中心として，急進的な市場経済化を求め，大統領を基本的に支持する勢力であった。それに対し，「ロシアの統一」は，「ロシア共産主義者」を中心として，このような急速な市場経済化に反対する立場をとっていた。ただし，1991年の私有化関連法の制定過程において，私有化を進めること自体にはコンセンサスが存在していたことからも分かるように，「ロシアの統一」の中でも，市場経済化自体に反対している者はごくわずかであった。両者の中間に位置する「建設的勢力」とどのブロックにも所属していなかった「主権と平等」会派は，中道派と位置付けられることが多い[15]。「建設的勢力」は，主に企業経営者の利益を代表する勢力から構成された。彼らは，市場経済化自体は支持していたが，企業に対する補助金供与を主張するなど，新自由主義を旨とし緊縮財政を掲げる政府とは異なる立場にあった。また，「主権と平等」会派は，主に民族的・領域的選挙区から選出された議員から構成されており，共和国の権限拡大を主張していた。図5-1及び表5-1はそれぞれ，1992年前半における最高会議と人民代議員大会におけるブロック，会派の分布である。

これらの会派・ブロックは，「主権と平等」を例外として，主に経済改革に対する志向性に基づいて形成されていた。そのため，ソ連解体以前と同様，議会内の連合は社会階層に基づき形成されたと理解できる。また，1992年4月頃の人民代議員大会・最高会議における会派とブロックの分布を見てみると，各ブロックは単独では過半数に達しておらず，議事の可決には，無所属

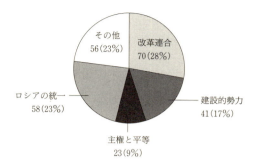

図 5-1　最高会議内のブロック・会派分布
(1992 年 5 月～6 月)

注：数値は議席数，パーセンテージは議席率を示している。
出典：*Четвертая сессия Верховного Совета РФ. Бюллетень № 64*. 29 мая 1992 г. С. 47.

表 5-1　第 6 回人民代議員大会(1992 年 4 月)における会派とブロックの構成

会　派　名	議席数(議席率) (ブロック名)
急進民主主義者 民主ロシア 無党派議員 自由ロシア 左翼センター／協力	294(27%) (改革連合)
主権と平等	64(6%)
労働者同盟／ショックなき改革 産業同盟 刷新(新政策)	170(16%) (建設的勢力)
ロシア 祖　国 (Отчизна) ロシア共産主義者 農業同盟	290(27%) (ロシアの統一)
その他	269(25%)
合　　計	1087

注：人民代議員大会の定員は 1068 名なので，各数値に若干の誤差があると考えられる。
出典：Шейнис 2005, Том. 2, 15-16.

議員や諸派(図5-1, 表5-1では「その他」に分類)を取り込むだけでは不十分で, 他のブロックとの協力が不可欠であった。

次節以降では, 1992年の1年間の政治過程を概観するが, 特に最高会議で審議が行われた3つの重要事例について, 各ブロックの投票行動を詳しく分析する[16]。ただし, この時期は, 他のポスト社会主義諸国と同様に, ロシアにおいても議員の選好は流動的であり, 各ブロックに所属する議員の顔ぶれとその数は, 大きく変化していた[17]。しかし, 資料の制約のために, どのブロックにどの議員が所属していたかを時系列に沿って追跡することはできない。したがって, 以下では, 各ブロックの勢力の変遷自体を明らかにするのではなく, ソ連解体直前の時期にある会派・ブロックに所属していた議員が, その後もその会派やブロックと同じ投票行動をとったかどうかに注目する。それによって第一に, それぞれの議会内ブロックが, どの程度議員の投票行動を統制することができ, どの程度組織としての一体性を保持していたのかという問題を考察する。また第二に, ブロック間で形成される連合はどのように変遷し, 議会内の全体的な勢力関係がどのように推移したのかという点についても考察する。

第一の点(各ブロックの組織としての一体性)を, 本書ではブロックの「凝集度」と呼ぶ。より正確には, 「凝集度」とは, ある投票におけるあるブロックの過半数の投票行動を, そのブロックの基本的な投票パターンとみなしたときに, どの程度の所属議員がその投票パターンと同じ行動をとっているかを示す値とする[18]。凝集度が最大値100%をとるのは, 当該ブロックのすべての議員が全く同じ投票行動をとったときであり, 凝集度が最小値50%となるのは, 当該ブロックに所属する議員の投票行動が二分したときである。すべてのブロックの凝集度が高い状態が一定の期間維持されれば, それらのブロックの組織としての一体性は高いと考えられ, 議会内には政党システムが安定化していくことが予想される。逆に, 一部またはすべてのブロックの凝集度が低下すれば, その分裂した勢力同士が新たな連合を形成するか, 多くの勢力が乱立した状態——サルトーリの言う「原子化」状態——となることが推定される。サルトーリは, 「それぞれのリーダーの周囲に結

集したごく小さな集団がいくつか集合した政党」を「原子化した政党」と呼び、このような政党から構成され、政党制の構造強化に先立ち、それぞれの政党が単なる「ラベル」の意味しか持たない状況を「原子化多党制」と定義した[19]。

　また、上で述べたように、この時期には単独で議会の過半数を占めるような勢力は存在していなかったので、各ブロック内部の動きだけでなくブロック間の関係の変遷を観察することが重要である。議会内で過半数を獲得するためには他のブロックとの協力が不可欠であり、どのブロックとどのブロックが協調行動をとったのかという点は、議会内の勢力図を考察する上で重要な情報である。これが次節以降の分析における第二のポイントである。特に、各ブロックの凝集度が低い場合に議会がどのような状態になるのかを分析する上で、ブロック間の関係を考察することは不可欠である。

第3項　連邦構成主体行政府

　ソ連末期、共産党の権力が相対化され、ソ連とロシアの双方で中央・地方関係が流動化したが、そのことは結果的に地方の政治主体の台頭を促した。地方においてもソヴィエト改革、共産党改革は進められ、地方レベルのソヴィエト及びその執行委員会が同レベルの共産党委員会よりも優位に立つようになっていたが、この執行委員会から組織された行政府[20]が、私有化過程で力をつけ始めた経済エリートと相互浸透しながら、地方における有力な政治主体として台頭した[21]。ソ連時代、地方の党・国家官僚は、上級機関からできるだけ多くの資材を獲得するという点において、企業と利益を共有し、企業とのネットワークを通じて権力を行使してきたが[22]、「重層的転換」が進む状況でも、政治的・経済的な既得権益を守るという点で両者の利害は一致していた。特に、私有化はソ連時代に形成された地方のエリート・ネットワークにとって脅威となりうるものであった。そのため、彼らはソ連時代からの遺産であるエリート・ネットワークを活用しつつ、急激な変化に対応しようとした[23]。そして実際、1992年以降に実施された私有化の多くは連邦構成主体と地方自治体が管轄することになったので、このエリート・ネット

ワークは大いに活用され，強力な政治マシーンが形成された[24]。

　1990年から1991年にかけて，激しい論争を引き起こした中央・地方関係の再編は，1992年3月にロシアの連邦条約が調印されたことで，1つの区切りがついた（次節で詳述）。したがって，1992年の1年間に，地方行政府が重要な政治主体として政治の前面に登場する機会はそれほど多くなかった。しかし，中央での政治対立が過熱していくにつれ，特に1993年に入ると，地方行政府の役割は急速に重要になっていった。もちろん，ロシアは広大な領域に及ぶために地域的な多様性は大きく，連邦構成主体の種類も複数あるという非対称性を内包していたため，すべての連邦構成主体が利益を共有していたわけではない。また，それゆえに，中央に対する要求の程度が連邦構成主体ごとに大きく違っていたのも事実である。例えば，資源を持ち裕福な地域は，その天然資源に対する所有権を中央に要求するのに対し，資源や産業に乏しい地域は中央からの補助金を確保しようとした。また，連邦条約では，共和国が他の連邦構成主体より優遇されたのに対し，地方や州といったロシア人地域は，すべての連邦構成主体の同権を主張するなど，行政区分ごとの主張の違いも存在した。ただし，各連邦構成主体が，モスクワでの政治的対立に大きな関心を抱いており，主権，天然資源の統制，地域の法律の優位などを主張するという点では立場は共通していた[25]。

第2節　急進的市場経済化と私有化

第1項　背　　景

　エリツィン大統領は，1991年11月の第5回人民代議員大会で承認された1年間の特別権限を梃子に，急進的な市場経済化に乗り出した。吉井によれば，社会主義的な計画経済システムを市場経済の原則に則り再編成するためには，経済システムの改革，マクロ経済の安定化，経済構造改革の3つが必要である。ソ連の社会主義経済システムの特徴は，第一に生産手段が共有（主に国有）であったこと，第二に需給の調整を価格メカニズムではなく命令

郵 便 は が き

0 6 0 - 8 7 8 8

料金受取人払郵便

札幌中央局
承　認
866

差出有効期間
H29年8月31日
まで

札幌市北区北九条西八丁目

北海道大学構内

北海道大学出版会　行

ご 氏 名 (ふりがな)		年齢 歳	男・女
ご 住 所	〒		
ご 職 業	①会社員　②公務員　③教職員　④農林漁業 ⑤自営業　⑥自由業　⑦学生　⑧主婦　⑨無職 ⑩学校・団体・図書館施設　⑪その他（　　　　　）		
お買上書店名	市・町　　　　　　　　書店		
ご購読 新聞・雑誌名			

書　名

本書についてのご感想・ご意見

今後の企画についてのご意見

ご購入の動機
　　1書店でみて　　　　2新刊案内をみて　　　　3友人知人の紹介
　　4書評を読んで　　　5新聞広告をみて　　　　6DMをみて
　　7ホームページをみて　　8その他（　　　　　　　　　　）

値段・装幀について
　　A　値　段（安　い　　　普　通　　　高　い）
　　B　装　幀（良　い　　　普　通　　　良くない）

HPを開いております。ご利用下さい。http://www.hup.gr.jp

的計画で行ったことにあったから，経済システムの改革は，この２つを変革すること，すなわち生産手段の私有化と価格の自由化を必要とした。ただし，需給調整メカニズムを急激に転換すると，社会主義時代に隠されていた需給の不均衡が露呈するため，生産の低下とハイパーインフレが生じる。新しい経済システムの下で，価格が需給調整のシグナルとして機能するためには，インフレを抑制することによってマクロ経済を安定化させることが必要であり，社会主義時代の歪んだ経済構造を修正するための構造改革も必要となる[26]。

　1992年初頭からの本格的な市場経済化は，まず，価格の自由化と国内・対外的な経済活動の自由化によって始められた。しかし，ソ連末期からのモノ不足を背景として，消費者物価は1992年1月だけで3.5倍になった。さらに，通貨供給量の抑制によって，このインフレに対応しマクロ経済を安定化させようとしていた政府・中央銀行が，その政策を断念し，徐々に通貨供給量を増加させた。そのため，年末には消費者物価は26倍にまでなった。また，それと同時に，補助金の打ち切りや，ゼロに近い輸入関税によって輸入品が国産品を駆逐したことなどの影響で，大幅な生産の低下も生じた[27]。

　この急進的な市場経済化を主導していたのは，1991年11月に副首相兼経済相に就任したエゴール・ガイダール（Гайдар, Егор Т.）を中心とする若い経済学者たちであった。ガイダールは，エリツィンの側近として信頼を得ていたブルブリス[28]が閣内に引き入れた人物であった[29]。ガイダールのチームは，新自由主義的理論の下での経済改革（緊縮財政，価格自由化，迅速な私有化）の実施を唱え，価格の自由化を行えば，ただちに新しい価格・生産均衡が生じ，市場経済へとスムーズに移行することが可能であると主張した。欧米諸国や国際通貨基金（IMF）からの支援の下で，この新自由主義的路線に基づく急進的な市場経済化が実施され，それは「ショック療法」と呼ばれた。

　しかし，このような急進的な政策は市民生活に混乱を招いたため，エリツィンに対する国民の支持は著しく低下した。ある世論調査によると，1992年2月には45％の人が彼を「完全に，またはかなり信用する」と答え，そ

の割合は 4 月には 57％にまで増加したが，同年 10 月には 27％にまで減少した。一方エリツィンを「全く，またはかなり信用しない」と答えた人は，1992 年 2 月の 18％から 10 月には 34％にまで上昇した[30]。そして，それに伴い，代議員の圧倒的多数がエリツィンを支持していた第 5 回人民代議員大会とは打って変わって，1992 年 4 月にソ連解体後初めて行われた第 6 回人民代議員大会では，エリツィン政権が主導する急進的な市場経済化政策に対する批判が強まった。

第 2 項　第 6 回人民代議員大会

　1992 年 4 月に招集された第 6 回人民代議員大会は，2 つの意味で重要な意味を持つものであった。第一に，経済改革に関して，大統領・政府は，年初から開始した急進的経済改革路線の修正を早くも迫られた。この大会で，エリツィン大統領やガイダール第一副首相(1992 年 3 月より副首相から配置換え)は，経済改革の経過について報告を行ったが，価格の自由化によるインフレが当初の予測を上回ったことを認め，農業・工業部門への補助金供与にも言及し，市場経済化の 1 つの柱である緊縮財政策を緩和することを示唆した[31]。大会は，「ロシア連邦における経済改革の経過に関する決定」を採択し，市場経済化の必要性を認めつつも，これまでの改革の経過は満足のいくものではないとして，改革を適切な形で修正するよう大統領に提案した[32]。これに対し，政府は，人民代議員大会が採択した政策を遂行する責任はとれないとして，大統領に対して突如総辞職の請願を提出した[33]。こうした政府の行動は，エリツィンにとっても「青天のへきれき」だった[34]。このように，人民代議員大会と政府が経済政策をめぐって対立したが，その後最高会議幹部会と政府の合同会議が開かれて妥協案が模索された結果，人民代議員大会は，4 月 15 日に「ロシア連邦における経済改革の支持について」という宣言を採択した。この宣言は，経済改革に向けた「大統領，最高会議，政府の行動を支持」するものであったため，ガイダールらが提起した政府総辞職は回避された[35]。

　しかし，この第 6 回大会の議員の投票行動をほぼ 1 年前の第 3 回人民代議

第5章　市場経済化の開始と議会内ブロックの離合集散(1992年)　　131

員大会のものと比べてみると，大統領，政府及びその改革路線に対する支持
は大きく低下しており，大統領を取り巻く状況は厳しいものになっていた[36]。
そのため，エリツィンは，政府の中枢を担っていたブルブリス第一副首相，
セルゲイ・シャフライ副首相などを解任し，経営者ロビーが推挙するゲオル
ギー・ヒージャ(Хижа, Георгий С.)，ヴィクトル・チェルノムィルジン
(Черномырдин, Виктор С.)，ウラジーミル・シュメイコ(Шумейко,
Владимир Ф.)などの人物を閣僚に任命し，生産部門や経営者の利益に配慮
する姿勢を見せた[37]。このように，第6回人民代議員大会での批判に直面し，
エリツィン大統領は，政府の総辞職は回避する一方で，人事面で急進的改革
路線を部分的に修正することで，これを切り抜けようとした。

　第6回人民代議員大会の第二の意義は，1991年8月のクーデター未遂事
件以降議論が停滞していたロシアの連邦条約が1992年3月末に締結され，
この人民代議員大会で承認されたことである。連邦条約は，連邦中央と連邦
構成主体の関係を規定するために作成されたものであるが，ソ連末期に作ら
れた当初の連邦条約構想では，それを締結する主体は連邦を構成する主体の
うち20の共和国のみとされていた。だが，1992年初頭に地方，州などとの
締結を視野に入れた権限区分協定構想が提案され，最終的には，上記2つの
構想の折衷案として，連邦は共和国との間に条約を結ぶだけでなく，自治州，
自治管区との条約，地方，州，モスクワ市，サンクト・ペテルブルク市との
条約という，3つの条約を締結するという形式に落ち着いた。地方，州など
のロシア人地域からすれば，連邦条約の主体となり，連邦中央との関係を条
約によって規定することができたことは，一定の成果であった。ただし，3
つの異なる条約が締結されたことが示すとおり，各連邦構成主体には完全な
平等が保証されたわけではなく，共和国のみに「主権」を認めるなどの差別
的な条項もいくつかあった。その意味で，この連邦条約は，共和国の要求に
も配慮したものであった[38]。

　また，連邦条約に付属された議定書にも，連邦構成主体ごとの主張の違い
が顕著に表れていた。一部の共和国が作成した議定書は，連邦レベルの議会
の1つの院において50%以上の議席を共和国，自治州，自治管区に割り当

てることを要求した。88 の連邦構成主体のうち，共和国，自治州，自治管区の数は 31 にすぎない上に[39]，人口面でもロシア人が 80％超と圧倒的である中で，このような議席割当における優遇措置を求めたのである。それに対し，地方，州，モスクワ市，サンクト・ペテルブルク市が署名した議定書は，すべての連邦構成主体の同権を求めていた[40]。このように，連邦条約は「主権」を認めるなどの点で共和国を優遇する一方で，連邦構成主体の同権化の可能性も残したものとなった。

　この連邦条約には，タタルスタン共和国とチェチェノ・イングーシ共和国は署名しなかった。タタルスタンは，1990 年 8 月に「主権宣言」をするなど，早い段階から権限拡大に積極的であったが，この頃になるとロシアとの間に対等な二国間関係を模索するようになっていた。連邦条約調印の直前である 1992 年 3 月 21 日に，タタルスタンでは住民投票が行われ，タタルスタンが「主権国家」で，「国際法上の主体」であることを確認した[41]。シャイミーエフをはじめとするタタルスタン指導部は，この住民投票がロシアからの離脱を求めるものではないことを繰り返し強調したが，連邦政府はロシアの一体性を脅かすものとして強く反発し，住民投票を中止するよう圧力をかけた。しかし，結局住民投票は実施され，タタルスタンの「主権」が確認されたため，連邦条約にタタルスタンは署名しなかった[42]。このタタルスタンの判断は，バイラテラリズムに基づく連邦制という考えの発端になったという意味で，非常に重要であった。

　いずれにせよ，人民代議員大会がこの連邦条約を承認したことによって，中央・地方関係をめぐる問題は一時的に収束した[43]。そのため，これ以降数ヶ月（10 月頃まで）は，大統領と政府にとっても，議会内の各ブロックにとっても，経済改革が主要な課題となり，議論はこの点に集中した。もっとも，税制の問題は棚上げにされた上に，憲法体制における連邦条約の位置付けについては複数の解釈が可能であったこともあり，中央・地方関係をめぐる問題は，新憲法制定問題が山場を迎えた時点で，再度登場することになる。

第3項　私有化法改正と私有化国家プログラム

背　景

エリツィン政権にとって，国有・公有財産の私有化は，価格の自由化とともに市場経済化を進める上で，避けては通れない重要な課題であった。私有化については，ペレストロイカの時期から既に，企業経営や所有に関する様々な法律が定められてきたが，「法律戦争」と呼ばれるソ連との対抗関係が，私有化に関するロシア独自の法律を制定することを促進した。特に，1991年7月に，前章第1節で検討した2つの法律が制定されたことが，非常に重要であった。この法律は，私有化の実施に際しては政府がその目標，優先順位，制限などを定めた私有化国家プログラムを作成し，それを最高会議が承認することを求めていた。

　かくして，1991年11月に国家財産管理委員会委員長に就任したアナトリー・チュバイス(Чубайс, Анатолий Б.)を中心に，ロシア政府は私有化国家プログラムの草案作成に着手した。そして，その草案に基づき「1992年のロシア連邦における国有・公有企業の私有化プログラムの基本規程」(以下，「私有化プログラムの基本規程」)が策定され，これは1991年12月29日の大統領令「国有・公有企業私有化の加速について[44]」で承認された。この大統領令は，「私有化プログラムの基本規程」に基づく私有化を，1992年1月1日から実施することを定めると同時に，1992年第1四半期の私有化の経過を考慮しつつ，1992年私有化国家プログラムを3月1日までに策定することを政府に求めた。しかし，作業は予定より遅れ，1992年私有化国家プログラムと私有化関連法の改正をめぐる審議が実際に最高会議で始まったのは，1992年5月末であった。

　私有化国家プログラムの作成と私有化関連法の改正を進めたのは，もちろん急進的市場経済化を主導する大統領・政府であったが，前章で述べたように，1991年7月の私有化関連法制定の時点で既に，ロシア議会内にも私有化実施に対するコンセンサスがあった。ただし，私有化の具体的方法について意見は一致しておらず，この点が主要な争点であった。

134

　大統領，政府，そしてそれを支持する「改革連合」ブロックは，私有化に関する法整備を一刻も早く実施することを重視していた。なぜなら，エリツィン政権は，国家の統制が及ばないところで私有化が進行することを危惧しており，法的枠組の確立が急務であると考えていたからである。エリツィンが，第5回人民代議員大会において急進的改革の必要性を訴えた演説で述べたように，ペレストロイカ期の法改正により生まれた新しい環境の中で自然発生的に私有化が進んでいたが，その多くは違法に行われ，しかもそこにはかつての党・国家官僚が密接に関わっていた[45]。このような状況を脱するためには，早急に法改正や私有化国家プログラムの作成を行う必要があるというのが，エリツィンらの認識だった[46]。

　しかし，急進的市場経済化がもたらした社会経済状況の混乱のせいで，大統領・政府の政策に対する批判が社会全体で高まっており，計画は政権の思惑どおりには進まなかった。特に，市場経済化政策の柱の1つである緊縮財政政策は企業への補助金を削減するものであったために，企業経営者の不満が高まっていた。実際，「ロシア産業家・企業家同盟」などの経営者団体は，1992年6月に「市民同盟」と呼ばれる社会団体を組織し，経営者の利益保護を求めて議会での発言力を拡大していき，閣内にも人員を送り込んだ[47]。そして，「ロシア産業家・企業家同盟」は，私有化関連法の改正と私有化国家プログラムの策定過程においても，経営者の利益を保護することをその主要な目標の1つに掲げた[48]。このような企業経営者の利益を議会において代表していたのが，「建設的勢力」ブロックであった。さらには，「ロシアの統一」ブロックに所属する「ロシア共産主義者」などの会派は，私有化過程において労働者を優遇することを求めた。このように，急進的市場経済化を進める大統領・政府に対し，「改革連合」は支持を表明していたものの，「建設的勢力」や「ロシアの統一」の要求はそれとは異なるものであった。

私有化法改正法と私有化国家プログラムをめぐる争点

　私有化法改正法と私有化国家プログラムの審議過程で争点となったのは，国有・公有企業を私有化するにあたり，「誰に」その所有権を委ねるかとい

う問題であった。特に，私有化される企業の労働集団（労働者）にいかなる特典を供与するかが，大きな争点となった。最高会議での審議を経て採択された私有化国家プログラムでは，以下の3つから私有化の方法を選択できることになった。

(1) 企業の労働集団構成員は，全体の25%の優先株（議決権なし）を無償で取得し，さらに，全体の10%の普通株を額面の30%引きの価格で購入できる。また，経営陣は普通株の5%を額面価格で購入できる。したがって，全体の40%までが企業従業員の所有となりうる。

(2) 企業の労働集団構成員は，全体の51%までの普通株を額面価格で優先的に購入できる。ただし，株式の無償譲渡や優遇売却は行わない。

(3) 従業員が200名以上で，固定資産価格が100万ルーブリから5000万ルーブリまでの企業に対して適用される。企業の私有化計画や倒産回避に責任を負う従業員（すなわち経営者）グループは，労働集団総会の同意を得た場合には，20%の普通株を額面価格で購入できる。この場合，全従業員は，20%の普通株を額面の30%引きで購入できる。

オスランドによれば，全体の25%を労働集団が無償で取得できるという(1)の案は，1991年末の「私有化プログラムの基本規程」で既に挙げられていたものであり，今回も政府案として準備されていた[49]。それに対し，より有利な条件の設定を要求する労働者や経営者の要求に応えるものとして，(2)，(3)の選択肢が用意された。国家財産管理委員会の中には，国有企業は国民全員のものであり，従業員にだけ特典を供与する根拠はないとして，特典供与に反対する声もあったが，結局「政治的な考慮」から特典は組み込まれることになった[50]。このことからも分かるとおり，大統領・政府は，異なる主張を持つほぼすべての勢力の意見を取り入れる形で私有化国家プログラムの作成にあたった。大統領・政府にとっては，労働者への配慮は平等の観点からというよりも，労働者の支持を得て迅速に私有化を実施するために必要な方策であった。ガイダールが「われわれにとってテンポの喪失は，許さ

136

れないぜいたくだった」と述べているように，私有化実施の速度こそが何よりも優先すべき問題であったのである[51]。

私有化法改正法をめぐる議員の投票行動

　私有化法改正法と私有化国家プログラムは，大統領・政府が望んだ私有化の迅速な実施を確保するために，多様な勢力の見解を反映したものとなった。それでは，その審議過程における各議員の投票行動はいかなるものだったのだろうか。

　1992年5月29日，最高会議ではまず私有化国家プログラムの審議が行われた。ここでは，このプログラムの基本採択が否決され，さらにエリツィンに近いシュメイコ最高会議副議長[52]が提出した修正案なども否決されたため，結局プログラムは私有化法改正法の採択後に審議されることになった。ここでは3回の投票が記名投票で行われたが，そこでの各ブロックの凝集度の平均値は，「改革連合」が64.1%，「建設的勢力」が71.9%，「ロシアの統一」が72.6%であり，後2者に比べ「改革連合」に所属する議員の投票行動に不一致が目立ったことが分かる。このことは，私有化の具体的な実施内容を定める私有化国家プログラムを，私有化関連法の改正によって法的基盤を確立する前に審議することに対し，「建設的勢力」，「ロシアの統一」は反対の姿勢で比較的一致していたのに対し，「改革連合」では意見が割れており，反対する議員も多かったことを示している。

　続いて私有化法改正法の審議が行われたが，ここでも「建設的勢力」や「ロシアの統一」からの批判が相次いだ。例えば，法案を所管する経済改革・財産問題委員会には「改革連合」の議員が多いこともあり，同委員会の意向ばかりが法案に反映され，「建設的勢力」の議員が多い産業エネルギー委員会などの意見が考慮されず，労働集団の権利も十分に反映されていないという意見が出された。そのため，最高会議は審議を1週間延期し，担当委員会が産業エネルギー委員会や社会政策委員会とともに再度法案を練り直すことになった[53]。

　私有化法改正法の審議過程では，合計で28回の記名投票が行われた。ま

第5章　市場経済化の開始と議会内ブロックの離合集散(1992年)　137

た，17の修正案が記名投票に付され，そのうち6つが採択された。全体としては，5月29日の私有化国家プログラムに関する投票とは異なり，「改革連合」が83.7%と高い凝集度を示したのに対し，「建設的勢力」は65.3%，「ロシアの統一」が65.1%と相対的に低い値にとどまっている[54]。これを個別に見ると，採択された6つの修正案のうち5つで，全ブロックの過半数の議員がこれに賛成している。他方，否決された11の修正案については，いずれもそれを提出した議員の所属ブロックでは過半数の議員が賛成票を投じたものの，残る2つのブロックが反対した。

　以上のことをまとめると，第一に「改革連合」が他の2ブロックと比べて高い凝集度を示しており，法案採択に強いイニシャチヴを発揮したということが分かる。私有化の早期実施を目指す大統領と政府が，この法改正や私有化国家プログラムの作成を主導していたから，政権を支持する「改革連合」がこの問題に対し高い凝集度を保ったのはそれほど驚くべきことではないだろう。第二に指摘できるのは，修正案が採択されたのは，すべてのブロックが基本的に賛成の立場をとった場合だという点である。つまり，「改革連合」(及び政府)は，「ロシアの統一」から提出された修正案についても，その一部には賛成することで同ブロックとの妥協を図った。同時に，「建設的勢力」と「ロシアの統一」にも，その主張の一部が受け入れられるのであれば，「改革連合」と協力する用意があったことになる。このように，私有化法の改正は，「改革連合」の主導権の下で進められたが，すべてのブロックの協調の下で成立したという点に大きな特徴がある。

　6月11日に再度審議が行われ，採択された私有化国家プログラムについては，投票は無記名で行われたため，各ブロックの投票行動を明らかにすることはできなかった。賛成は，共和国会議で72票，民族会議で63票であり，これは議員総数の約54.5%，投票した議員数の約70.3%であった[55]。

　私有化国家プログラムの策定後の1992年8月に，エリツィンは，大統領令によって，私有化企業の株式と交換できる私有化小切手(バウチャー)を全国民に配布することを定めた。当時チュバイスのアドバイザーを務めていたハーバード大学のアンドレイ・シュライファー(Shleifer, Andrei)によれば，

138

私有化を実現するためには大衆を味方につける必要があり[56]，バウチャーの
配布はそのための方策であった。こうして，1992 年から 1994 までは「大衆
私有化」の時代と呼ばれることになった。

第 4 項　ガイダール報告に関する決定

背景と決定の内容

　1992 年初頭から始まった市場経済化は急ピッチで進められた。年始から
実施された価格の自由化に加え，私有化国家プログラムと 1992 年 8 月に発
令された大統領令の下で，10 月からは私有化小切手が配布され，私有化も
本格的にスタートした。しかし，この「ショック療法」と呼ばれる急進的な
経済改革は，国民生活に大きな打撃を与え，急進的改革に対する批判は高
まっていった。こうした状況で，政府は，第 6 回人民代議員大会において産
業界を代表する人物を閣僚に登用するなどして，急進的路線を修正する構え
を見せた。しかし，1992 年 7 月には，従来の急進的市場経済化路線を今後 5
年間は基本的に踏襲することを記した「経済改革深化プログラム」という中
長期的プログラムを策定し，これを最高会議に提出した。このように，大統
領・政府は，人事面で路線変更を標榜しつつも，基本的には従来の路線を継
続しようとしていた。

　「経済改革深化プログラム」提出直後に最高会議はいったん休会したが，
再開後の 9 月 22 日と 10 月 6 日に，最高会議においてガイダール首相代行
(1992 年 6 月より第一副首相より配置換え)は「ロシア連邦の社会経済状況
及び経済改革の経過について」と「経済改革深化プログラムについて」と題
する 2 つの報告を行った。これに対し，最高会議は 1992 年 10 月 9 日にこの
ガイダール報告に関する決定を採択した[57]。この決定は，政府の非効率性や
政策の一貫性欠如のために，経済的・社会政治的情勢に安定がもたらされて
いない現状を非難し，(1)政府は，1 ヶ月以内に短期(1992 年第 4 四半期から
1993 年第 1 四半期)の具体的な危機対策措置を最高会議に提出すること，
(2)最高会議幹部会付属の高等経済会議は，1 ヶ月以内に，この危機対策措
置に関して，最高会議諸委員会，連邦構成主体の権力機関，企業，社会団体，

第5章 市場経済化の開始と議会内ブロックの離合集散(1992年) 139

研究者をはじめとする専門家の提案をまとめ，最高会議に提出すること，(3)中央銀行は，1ヶ月以内に信用・金融システムの安定化措置の提案を，最高会議及び政府に提出すること，などを定めた。すなわち，この決定は，「ショック療法」の継続を唱える「経済改革深化プログラム」を棚上げにして，政府に対し経済の危機的状況へ対応するように政策の修正を求めたものであった。そして，この決定をめぐって最高会議では白熱した議論が交わされた。

ガイダール報告に関する決定をめぐる議員の投票行動

　この決定案は，最高会議経済改革・財産問題委員会と最高会議の付属機関である高等経済会議が作成した案と，「刷新(新政策)」会派が作成した案という2つの草案が検討された後に，「刷新」案を基本として審議が進められた。「建設的勢力」ブロックに所属する「刷新」会派は，1992年半ば頃から政府の経済政策を批判して影響力を拡大していた会派であるが，ここでも審議を主導する役割を担った。そして，「刷新」を中心とする「建設的勢力」の主導的役割は，この決定案に対する投票行動にも表れている。

　審議過程では，決定の文言について計21回の投票が行われ，そのうち12の議案が採択された。このケースでは，前項で見た私有化関連法の改正の場合のように3つのブロックの投票パターンがすべて一致した場合もわずかにあったが，総じて「改革連合」に対して「建設的勢力」と「ロシアの統一」が対立するという構図が顕著であった。全21回の投票のうち，すべての勢力[58]の投票行動が賛成または反対で一致したのは6回で，「建設的勢力」と「ロシアの統一」の投票行動が一致し，「改革連合」の投票行動がそれと異なる場合は9回あった。また，私有化法改正法の場合と異なり，「改革連合」と「建設的勢力」の協力により議案が可決したことは1度もなく，両ブロックの間に見解の相違があったことがよく分かる。上述のとおり，この決定は「建設的勢力」に所属する「刷新」会派が提出したものを下地としており，採択された修正案にも「建設的勢力」は常に半数以上の議員が賛成票を投じていた。このことから，「建設的勢力」の主導権の下，同ブロックと「ロシ

アの統一」との連合によって決定は採択されたと言える。

　ただし，各ブロックの凝集度は決して高くない点は注目に値する。前項の事例と比較すると，「ロシアの統一」の凝集度はやや上昇したが(65.1%→70.5%)，「建設的勢力」の凝集度はわずかに低下し(65.3%→63.9%)，「改革連合」のそれは大きく低下した(83.7%→61.6%)。「改革連合」の議員はこの時期 70 名だったので，平均して 30 名近い議員が，「改革連合」の基本的な投票パターンとは異なる投票行動をとっていたことになる。このように「改革連合」の投票行動に分裂傾向が強まったために，それほど凝集度の高くない「建設的勢力」と「ロシアの統一」の連合によっても過半数に達し，議案の可決が可能であったと考えることができる[59]。

　このように，最高会議における投票行動を分析してみると，1992 年 10 月の段階で，「改革連合」内部にも政府主導の急進的経済改革に対する不満は高まっており，その一部の議員が「建設的勢力」に与したことが，政府に批判的な決定の採択を可能にしたことが見てとれる。ただしその一方で，「建設的勢力」の凝集度はそれほど高くなく，「建設的勢力」と「ロシアの統一」の結束もあまり強固ではなかったという点も指摘できる。既存研究は，大統領や政府の支持勢力の分裂に伴って，反対勢力が強力になっていったとみなす傾向にあるが[60]，この時期においては「建設的勢力」と「ロシアの統一」の 2 つのブロックが，最高会議において強力な反対派を形成していたとは必ずしも言えない。もっとも，エリツィンや政府にとっては，こうした議会の状況が厄介なものになっていたのは間違いなく，反対派を「改革を妨害する抵抗勢力」として非難するようになっていった。

第 5 項　急進的市場経済化の影響

　1991 年 11 月に付与された特別権限を背景に，エリツィン大統領は 1992 年初頭から「ショック療法」を実施した。本節では，この急進的市場経済化政策の経過と，それをめぐって政治エリートの連合が変容する過程を考察してきたが，この急進的な市場経済化は，その後の改革の展開に 2 つの意味で大きな影響を及ぼした。

第5章　市場経済化の開始と議会内ブロックの離合集散(1992年)　　141

　第一に，急進的市場経済化，特に私有化が，連邦構成主体行政府の台頭を
促した。1992年の後半から本格的に始まった私有化は，その対象となった
資産の80％以上が連邦構成主体または地方自治体の資産であった。連邦構
成主体行政府や企業長層は，この私有化国家プログラムの作成に直接関与し
ていたわけではなかったが，私有化の機会を大いに活用し，国有企業の多く
を獲得していった[61]。前述のように，私有化国家プログラムには3つのオプ
ションがあったが，私有化された企業の多くは，従業員が全体の51％の株
式を優先的に購入できるという(2)のオプションを選択した。これは労働者
の要求に応じて設けられたオプションであったが，労働者の多くは企業経営
に関する知識を全く持たず，獲得した株式の多くを企業長へ安値で売り渡し
た[62]。こうした「インサイダー私有化」は，ロシアの私有化の大きな特徴で
あった。また，経営者や連邦構成主体行政府は，獲得した資産を活用して，
当該地域に必要な日用品を供給するために他の地域とバーター取引を行った
りもした[63]。このような過程を経て，地方に基盤を置く経営者と協調関係に
あった連邦構成主体行政府は，私有化の過程で一層存在感を増し，1993年
以降その影響力は中央政治においても大きなものとなった[64]。

　第二には，急進的市場経済化が社会に大きな混乱をもたらしたのにつれて，
その政策を主導する政府に対する批判が強まった。本節で見てきたように，
最高会議では「改革連合」の指導力が低下し，相対的に「建設的勢力」の影
響力が拡大した。これは，政府内部の勢力関係の変化とも関係していた。こ
うした情勢の中で，経済改革をめぐる争いが徐々に政策決定の主導権(「誰
が」改革を主導するべきか)をめぐる争いへと発展し，その主導権の所在を
定めるものとして，政治制度改革の論議が再び激しくなった。次節では，こ
の問題を検討する。

第3節　政治制度改革をめぐる争いと最高会議の「原子化」

第1項　背　　景

　1992年末にかけて，政治制度をめぐる争いが激しくなったのには，市場経済化に伴う対立の激化の他に，さらに2つの背景があった。まず，1991年11月の第5回人民代議員大会でエリツィン大統領に付与された経済改革遂行のための特別権限が1年間で終了するため，その後の政策決定の方法を確定する必要があった。そのため，1992年4月の第6回人民代議員大会は，最高会議に対し3ヶ月以内に政府法を採択することを求めていた[65]。しかし，実際には審議は大幅に遅れ，この計画どおりにはいかなかった。エリツィン大統領が最高会議に提出した法案を担当委員会が承認しなかったため，最高会議は，立法委員会が作業グループ[66]と共同で再度法案を起草することを決定した[67]。そして，10月から11月にかけて，最高会議は政府法の制定と，それに伴う憲法改正に向けて審議を行った。

　それに加え，憲法委員会が進めてきた新憲法草案の策定作業も同時期に山場を迎えたために，政治制度の確定が重要な政治課題になった。憲法委員会は，1990年11月に最初の憲法草案を発表したが，その後，同委員会が策定した草案は，第5回人民代議員大会(1991年10月から11月)や最高会議(1992年2月から4月)での審議を経て，1992年4月の第6回人民代議員大会に提出された。第6回人民代議員大会は，「憲法改革の基本理念と草案の基本条項を承認」した上で，この草案に対する様々な意見や提案を考慮して新憲法草案を完成させるよう最高会議と憲法委員会に求めた[68]。これを受けて，特に1992年9月から11月にかけて，憲法委員会と最高会議は新憲法草案に関する審議を集中的に行った[69]。新憲法草案の準備は憲法委員会創設直後から進められていたが，特にその動きが活発になったのは，政府法案が審議された時期とほぽ重なっている。このように，政府法策定とそれに伴う現行憲法の改正に加えて，新しい憲法の策定作業も進んだ1992年秋以降の時

第5章　市場経済化の開始と議会内ブロックの離合集散(1992年)　143

期は，政治制度の確定が最大の政治課題であった[70]。

　ただし，以上の経過は決して順調に進んだわけではない。憲法委員会は最高会議の付属機関であったため，大統領就任によって最高会議を離れたエリツィンは，徐々に憲法委員会と距離を置くようになっていた。例えば，1992年4月の第6回人民代議員大会に向けて憲法委員会が草案を発表したのとほぼ同時期に，エリツィンが重用していたシャフライ副首相(ただし，1992年3月末に辞任)を中心とするグループも独自の新憲法草案を発表した。このシャフライ草案は，憲法委員会草案よりも強い大統領権限を規定するものであったため，エリツィンも憲法委員会草案よりもシャフライ草案を好んだと見られる。実際，大統領は，憲法委員会の草案に対して「連邦立法権力」と「大統領」について記した2つの章の修正を求めた[71]。そのため，上記のとおり，第6回人民代議員大会は，「憲法改革の基本理念と草案の基本条項を承認」することによって，憲法委員会の草案が公式の憲法草案であることを示す一方で，この2つの章について大統領の提案と意見を考慮した上で草案を完成させることも求めたのである。7月以降，大統領が再び憲法委員会の作業に積極的に関与したこともあり，大統領の権限を若干強化する修正が加えられ，新たな憲法草案が10月に憲法委員会で基本承認された[72]。さらに，それは最高会議でも審議された上で，1992年12月1日から開催されることになった第7回人民代議員大会の議題とされた[73]。

　このように，1992年末にかけて，大統領の特別権限終了に合わせた政府法の制定と現行憲法の改正という問題と，これまでの憲法改正を踏まえて新憲法草案を作成するという問題が，同時に重要な政治課題となった。特に，大統領と議会の権限区分問題が最大の懸案であり，この問題は第7回人民代議員大会で大きな山場を迎えた。なお，既存研究では，政治制度をめぐる争いは大統領制と議院内閣制のいずれかの制度をめぐる争いであり，後者を支持したのは旧体制の保存を図る勢力であったとみなされる傾向にあったが，大串が指摘するように，この時期に準備されたほとんどの憲法草案は大統領制を前提としたものだった[74]。そして，第6回人民代議員大会に提出された憲法委員会の公式草案においても，ソヴィエト的特徴を有する人民代議員大

会を廃止し，新たに二院制議会を設けることは既定路線となっていた。このように，政治制度をめぐる議論は大統領制を基本とし，その範囲内で大統領と議会の権限区分をめぐって対立があったことをまず確認する必要がある。ただし，それでもなお不確定な要素は大きく，この権限区分をめぐる対立が非常に熾烈であったことも理解しなければならない。

第2項　最高会議での政府法審議

政府法の争点

　法案審議の経過を検討する前に，まず政府法における争点と，それらに対する各政治主体の主張を整理する。表5-2は，政府法の争点とその具体的規定をまとめたものである。論点は大きく4つに分類することができるが，その中で最大の争点となったのが，(1)政府の地位と構成に関する問題であった。具体的には，政府の責任の所在(第1条)，政府の組織方法(第7条)，首相・閣僚の任免方法(第8条，第9条)といった点が挙げられる。次に，(2)政府の権限に関する問題も重要であった。この問題は，経済及び社会文化の発展分野における権限(第20条)と政府の専管事項(第23条)に関するものであった。また，政府に立法発議権を与えるかという点(第1条第4項)も大きな争点であった。

　以上は，大統領，政府，議会の間の権限区分をめぐる問題であったが，それに加えて，(3)連邦政府と連邦構成主体政府の関係(第4章)も争点の1つであった。この時期，両者の関係の基礎は，1992年3月末に締結された連邦条約にあるという考えが支配的だった。ただし，この時点で，新憲法と連邦条約の関係，すなわち，新しい憲法体制において連邦条約がどのような地位を占めるかは不確定な問題であり，それが潜在的な論争点であった。また，(4)政府及びそれを構成する首相や閣僚の活動規則を規定した部分(第6章)については，審議は技術的な面が中心であり，法案に大きな修正も加えられなかったので，以下では割愛する。

　以上の点について，どのような主張の対立があっただろうか。代表的な人物数名の見解をまとめてみよう。まず，エリツィン大統領は，特別権限が認

表5-2 政府法の争点

概　　要	具 体 的 規 定
(1) 政府の地位と構成	政府の責任(第1条)，政府の組織方法(第7条)，首相・閣僚の任免方法(第8条，第9条)
(2) 政府の権限	経済及び社会文化の発展分野における権限(第20条)，政府の専管事項(第23条)，立法発議権(第1条第4項)
(3) 中央・地方関係	連邦政府と連邦構成主体政府の関係(第4章)
(4) 政府の活動規則	政府，首相，閣僚の活動規則(第6章)

出典：筆者作成。

　められている現状を維持することを目指した。具体的には，大統領が政府を組織する権限や，また最高会議の同意なしに首相及び閣僚を任免する権限を要求し，この法案をできるだけ早く採択する必要があるという考えを示した[75]。最高会議議員の中で大統領を支持したのは，「改革連合」に所属し，経済改革・財産問題委員会委員長を務めていたセルゲイ・クラサフチェンコ(Красавченко, Сергей Н.)であった。彼は，社会経済の危機的状況を脱するためには，政府の効率的活動を助ける法律が必要であり，これを迅速に採択しなければならないとして，政府法をできるだけ早く制定する必要性を訴え，最高会議はこのような重要な決定を回避していると非難した[76]。

　これに対して，「建設的勢力」を構成する「刷新(新政策)」会派のリーダーであるアンドレイ・ゴロヴィン(Головин, Андрей Л.)は，重要閣僚の任免は最高会議の同意が必要であるという規定を政府法には含めるべきであり，そのためには憲法も改正すべきだということ，また，政府の組織については，大統領の提案に基づき最高会議が承認するという手続きを導入すべきだということを主張した[77]。また，「ロシアの統一」ブロックの一部には，大統領制を廃止して議院内閣制に移行すべきであるという意見や，執行機関は立法機関に従属すべきであるという意見もあったが[78]，そうした意見はごく少数であり，実際の審議にこうした要求が反映されることもなかった。

　以上のように各派の代表的人物の発言を見てみると，経済政策に対する選好と政治制度に対する選好が対応していることが分かる(図5-2参照)。つま

146

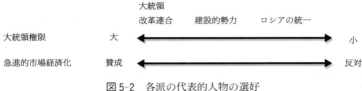

図 5-2　各派の代表的人物の選好

出典：筆者作成。

り，「改革連合」は大統領を支持し，大統領に大きな権限を与えることを主張したのに対し，「ロシアの統一」の中には大統領制を廃止すべきだとの意見も見られたように，同ブロックの見解はエリツィンから最も遠いものだった。そして，「建設的勢力」は，大統領制を基本としつつも大統領の権限をより限定的にすべきであるとの考えを示しており，「改革連合」と「ロシアの統一」の中間に位置付けられる。「改革連合」と「建設的勢力」の主張はどちらも半大統領制(semi-presidentialism)であるが，前者はシュガートとキャレイの言う「大統領・議院内閣制(presidential-parliamentarism)」であり，後者が「首相・大統領制(premier-presidentialism)」に当たるものだと言える[79]。それでは，このような選好の違いは，政府法の内容及びそれをめぐる各議員の投票行動にどのように反映されただろうか。

審議の経過

(1)の問題は，政府法における最大の争点であり，各派の主張の違いも大概はこの点をめぐるものであった。審議の結果，政府は最高会議及び人民代議員大会に対して責任を負うこと，外交，安全保障，経済分野など 8 名の重要閣僚の任命や執行権力の機構再編には，最高会議の合意が必要であることなど，概して最高会議の権限を拡大するような修正が加えられた。また，大統領の提出した修正案はすべて否決されたため，大統領側は不快感を表明した[80]。法案が可決された 11 月 13 日の審議でも，この状態ではエリツィン大統領が署名を拒否するであろうと指摘されていた[81]。

(2)については，「金融・信用制度の強化策」における政府の権限は制限される方向に修正された。他方で，最高会議の権限と重複するという理由から，

第 5 章 市場経済化の開始と議会内ブロックの離合集散(1992 年) 147

価格政策や財政政策に関する政府の権限を制限しようとする修正案が提出された が，これは否決された[82]。

(3)について政府法では，連邦政府，連邦構成主体政府がそれぞれ有する権限は明示されず，連邦政府と共和国政府の関係(第 17 条)，連邦政府と共和国以外の連邦構成主体政府の関係(第 18 条)，連邦政府と連邦構成主体政府との意見調整(第 19 条)という 3 つの条項で，両者の原則的な関係性が記されたのみであった。ただし，審議過程では共和国最高会議などから連邦構成主体の権限を拡大する，または連邦政府の連邦構成主体政府に対する権限を制限するような修正案が提出された。しかし，これらはいずれも否決された。中央・地方関係をめぐる問題を政府法の枠組において提起することについては，議会内の大多数の議員が否定的であり，議員の多くは現状を追認するという姿勢をとった。

以上の審議においては，(1)をめぐる議論が最も白熱したが，その特徴としては次の 2 点を指摘できる。まず，大統領の政府に対する権限を維持しようとする大統領の試みは，ことごとく拒否された。政府は大統領によって組織されるという規定(第 7 条第 1 項)や，首相は大統領が任免し，任命についてのみ最高会議の同意を必要とするという規定(第 8 条第 1 項)をはじめとして，大統領が提出した修正案はすべて否決された。このことは，大統領が最高会議で可決された法案に拒否権を発動する直接的な原因となり，これを受けて続いて開催された第 7 回人民代議員大会では，両者の緊張関係がさらに高まった。こうした事実は，既存研究でも指摘されてきた点である。

他方で，政府に対する最高会議の権限を拡大し，大統領の権限を制限するような修正案も，多数の賛成を得られずに否決されることが多かったという事実にも注目すべきであろう。例えば，首相の任命について，最高会議が大統領の提案した首相候補に同意せず，一定の期間に大統領が新たな候補を提案しなかった場合や，提案されてもその候補に最高会議が再度同意しなかった場合には，最高会議が首相を任命できるといった修正案は，やはり否決された[83]。このことから，最高会議はむやみに自らの権限拡大を目指したわけではなかったということも分かる。したがって，最高会議が大統領の要求に

反対し，現状より大統領権限を制限する案が採択されたという既存研究の理解は正しいものの，そのことは必ずしも，最高会議が「反大統領」という立場で団結していたということや，最高会議が大統領の案を破棄して自らの権限を拡大させたということを意味するわけではない。政府法の採択によって生じた大統領と議会の権限区分に関する変化は，より穏健なものであったとみなす方が適切だろう[84]。

政府法をめぐる議員の投票行動

それでは，以上のような審議結果の背後には，どのような力学が働いていたのだろうか。政府法案の審議過程では合計145本の修正案が投票(すべて記名投票)に付されたが，そのうち採択されたのは18本のみだった。大多数の修正案が圧倒的多数の反対で否決されたために，全体として各ブロックの凝集度は高くなっている。この事実だけを見ると，作業グループと立法委員会が準備した法案は，議員の大半の支持を得るものであり，どのブロックも法案の修正を望まなかったと理解することも可能である。そして，このような理解は，もし法案が「反大統領派」によって作成され，大統領の権限を大きく制限するものであれば，大統領と最高会議の対立激化という既存研究が提示してきた構図を支持するものと理解できるかもしれない。しかし，作業グループの構成を見ても分かるように[85]，実際の法案作成には「改革連合」の方が積極的に関与していたし，大統領が提出した修正案のみならず，議会の権限拡大に関する修正案の多くも否決されている。既存研究の理解ではこうした事実を説明できない。

他方で，可決された修正案のみに限定して議員の投票行動を見てみると，前節で取り上げた経済改革に関する2つの事例とは異なった様相が明らかになる。まず，政府法案をめぐる審議過程では，ブロック間の協調行動が失われたということを指摘できる。ソ連解体以降の議会では，どのブロックも単独では過半数には届かない状況にあったが，前節の2つの事例では，2つ以上のブロック間で協力関係があったために，過半数を得て法律や決定を採択することが可能であった。私有化法の改正では3つのブロックすべてが協調

していたし，ガイダール報告に関する決定では，「建設的勢力」と「ロシアの統一」の間に緩やかな協調関係があった。しかし，政府法案の場合にはそうした協調関係は観察できなかった。

　このようなブロック間の協調関係の喪失は，次のこととも関係している。それは，政府法案に関する投票については，どのブロックも凝集度が低く，組織的な一体性が維持されていなかったということである。「改革連合」，「建設的勢力」，「ロシアの統一」の凝集度は，それぞれ58.3％，64.1％，63.9％であり，どのブロックも投票行動がほぼ二分していた。その中でも「改革連合」の分裂傾向は著しい。「建設的勢力」の凝集度はあまり大きく変化していないが，1992年後半に凝集度が高まっていた「ロシアの統一」は，ここに来て再び凝集度を低下させた。

　図5-2で示したとおり，各ブロックの指導者の政府法案に対する選好が経済問題に対する選好と対応したものだったことを考えると，政府法案の審議過程ではブロックが議員を束ねる力は弱く，同じ社会階層出身の議員であっても政治制度に対する利益を共有していなかったことが分かる。このように，可決された修正案において，会派・ブロックは所属議員の投票行動をほとんど制約できなくなっていた。同様に，他の多くの修正案が否決された理由も，作業グループと立法委員会が作成した法案を各派が積極的に支持したためというよりは，最高会議内に緩やかながらも存在していた連合が解体し，現状（この場合は提出された法案）を変更するような多数派の形成が困難になっていたためだと考える方が自然であろう。

　このような状態は，議会が「原子化」状態に陥ったと捉えることができよう。各議員の投票行動はランダムで，同じ議員が同種の提案に対して賛成票を投じる場合もあれば，反対票を投じる場合もあった。そのため，ブロック内の凝集度は低下し，一体性を失ったブロック同士が協調する可能性も著しく低下したのである。各ブロックの指導者周辺には，小さな集団が結集してはいたが，そこには「政党」としての構造強化につながるような動きは全く見られなかった。

　だが，さらに疑問は残る。それは，多数派の形成が困難な状況において，

150

そもそも政府法が成立したのはなぜかという問題である。各ブロックの投票行動は確かに二分しているが，既存のブロック・会派を横断するような新たな連合の契機をそこに見出すことはできない。年齢，学歴，地域，所属委員会など入手可能なデータは，いずれも議員の投票行動を説明できるものではなかった。このように，議員の投票行動はランダムで，既存のブロックはいずれも分裂しつつあり，かつブロック間の協力関係も失われていた。だが，それらに代わる新たな連合が形成されることはないまま，大統領特別権限終了の期日が迫る中で，政府法案は 1992 年 11 月 13 日に最高会議で可決された。

第 3 項　第 7 回人民代議員大会

会派構成の変化

　政府法採択から 2 週間あまり後の 1992 年 12 月 1 日，第 7 回人民代議員大会が開会した。この時点で，人民代議員大会の会派構成は，前回大会とは大きく異なっていた（表 5-3 参照）。「ロシアの統一」は，第 6 回大会時と会派構成も議席数もほぼ同等であったが，中道派として 1992 年半ばから後半にかけて影響力を拡大させていた「建設的勢力」は分裂し，一部は「改革連合」から離脱した勢力と合流し，「民主センター」という新たなブロックを形成した。「改革連合」の凋落も著しく，294 名をほこった第 6 回大会時と比べて勢力はほぼ半減した。このように，第 7 回人民代議員大会では，最大勢力の「ロシアの統一」ですら全体の 3 割にも満たず，小さな会派・ブロックが乱立する状況にあった。最高会議の「原子化」状況は，人民代議員大会の会派・ブロック構成にも影響を及ぼしていた。

　この大会では 9 つの議題を審議することになっていたが[86]，その中でも次の 3 つの問題が特に重要であった。第一に，経済政策の修正に関する問題である。この問題は，本章で詳しく見てきたように，第 6 回人民代議員大会以来常にロシアにとって喫緊の懸案事項であった。この問題に関して，大会は 12 月 5 日に「ロシア連邦における経済政策の経過に関する決定」を採択した。この決定は，政府が第 6 回大会の決定を十分に履行していないというこ

**表 5-3　第 7 回人民代議員大会 (1992 年 12 月)
における会派とブロックの構成**

会　派　名	議席数 (議席率) (ブロック名)
急進民主主義者 民主ロシア 進歩のための合意	154 (14%) (改革連合)
無党派議員 自由ロシア 左翼センター／協力 主権と平等 祖　国 (Родина)	270 (25%) (民主センター)
労働者同盟／ショックなき改革	50 (5%)
産業同盟	51 (5%)
刷新 (新政策)	54 (5%)
ロシア 祖　国 (Отчизна) ロシア共産主義者 農業同盟	304 (28%) (ロシアの統一)
その他	185 (17%)
合　計	1068 (100%)

出典：Гельбрас 1993, 16-65 より筆者作成。

と，そして，政府の経済改革が市民の大半の利益に一致しておらず，社会経済にとって否定的な結果をもたらしたことなど，政府の経済政策に厳しい評価を下すものであった。このように，政府の経済政策に対する批判が高まる中で，より根源的な問題として，大統領・政府・最高会議の権限区分に関する問題，すなわち前項で論じた政府法制定とそれに即した現行憲法改正の問題が議論された。これが，第二の問題である。ここには，政府を率いる首相を新たに任命するという問題も関わっていた。そして第三に，新憲法制定の問題があった。政府法と並行して新憲法草案の審議も最高会議で行われており，その草案がこの大会に提出されていた。しかし，実際に人民代議員大会が始まると，新憲法草案の内容は審議されず，起草作業を継続することを求める決定が採択されただけであった。

152

　そこで以下では，この人民代議員大会において最も論争的であった第二の問題について，検討していく。

憲法改正と首相任命をめぐって

　11月に最高会議で採択された政府法は，大統領が拒否権を行使したためにその修正が必要となり，最高会議での審議が人民代議員大会に持ち越されていた。したがって，憲法改正の問題における最大の争点も，やはり大統領，政府，議会の関係であった。具体的には，(1)最高会議が，大統領による重要閣僚の任免に同意を与える権利，(2)最高会議が省庁を組織，再編，管理する権利，(3)政府の立法発議権，(4)人民代議員大会，最高会議，大統領に対する政府の責任という4つの問題が重要であった。そしてこれと関連して，これまでエリツィンが大統領と兼任してきた首相の役職に新たな人物を正式に任命することも，人民代議員大会の議題となっていた[87]。このように，エリツィンは，憲法改正という制度的課題とともに，ガイダールを正式な首相に据えて彼を中心とする急進改革派政府を維持できるのかという人事的課題も抱えていた[88]。

　エリツィンは，大会初日の演説で「反改革勢力から国を守る」必要性を説き，「改革」を核として諸勢力が団結することを訴えた。また，自らを「改革派」と位置付け，自分に敵対する者に「反改革勢力」というレッテルを張ることによって，反対派を非難した。このように，エリツィンは自分の主張に反対する勢力との対決姿勢を明確にした。また，政府法によって自らの権限(特に上記(1)に関して)の一部が最高会議に移ることを防ぐために，組閣手続きは現状を維持して大統領が行うことを提案し[89]，政府法の採択やそれに関連した憲法改正に反対した[90]。つまり，エリツィンは，第5回人民代議員大会で与えられた権限が終了した後，自らの強い権限を維持することを求めていた。この立場は，最高会議で政府法審議が始まったときから変わらないものであった。

　これに対し，ハズブラートフ最高会議議長の演説は，主にこれまでの政府の経済政策を批判するものであった。ハズブラートフは，市場経済化の路線

第5章　市場経済化の開始と議会内ブロックの離合集散(1992年)　153

には新古典派自由主義路線と社会志向路線の2つが考えられるが，とるべき路線は後者であると主張した。具体的には，マクロ経済の安定化や市民の労働・生活条件の改善，多様な所有関係の推進(急激な私有化に反対)などの必要性を指摘した。また，現在改革そのものに反対する者はごく少数しかいないにもかかわらず，政府の政策に批判的な者を「反改革勢力」として責任を転嫁しようとする動きがあるとして，暗にエリツィンを非難した。さらに，政府法や憲法改正の問題については，強い執行権力の必要性に言及しつつも，権力分立を厳格に維持し，「緊急」の行動は回避し，憲法を尊重する必要があると述べた[91]。

　12月5日，憲法改正をめぐる上記の争点のうち(1)について，第一副首相，副首相，外相，国防相，内相などに加え，経済関係の重要閣僚の任免は最高会議の同意を必要とするという条項(第123条)が審議されたが，憲法改正に必要な定数の3分の2(694名)にわずか4票届かず否決された[92]。12月7日にも，別の条項(第119条)でこの問題が投票に付されたが，やはり過半数は獲得したものの3分の2には到達せずに否決された。他方で，「政府は，大統領，人民代議員大会，最高会議に対して責任を負う」という第123条の規定から，「最高会議」という文言を削除するというエリツィン大統領が提出した修正案も，約300票の賛成票しか集めることができず，否決された[93]。人民代議員大会における代議員の投票行動を分析したレミントンらの研究は，第7回大会以降，人民代議員大会はエリツィン派対反エリツィン派という単一次元の対立構造が顕著になり，かつ反エリツィン派が勢力を拡大したことを示している[94]。確かに，議会の権限拡大を求める案は過半数の支持を得ており，反エリツィン派の拡大が見てとれるが，憲法改正には3分の2以上の賛成が必要だったために，結果として議会の権限を拡大する憲法改正は行われなかった。このように，最高会議の権限拡大を求める修正案も，その縮小を求める修正案も，どちらも否決されることになった。

　しかしエリツィンは，最高会議の権限拡大を求める修正案が否決されたことから，状況は自らにとって有利であると判断した。エリツィンは，大統領の権限縮小を意味する憲法改正(国防相，保安相，外相，内相の4閣僚は，

154

最高会議の同意の下で大統領が任命するというもの)を今度は自ら提案する一方で,ガイダールを正式な首相候補として指名し,ガイダールの首相就任に対する支持を求めるという取引を試みたのである[95]。このことから,制度的課題と人事的課題という,エリツィンがこの大会で直面した2つの課題のうち,彼は後者を重視していたことが分かる。しかし,このエリツィンの提示した取引は完全に失敗に終わった。エリツィンの提案に対し,人民代議員の多くは考えを翻さなかったのである。12月9日の投票では,エリツィンが提案した憲法改正案を可決した一方で,政府の経済改革は完全に破綻したとしてこれを非難し,ガイダールの首相就任を賛成467票,反対486票で否決した[96]。そのため,エリツィンの示した大幅な譲歩は,全く報われないばかりか,彼にとっては現状よりも後退する結果となった。

「憲法体制安定化に関する決定」とチェルノムィルジン内閣発足

　ガイダールの首相就任のために行った取引に失敗し,様々な批判を浴びて「完全に虚脱状態[97]」にまでなったエリツィンは,事態を打開するために,新たな戦術に打って出た。12月10日にエリツィンは,人民代議員大会及びハズブラートフと一緒に仕事を続けることはこれ以上不可能だと述べ,国民が大統領と議会のどちらの路線を支持しているのかを明らかにするために,国民投票の実施を提案したのである[98]。そして,この演説の後,エリツィンと彼を支持する人民代議員の一部は議場から退場した[99]。大統領制を導入した際と同じく,エリツィンはまたしても国民投票を通じて窮地を脱するという方法を選択した[100]。これには,ハズブラートフ最高会議議長をはじめとして多くの議員が強く反発した。そして,エリツィンの提案に対抗するために,人民代議員大会は大統領と議会の繰り上げ選挙に関する国民投票を行うべきだという声明を採択した。

　このように,大統領と議会の権限区分をめぐる対立は国民投票をめぐる問題へと飛び火し,過熱した。しかし,エリツィンがとった対決姿勢は国民の支持を得られなかった。彼は,人民代議員大会での演説後に,モスクワの自動車工場を訪れ,自分の行為に対する労働者の支持を求めたが,あまり良い

第5章　市場経済化の開始と議会内ブロックの離合集散(1992年)　155

反響を得られなかった。そして，そのことはエリツィンを譲歩へと向かわせた[101]。エリツィンとハズブラートフは，ワレリー・ゾリキン(Зорькин, Валерий Д.)憲法裁判所長官の仲裁により交渉を行い，両者は合意に達した。そしてその合意に基づき，12月14日に人民代議員大会は「ロシア連邦の憲法体制の安定化に関する決定」(以下，「憲法体制安定化に関する決定」)を採択した。こうして，事態はようやく収拾したのである。この決定は，(1)1993年4月11日に新憲法の基本規定について国民投票を行うこと，(2)本大会で採択されたいくつかの憲法改正条項を，国民投票実施まで施行しないこと，(3)最高会議は現在の三権のバランスを崩すような憲法改正案を審議しないこと，(4)首相の選出方法，など9項目を定めている[102]。エリツィンが提案した「国民が大統領と議会のどちらを支持しているのか」という国民投票の選択肢は，どちらか一方の存在意義を失わせうる非常に過激なものであったが，「新憲法の基本規定」に対する国民の支持または不支持の表明であれば，大統領と議会の直接の存在意義を問うものではないゆえに，その結果がもたらしうる衝撃の度合いは，幾分緩和された。

　そして，この決定が定めた手続きに基づき，一時停止していた首相の選出プロセスも再開した。人民代議員大会が選んだ20名の候補者のうちから，エリツィンはガイダール首相代行，シュメイコ第一副首相，ユーリー・スココフ(Скоков, Юрий В.)安全保障会議書記，ウラジーミル・カダンニコフ(Каданников, Владимир В.)ヴォルガ自動車工場長，チェルノムィルジン副首相(燃料エネルギー担当)という5名を選び，この5名について人民代議員が投票を行った。投票結果は，表5-4に示したとおりスココフ安全保障会議書記が第1位となった。「憲法体制安定化に関する決定」によれば，大統領はこの投票の上位3名の中から新首相を任命することになっていたが，軍産複合体とのつながりを持つスココフに対して急進改革派が拒否反応を示す可能性を考慮し，エリツィンは結局チェルノムィルジンを首相に任命した[103]。チェルノムィルジンは，ソ連ガス工業省(後のガスプロム)出身で1992年5月から燃料エネルギー問題を担当する副首相を務めていた。産業界とのつながりが強く，経営者層を支持基盤に持つ「市民同盟」を納得させることがで

表5-4 第7回人民代議員大会における首相選出投票の結果

候補者名	賛成	反対	棄権	投票総数
スココフ	637(69.5%)	254(27.7%)	25(2.7%)	916(100%)
チェルノムィルジン	621(67.1%)	280(30.3%)	24(2.6%)	925(100%)
ガイダール	400(42.6%)	492(52.5%)	46(4.9%)	938(100%)
カダンニコフ	399(44.2%)	470(52.1%)	33(3.7%)	902(100%)
シュメイコ	283(31.4%)	578(64.1%)	41(4.5%)	902(100%)

出典：*Седьмой Съезд народных депутатов Российской Федерации.*
Том. 4. С. 260-261 に基づき筆者作成。

きると同時に，ガイダールを中心とする急進改革派とも一緒に仕事ができるという点が，エリツィンが彼を選択した主な理由であった。

　こうして，第7回人民代議員大会に持ち込まれた様々な問題はいったん収束し，エリツィン大統領によって差し戻された政府法案も，大統領の提起したいくつかの修正案を採用し，12月22日に成立した[104]。

第4節　小　　括

　これまで考察してきた1992年の政治過程をまとめると次のようになる。1992年初頭から始まった急進的市場経済化に対する批判は，第6回人民代議員大会から第7回人民代議員大会にかけて次第に高まっていき，政治的権限をめぐる争いへと発展した。本章では，その間に最高会議で審議された3つの重要な問題について，各派の主張をまとめつつ，最高会議での議員の投票行動を分析した。第一に考察した私有化法の改正（①）は，「改革連合」がイニシャチヴをとり，他の2ブロックの所属議員を取り込みながら可決されたものであるのに対し，第二に考察したガイダール報告に関する決定（②）は，「建設的勢力」が主導権をとって「ロシアの統一」との緩やかな連合を形成することで採択された。それに対して，前節で論じた政府法の制定過程（③）では，法案の起草は各派のバランスをとりながら組織された作業グループが行ったが，修正案の審議が始まると，①，②のケースとは異なり，各派の投票行動は著しく統制のとれないものになった。

表 5-5 投票における各ブロックの凝集度

	法案作成	改革連合	建設的勢力	ロシアの統一
①私有化	改革連合	83.7%	65.3%	65.1%
②決 定	建設的勢力	61.6%	63.9%	70.5%
③政府法	三派合同	58.3%	64.1%	63.9%

出典：*Четвертая сессия Верховного Совета РФ. Бюллетень № 65.* С. 50-64; *Пятая сессия Верховного Совета РФ. Приложение к бюллетеням № 7, 8; Приложение к бюллетеням № 15, Приложение к бюллетеням № 16* を集計して筆者作成。

　この 3 つの問題の審議における各ブロックの投票行動の結果をまとめたのが，表 5-5 である。①においては「改革連合」が，②においては「ロシアの統一」が比較的高い凝集度をほこっていたが，③の政府法案の審議過程では，各ブロックともに所属議員の投票行動を統制できていない様子がうかがえる。各ブロックの代表的人物が表明した政治制度に対する選好の分布は，経済政策に対するそれと一致するものであったが，実際の審議過程では，各ブロックは所属議員の投票行動を統制できなかった。それに加えて，100 以上の修正案が提出されたため，審議は非常に混乱したものとなった。そこでは，ほぼ同じ内容の修正案が提示されても，各議員の投票行動が一貫しないことも多々あった。そのため，最初の 2 つの事例で見られたようなブロック間の協力関係が失われていっただけでなく，各ブロック内の凝集度も低下した。1992 年を通じて，大統領・政府の政策に対する批判は高まっており，総じて見れば確かに既存研究の指摘する「大統領と議会の関係の悪化」が生じたと捉えることも可能である。しかし，反対勢力から大統領の政策に対する代替案は示されなかったため，既存のブロックから離脱した議員を引きよせるような新たな連合は形成されず，結果として議会の意思決定能力が低下したということも注目すべきである。

　第 7 回人民代議員大会は，このような情勢を引き継ぎ，憲法改正と首相任命の問題をめぐって紛糾した。エリツィン大統領は，ガイダールを首相に据えるために大統領権限の縮小を提案するという取引を試みたが，これは完全に失敗に終わった。このようなエリツィンの判断の誤りには，最高会議と同

様に，人民代議員大会の投票行動も混乱状況にあったので予測が困難だった
ことが影響した。その後，第7回人民代議員大会における混乱は，「憲法体
制安定化に関する決定」によってかろうじて収束した。しかし，1993年に
入ると，そこで定められた国民投票をめぐって再び対立が激化することにな
る。

　本章の最後に，議会内のブロックが持続的に議員の投票行動を統制できず
に，議会に混乱をもたらした理由を簡単に考察しておこう。そこには，以下
の3つの理由があると考えられる。第一に，経済改革が実際に進行する中で，
ブロックを形成していた社会階層内で，改革により利益を享受する者とそう
でない者との違いが生じ始めたということが挙げられる。そのため，社会階
層内の一体性が崩れ，ブロック内の凝集度も低下した。例えば，この時期に
多くの企業は政府からの補助金に依存していたが，市場経済化の中で利益を
あげた企業は，インフレの誘因となる補助金の継続に反対したが，新しい条
件に十分適応できない企業にとっては，企業の存続のためにも補助金が継続
的に供与される必要があった。1992年後半には，経営者の利益保護を掲げ
る「市民同盟」が形成され，「建設的勢力」を経由したり，閣内に直接人材
を送り込んだりすることによって，政策決定に大きな影響力を及ぼしていた
が，「市民同盟」は組織の肥大化と対照的に，内部の一体性を失っていっ
た[105]。

　第二には，複数政党制が認められてからまだ間もなかったこの時期には，
各ブロックは組織的に脆弱であり，所属議員の政策的志向も多様であったと
いうことを指摘できる。そのため，改革が進行する中でブロック内部に利害
の不一致が生じると，各ブロックは所属議員の行動を十分に統制できなかっ
た。実際，この時期にロシアで生まれた政党・政治運動の多くは，激しく離
合集散を繰り返していたが，同じブロックに所属していても，各議員の行動
はイシューごとにバラバラであった。

　第三に，政府法案の審議過程では，一人ひとりの議員についても投票行動
が著しく一貫性を欠いたものであった。政治制度に関する各ブロックの代表
的人物の見解の違いは，他の政策分野における見解の違いとパラレルであっ

第 5 章　市場経済化の開始と議会内ブロックの離合集散(1992 年)　　159

たが，その他の大多数の議員にとって政治制度に関する問題は，そこから得られる利益や到達すべき目標があまり明確ではなかった。そのため，各議員の投票行動は非常に混乱したものとなった。そして，このように混乱した状況では，既存のブロックに代わる新たな政治ブロックの形成も進まなかった。

　かくして，社会階層に応じて形成されていた議会内会派・ブロックの影響力は弱まり，1992 年末の政府法案の審議において，大統領・政府・議会の間の権限区分が問題となった際には，各ブロックの凝集性，そしてブロック間の協調関係はいずれも失われ，最高会議は「原子化」状態に陥った。このことは，2 つの意味で重要である。第一に，従来の研究では，議会は反大統領勢力として発展していき，大統領との対立関係が先鋭化していったとされてきたが[106]，むしろ議会は分裂傾向にあった。確かに大統領はこの問題に関して強硬な態度を示し，それに対抗して議会内の一部勢力も大統領との対決姿勢を明確にしていくが，この対決姿勢に対する支持は必ずしも議会の大勢をなすものではなかった。次章で見るように，このような傾向は1993 年に入ってからも継続していくことになる。

　第二に，3 つのブロックの中で，大統領支持勢力であった「改革連合」の分裂傾向は特に顕著だったので，大統領にとって，議会内に自らを支持する多数派を形成することは著しく困難になった。また，1992 年後半は，エリツィン大統領が「建設的勢力」の所属議員や，このブロックに親和的な人材を閣内に積極的に登用していたが，同ブロックとの関係も安定したものにはなりえなかった。本章第 1 節で述べたように，大統領は特定の社会集団に依拠せずに，常に様々な形での連合形成を模索してきたが，議会内の原子化が強まると，大統領は議会の外で新たな勢力との連合を模索するようになった。

　　1) リンスらに代表されるように，エリツィンが経済改革を政治改革よりも優先させたことが，弱い国家をさらに弱体化させたと指摘するものは多い(Brown　1993, 186; Linz and Stepan 1996, 367; McFaul 2001, ch. 4)。その一方で，この時期にエリツィンが憲法制定に成功した可能性は低く，エリツィンの周囲にいた若い経済学者たちが経済改革を優先するという選択をとらせたとの指摘もある(Morgan-Jones 2010, ch. 3)。

2）例えば，Remington et al. 1994；佐藤 1998；上野 2001；森下 2001。

3）第5回人民代議員大会は，1991年7月に招集されたが，一時中断していた。

4）西村 1993, 50-51。

5）*Пятый (внеочередной) Съезд народных депутатов РСФСР, 10-17 июля, 28 октября-2 ноября 1991 года: Стенографический отчет.* 1992.（以下，*Пятый Съезд народных депутатов РСФСР*）Том. 2. С. 4-29.

6）Постановление СНД РСФСР «О социо-экономическом положении в РСФСР» // *Пятый Съезд народных депутатов РСФСР*. Том. 3. С. 263-264.

7）ここでは，共和国については規定されていない。Постановление СНД РСФСР «Об организации исполнительной власти в период радикальной экономической реформы» // *Пятый Съезд народных депутатов РСФСР*. Том. 3. С. 264-265.

8）Постановление СНД РСФСР «О правовом обеспечении экономической реформы» // *Пятый Съезд народных депутатов РСФСР*. Том. 3. С. 265-267.

9）第一の決定は，総投票数870に対し，賛成787，反対56，棄権27であり，第二の決定は，総投票数853に対し，賛成753，反対59，棄権41であった（*Пятый Съезд народных депутатов РСФСР*. Том. 3. С. 113）。ただし，サハリン州やウリヤノフスク州のように，こうした動きに反発する地方もあった（Крыштановская 2004, 119）。

10）ソ連のゴルバチョフ大統領は，人民代議員による選挙で選ばれていた。

11）Canovan 1999, 3-7.

12）Левада 2006, 403.

13）*Ведомости СНД и ВС РСФСР*. 1991. № 44. Ст. 1438.

14）各会派については，巻末の参考資料を参照。

15）以下では，「主権と平等」会派も「建設的勢力」にまとめて扱うこととする。

16）分析の方法については，Andrews（2002）を参考にした。

17）Remington 1994, 6.

18）議事が可決するには，投票者の過半数ではなく，議員総数の過半数が必要であるため，「棄権」や「投票せず」（ここには欠席者も含まれるが，資料からは区別できない）も「反対」と同一視した。

19）Sartori 1976＝2000, 132, 470。サルトーリの類型は安定的な政党制に関するものであるので，複数政党制が認められて間もないこの時期のロシアにその類型をそのまま援用することはできない。しかし「原子化」は，政党制が「構造化」される以前の状態を指す用語であることから，本書でもこの用語を用いることにする。

20）地方行政府の組織は，以下の大統領令に基づく。Указ президента РСФСР «О некоторых вопросах деятельности органов исполнительной власти в

РСФСР» // *Ведомости СНД и ВС РСФСР*. 1991. № 34. Ст. 1146.

21) Stoner-Weiss 2004, 161-164.

22) Rutland 1993; Hough 1971, 60-64.

23) Slider 1997, 105-117.

24) Hale 2003.

25) Kahn 2002, 119.

26) 吉井 2004, 27-35。

27) 田畑 2004, 44-46。

28) ブルブリスは，1991年の大統領選挙の際に選挙運動を指揮した頃から，エリ
ツィンの側近として活躍し，その後国務長官に就任した。1991年11月からは第一
副首相も兼任した。

29) Ельцин 1994＝1994，下巻，26-34；Гайдар 1997＝1998，108。

30) しかし，エリツィンの支持低下が他の人物の支持率を上昇させたわけでもない。
例えば，最高会議議長のハズブラートフに対しては，1992年4月の段階で彼を
「完全に，またはかなり信用する」と答えた人は12%，「全く，またはかなり信用
しない」と答えた人が41%であり，1992年10月には前者が5%，後者が57%で
あった（Гельбрас 1993, 78, 97）。

31) *Шестой Съезд народных депутатов Российской Федерации, 6-21
апреля 1992 года: Стенографический отчет.* (以下，*Шестой Съезд
народных депутатов РФ*) Том. 1. С. 118-139, 150-156.

32) Постановление СНД РФ «О ходе экономической реформы в Российской
Федерации» // *Шестой Съезд народных депутатов РФ*. Том. 2. С. 289-
294. この決定採択の投票結果は，賛成647，反対69，棄権28だった（*Шестой
Съезд народных депутатов РФ*. Том. 2. С. 286）。

33) Гайдар 1997, 177.

34) Ельцин 1994＝1994，下巻，43-52。

35) Декларация «О поддержке экономической реформы в Российской
Федерации» // *Шестой Съезд народных депутатов РФ*. Том. 4. С. 327-
328. この宣言採択の投票結果は，賛成578，反対203，棄権64だった。上記注
32の投票結果と比較して，賛成票も少なく，公然と反対する票が多いことが特徴
的である（*Шестой Съезд народных депутатов РФ*. Том. 4. С. 106）。

36) Шейнис 2005, Том. 2, 52-54.

37) 上野 2001, 63-68；森下 2001, 180-182；Шейнис 2005, Том. 2, 22-30.

38) 塩川 2007b, 50-54。

39) チェチェノ・イングーシ共和国を含む。同共和国は，分離独立を要求していたた
め，連邦条約には加わっていない。また，1992年6月にチェチェン共和国とイン
グーシ共和国に分離した。それに伴い，連邦構成主体の数は89になった。なお，
2000年代後半に連邦制の再編が行われ，連邦構成主体の数は83に，さらに2014
年にはクリミア共和国とセヴァストーポリ市を編入し，その数は85になった。た

だこの編入手続きについては2016年現在ウクライナとの間で係争状態にあり，国際的にもこの編入を承認していない国が多い。

40) *Из истории создания Конституции РФ.* Том. 3/3. 2008. С. 182-183, 190-191.

41) 投票率は82.07%，賛成率は61.39%であった（Хакимов 1996, 20-21）。

42) 松里 2000；塩川 2007b，122-127；Graney 2009, 32-34.

43) 続いて大会で行われた新憲法草案の審議では，連邦条約は，連邦体制を規定する憲法第4章の核心であるとされ，「主権と平等」会派や地方代表者の合意の下で，連邦条約の規定に従ってこの第4章が改正された（Румянцев 2008b, 46）。

44) Указ Президента РФ «Об ускорении приватизации государственных и муниципальных предприятий» // *Ведомости СНД и ВС РСФСР.* 1992. № 3. Ст. 93.

45) *Пятый Съезд народных депутатов РСФСР.* Том. 2. С. 13. このような私有化は，「ノメンクラトゥーラ私有化」と呼ばれた。また，ロシア語で私有化を意味する приватизация（プリヴァチザーツィヤ）を捩って，略奪・強奪を意味する прихватизация（プリフヴァチザーツィヤ）ともしばしば揶揄された。こうした私有化プロセスの実態については，Goldman（2003＝2003）も参照。

46) Гайдар 1997＝1998, 229。

47) 溝口 2005。

48) Гимпельсон 1993, 36-37.

49) Åslund 1995, 230-241.

50) Мостовой 1999, 71-72.

51) Гайдар 1997＝1998, 231。

52) シュメイコは同年6月に第一副首相として入閣した。

53) *Четвертая сессия Верховного Совета РФ. Бюллетень № 62.* 29 мая 1992 г. С. 17-27.

54) *Четвертая сессия Верховного Совета РФ. Бюллетень № 65.* 5 июня 1992 г. С. 50-64 をもとに筆者が計算。

55) *Четвертая сессия Верховного Совета РФ. Бюллетень № 66.* 11 июня 1992 г. С. 36.

56) Boycko et al. 1995; Shleifer and Treisman 2001.

57) Постановление ВС РФ «По докладам исполняющего обязанности Председателя Правительства Российской Федерации Е. Т. Гайдара «О социально-экономическом положении в Российской Федерации и ходе экономической реформы» и «О программе углубления экономической реформы»» // *Ведомости Съезда народных депутатов Российской Федерации и Верховного Совета Российской Федерации.* (以下，*Ведомости СНД и ВС РФ*) 1992. № 42. Ст. 2341.

58) ここでは，3つのブロックに加わっていない議員はすべて「その他」として1つ

第 5 章　市場経済化の開始と議会内ブロックの離合集散(1992 年)　　163

のグループと考えたので，「すべての勢力」とは，「改革連合」，「建設的勢力」，「ロシアの統一」，「その他」の 4 つを指している。

59) *Пятая сессия Верховного Совета РФ. Бюллетень № 6, 7 совместного заседания Совета Республики и Совета Национальностей.* (以下，*Пятая сессия Верховного Совета РФ. Бюллетень №*) *Приложение к бюллетеням № 7, 8.*

60) Breslauer 1993; Remington et al. 1994; McFaul 2001, 172-179; Moser 2001, 76-83; Nichols 1999, ch. 2.

61) 溝端 2004，67。

62) Barnes 2006, 75-83.

63) Herrera 2005, 150-152.

64) Orttung 2004, 49-50.

65) Постановление СНД РФ «О ходе экономической реформы в Российской Федерации» // *Шестой Съезд народных депутатов РФ.* Том. 2. С. 289-294.

66) この作業グループは，「改革連合」議員が 7 名，「建設的勢力」議員が 4 名，「ロシアの統一」議員が 2 名の合計 13 名で構成されていた。

67) Постановление ВС РФ «О проекте законов Российской Федерации «О Совете Министров — Правительстве Российской Федерации»» // *Ведомости СНД и ВС РФ.* 1992. № 32. Ст. 1885. なお，シュメイコ第一副首相も大統領公式代表として，法案の起草に強く関与した。

68) Постановление СНД РФ «О проекте Конституции Российской Федерации и порядке дальнейшей работы над ним» // *Шестой Съезд народных депутатов РФ.* Том. 5. С. 442-443.

69) その経過は以下を参照。Отчет о работе Конституционной Комиссии (июнь 1990 г. - ноябрь 1992 г.) // *Из истории создания Конституции РФ.* Том. 3/2. 2008. С. 476-478.

70) このように，現行憲法の改正と新憲法の策定が同時に進められていたという点に，この時期の特徴はある。しかし，新憲法草案が従来の制度と全く異なる新しい政治制度の構築を目指したわけではなく，1990 年に議会制度改革が実施されて以降採択された様々な法令を参考にしていた。例えば，1992 年 4 月の第 6 回人民代議員大会に提出された憲法草案には，この草案に反映された既存の法令のリストが添付された(Перечень федеральных законов и иных нормативных документов, положения которых нашли отражение в проекте Конституции Российской Федерации (в редакции от 18 марта 1992 г.) // *Из истории создания Конституции РФ.* Том. 3/1. 2008. С. 276-277)。

71) Обращение Президента РФ «К Съезду народных депутатов Российской Федерации» // *Из истории создания Конституции РФ.* Том. 3/1. 2008. С. 872. 憲法委員会において，シャフライ副首相も同様の趣旨の発言をしている

（*Из истории создания Конституции РФ*. Том. 3/1. 2008. С. 805-806)。

72) Постановление Конституционной комиссии РФ «О доработанном проекте Конституции Российской Федерации и порядке дальнейшей работы над ним» // *Из истории создания Конституции РФ*. Том. 3/2. 2008. С. 264.

73) Румянцев 2008a, 25-34.

74) Ogushi 2009, 6-7.

75) 大統領公式代表シュメイコ第一副首相の発言（*Пятая сессия Верховного Совета РФ. Бюллетень № 6*. Ч. 1. 7 октября 1992 г. С. 4-6)。

76) *Пятая сессия Верховного Совета РФ. Бюллетень № 6*. Ч. 2. С. 7-8.

77) *Пятая сессия Верховного Совета РФ. Бюллетень № 6*. Ч. 1. С. 29-30.

78) ミハイル・アスタフィエフ（Астафьев, Михаил Г.），ウラジーミル・チホノフ（Тихонов, Владимир А.）の発言（*Пятая сессия Верховного Совета РФ. Бюллетень № 6*. Ч. 1. С. 31-32; Ч. 2. С. 10-11)。

79) Shugart and Carey 1992.

80) 大統領公式代表シュメイコ第一副首相の発言（*Пятая сессия Верховного Совета РФ. Бюллетень № 16*. 11 ноября 1992 г. С. 53-54)。

81) ハズブラートフ最高会議議長の発言（*Пятая сессия Верховного Совета РФ. Бюллетень № 18*. 13 ноября 1992 г. С. 50)。

82) *Пятая сессия Верховного Совета РФ. Бюллетень № 16*. С. 40.

83) *Пятая сессия Верховного Совета РФ. Бюллетень № 15*. 6 ноября 1992 г. С. 35-36.

84) ただし当事者がどう反応したかは全くの別問題で，エリツィンは最高会議を「反改革」勢力として強く非難したのも事実である。

85) 作業グループの構成は，本章注 66 を参照。

86) Постановление СНД РФ «О повестке дня седьмого Съезда народных депутатов Российской Федерации» // *Седьмой Съезд народных депутатов Российской Федерации, 1-14 декабря 1992 г.: Стенографический отчет*.（以下，*Седьмой Съезд народных депутатов РФ*）1993. Том. 1. С. 520-521.

87) ガイダールは，実質的に政府の政策決定を主導する役割を担っていたが，形式的には 1992 年 6 月以来，首相代行という立場であった。

88) Шейнис 2005, Том. 2, 154-163.

89) この提案は，他に以下のような条件も含むものだった。(1)人民代議員大会は憲法改正に集中し，その他の立法は最高会議に任せる。人民代議員大会と憲法裁判所のみが最高会議の法律を変更・無効にできる。(2)連邦の執行・命令活動は政府が行う。政府は大統領と人民代議員大会に報告義務を負う。(3)経済分野の重要な決定は大統領が行い，それに責任を負う。(4)以上のものが採択された場合，大統領は経済改革の法的統制に関する追加権限の延長を拒否する（*Седьмой Съезд наро-*

第5章　市場経済化の開始と議会内ブロックの離合集散(1992年)　　165

дных депутатов РФ. Том. 1. С. 46-67)。

90) *Седьмой Съезд народных депутатов РФ*. Том. 1. С. 345-347.

91) *Седьмой Съезд народных депутатов РФ*. Том. 1. С. 74-93.

92) *Седьмой Съезд народных депутатов РФ*. Том. 1. С. 509.

93) *Седьмой Съезд народных депутатов РФ*. Том. 2. С. 89-97.

94) Remington et al. 1994.

95) *Седьмой Съезд народных депутатов РФ*. Том. 2. С. 105-106.

96) *Седьмой Съезд народных депутатов РФ*. Том. 3. С. 124. また，人民代議員大会は，国民投票発議権を大統領に付与するというエリツィンの別の提案も否決した。

97) Ельцин 1994＝1994，下巻，87。

98) もっとも，エリツィンの報道官であったヴァチェスラフ・コスチコフ(Костиков, Вячеслав В.)によれば，国民投票のアイデアは人民代議員大会開催前から側近の間で話し合われており，12月4日にはメディアの前でその可能性に触れる発言をしていた(Костиков 1997, 148)。

99) *Седьмой Съезд народных депутатов РФ*. Том. 3. С. 126-131. シェイニスらは，対決路線は危険であるとしてエリツィンに翻意を促そうとしたが，エリツィンの演説に関する情報を得てから12月10日の会議が始まるまでに，説得する時間を得られなかった(Шейнис 2005, Том. 2, 167-168)。

100) ある世論調査によれば，エリツィン支持者の数は，ハズブラートフの5倍に上った。このような情勢も，エリツィンに国民投票という戦術を選択させた要因になったと考えられる(Батурин и др. 2001, 250)。

101) Костиков 1997, 150.

102) Постановление СНД РФ «О стабилизации конституционного строя Российской Федерации» // *Седьмой Съезд народных депутатов РФ*. Том. 4. С. 301-303.

103) Ельцин 1994＝1994，下巻，95-101; Гайдар 1997＝1998，269-271。

104) Закон РФ «О Совете Министров — Правительстве Российской Федерации» // *Ведомости СНД и ВС РФ*. 1993. № 1. Ст. 14.

105) 溝口 2005，64-66。

106) 本章注60を参照。

第6章　権力闘争の激化と新憲法制定(1993年)

　1992年末の政治対立の高まりは，ゾリキン憲法裁判所長官の仲介の下で「憲法体制安定化に関する決定」が採択されたことで，かろうじて回避された。しかしそれも束の間に，1993年に入ると，国民投票の実施をめぐってエリツィン大統領とハズブラートフ最高会議議長の権力闘争が激化した。本章では，このように権力闘争が激化する中で憲法制定に至った1993年の政治過程を検討する。

　前章では，大統領と議会の権限区分問題が政治的議論の焦点となった1992年末にかけて，最高会議が「原子化」していったことを示した。そのような状況において，ハズブラートフは，最高会議議長が持つアジェンダセッターとしての権限を利用して，政府の政策を否定するような法案を次々と提起し，エリツィンとの対決姿勢を明確にした[1]。ルツコイ副大統領も，自分に実質的な権限がほとんど与えられないことに不満を持っており，ハズブラートフに同調するようになった[2]。これに対して，エリツィンの側でも，多数派形成が困難である上に一部の勢力が強硬姿勢を強めている議会を迂回しようとした。このように，1993年の前半の第一の特徴は，両者の舌戦が激しくなり権力闘争が過熱していったことにあった。しかしその一方で，チェルノムィルジン首相などを仲介として，妥協点を模索するために水面下で交渉も続けられたという点もまたこの時期の特徴の1つである。この相反する傾向——対立の先鋭化と水面下での交渉——が同時に存在していたということこそが，この時期の政治過程の最大の特徴であった。また，連邦構成主体がこの争いに介入しながら，自らの権限拡大を目指す動きも目立つよう

になった。大統領と最高会議指導部がともに連邦構成主体の支持を梃子に事態を自らに有利にしようとする状況に乗じて，連邦構成主体も存在感を増しながら，新憲法策定において主導権を握ろうとした。ただしその過程では，これまで先延ばしにされてきた連邦構成主体間の対立も顕在化した。

　憲法制定に向けた動きは，1993 年 4 月に実施された国民投票以降加速した。1993 年 6 月には，大統領のイニシャチヴで憲法協議会が創設され，これが新憲法草案の策定において重要な役割を果たした。1993 年 7 月に憲法協議会が憲法草案を採択した後も激しい政治対立が繰り広げられ，1993 年秋には二重権力状態とも言えるような状況が一時的に生じたが，12 月に新憲法が制定され，ロシアの体制転換過程は 1 つの節目を迎えることとなった。

　これまでと同様，本章の目的も第一に 1993 年の諸勢力の対抗関係の変遷を明らかにすること，そして第二に，「改革の連鎖」の展開を論理的に明らかにすることにある。さらに，憲法制定までを扱う本章では，3 つ目の課題として，「改革の連鎖」の結果としてどのような政治制度が形成されたのかを明らかにする。

　1993 年に入ると，最高会議では記名投票による議事の決定がほとんど行われなくなり，前章で行ったような最高会議議員の投票行動を継続的に分析することはできなかった。そこで，本章では，議会内の政治主体としては，議会の議事進行をコントロールしたハズブラートフを中心とする議会指導部，議会内ブロックとして唯一ある程度の一体性と影響力を維持していた保守派勢力「ロシアの統一」に注目し，この 2 つに大統領と連邦構成主体を加えた 4 種の政治主体が，1993 年 12 月の新憲法制定に至る過程においてどのような立場をとったのかをできる限り抽出し，成立した憲法体制の特徴を説明することを試みる。

第 1 節　権力闘争の激化

　大統領と議会の権限区分をめぐる争いは，1992 年末にはいったん収束したが，1993 年初頭からエリツィンとハズブラートフの個人的な権力闘争と

第6章　権力闘争の激化と新憲法制定(1993年)　169

いう形で再燃した。ハズブラートフは，先の「憲法体制安定化に関する決定」が定めた国民投票は社会対立を深めるだけだとして，再びその実施に反対するようになり，代わりに大統領と人民代議員の同時選挙実施を主張するようになった[3]。

　ハズブラートフは，最初からエリツィンと対立関係にあった政治家ではない。エリツィンが最高会議議長だった1991年半ばまでは最高会議副議長を務め，大統領選挙の際にも副大統領候補として名前があがるほどであり，そもそもは最高会議指導部の中でもエリツィンの堅固な支持者であった。エリツィンの大統領就任に伴い最高会議議長になったが，ソ連が解体し政府の経済政策への批判が高まった1992年以降も，ハズブラートフがエリツィン個人を直接的に非難することはそれほど多くなかった。経済政策に関しては，政府を批判しつつもその主張は「社会志向的な市場経済化」を求めるものであり，それは「建設的勢力」の主張と親和性が高いものであった。また，第6回人民代議員大会までは，「ロシアの統一」を中心とする保守派と政府との対立を調停する役割も担っていた。

　しかし，1993年に入ると，エリツィンと交渉を続けつつも，ハズブラートフの言動には「反エリツィン色」が強まっていき，その中には「ロシアの統一」の主張と重なるようなものもあった。「ロシアの統一」は，反エリツィン派を結集して1992年10月に「民族救済戦線」を結成し，エリツィン政権の政策に強硬に反対する立場をとっていた[4]。また，国民投票に関しては，ハズブラートフと同様にそれがロシア国内の対立を煽るだけであるという理由からその実施に反対し，大統領と人民代議員の任期満了前の繰り上げ選挙を要求していた[5]。

第1項　「円卓会議」の組織

　このように，国民投票をめぐる情勢は1993年に入ってすぐに不安定化したが，一方で第7回人民代議員大会の決定に従って交渉も継続していた。1993年1月11日には，この決定が求めた危機対策及び改革発展プログラムを作成することを目的として，最高会議幹部会と政府が共同で「円卓会議」

を組織した。この円卓会議は，政府と最高会議の双方がその活動の責任を負い，大統領，政府，最高会議の各代表のみならず，連邦構成主体の代表，学者，企業やその他社会団体の代表など，多様な構成から成る機関として設けられた[6]。ポーランドの「円卓会議」を模して作られたこの会議は，恒常的に大統領，政府，最高会議の意見を交換できる場となることが期待された。そこでの議論の中心は，当初は経済問題であったが，すぐに国民投票の問題へとシフトしていった[7]。

　2月に入り，ゾリキン憲法裁判所長官が国民投票の延期を提案したこともあり，2月15日に円卓会議は，新憲法の基本規定に関する国民投票の実施は不適当であるという結論に達した[8]。そこで，国民投票を含めた今後の日程と，大統領と議会の権限区分などについての合意の可能性を探るために，最高会議憲法委員会とエリツィンは互いに協定案を作成することになった[9]。

　しかし，それにもかかわらず，双方は互いの協定案を受け入れる姿勢を見せなかった。ニコライ・リャボフ (Рябов, Николай Т.) 最高会議副議長は，エリツィンの協定案は「立法権力の一方的義務のみを示している」としてこれを批判し[10]，最高会議はエリツィンが作成した国民投票の設問案にも同意しなかった。大統領側も，憲法委員会が作成した協定案は受け入れられないという考えを示した。特に，憲法委員会の協定案では，1993年11月に人民代議員大会を招集してそこで新憲法を採択するという日程が示されていたが，これに対して，「古い」人民代議員大会が新憲法を採択することは，「システムの基本的欠陥」であると言及されるなど，両者の間には憲法の内容だけでなく，憲法採択の方法をめぐっても大きな隔たりが存在した[11]。

　このように，エリツィンとハズブラートフの国民投票をめぐる交渉が難航する中で，中央における政治対立を利用する形で，連邦構成主体の指導者たちが再び存在感を増し始めた。2月から3月にかけて，共和国首長会議は，エリツィン，ハズブラートフ，ゾリキン等と会談を重ねていたが，2月9日に同会議は，国民投票は危機の回避という「憲法体制安定化に関する決定」の目的と矛盾しており，また，新憲法策定の観点からも時機を逸したものであるとして，その実施に反対する声明を発表した[12]。この声明には，チェ

チェン共和国とイングーシ共和国を除く 19 の共和国の代表が署名しており，共和国は，この問題に対してほぼ一致した立場を示した。

また，3 月 9 日にも，共和国首長会議は，国民投票の中止を決定するよう人民代議員大会に提案する声明を発表した。この声明はさらに，ロシアの連邦制は連邦条約を基盤とすることを想定しているため，この連邦条約の実現メカニズムを定めた法律を制定することが必要であり，それによって，ロシアの国家制度の法的基盤が形成されるという見解を示した。そして，国内の安定を確保するために，この連邦条約実現メカニズム法と新憲法の採択までは，現行憲法修正，国民投票，大統領や議会の繰り上げ選挙の実施を凍結し，憲法委員会の仕事も停止することを提案した[13]。このように，共和国は，国民投票に反対の立場を表明することで中央の政治に関与し始めた。そしてそれと同時に，新憲法の制定にあたっては，何よりもまず中央・地方関係の確定を優先するよう要求することによって，新憲法制定過程における存在感をアピールした。

国民投票に対しては，既に多くの議員が反対を表明していたが[14]，このように共和国までも反対の声をあげたことは，共和国をはじめとする地方勢力の取り込みを図っていたエリツィンにとっては痛手であった。反対に，国民投票を中止させたいハズブラートフにとっては，これは追い風となった。また，国民投票に関連付けて共和国が連邦制に関する問題を再び提起したために，新憲法制定に向けて，大統領と議会の権限区分だけでなく，連邦制の問題も大きな争点となった。かくして，1993 年に入り，新憲法策定という課題を媒介として，中央の権力分立の問題と中央・地方の権限区分の問題が交錯するようになった。

第 2 項　第 8 回人民代議員大会

「憲法体制安定化に関する決定」の無効化

国民投票実施の是非を議論するために，最高会議は第 8 回人民代議員大会を招集することを決め，大会は 3 月 10 日から始まった。ハズブラートフのイニシャチヴにより，大会はさらに，第 7 回大会が採択した「憲法体制安定

化に関する決定」の内容全体の無効化を目的として，この決定のその他の事項も議題として検討することにし，大統領との対決姿勢を明確にした[15]。

　この「憲法体制安定化に関する決定」について，ハズブラートフと近しい関係にあったリャボフ最高会議副議長は，次のように述べた。この決定は，人民代議員大会と最高会議による大統領への一方的妥協であったにもかかわらず，事態の改善はもたらされず，それどころか現実には対立が悪化し社会が不安定化した。また，国民投票の実施を決定したことは完全な誤りであり，この決定を無効にした上で，1994年春に大統領と人民代議員の選挙を同時に実施すべきである。そして，新憲法の策定はこれまでどおり憲法委員会が行うべきである[16]。

　また，ハズブラートフは，連邦構成主体の行政府や立法府の長を兼任する人民代議員に対し，連邦構成主体の代表として発言する機会を与えた[17]。既に国民投票に反対の意向を表明していた連邦構成主体の代表に改めてそうした発言を促すことで，国民投票を中止に追い込もうとしたのである。このようなことは，それまでの人民代議員大会においてはあまり見られないことであった。連邦構成主体の代表者たちはまず，現在の中央での政治対立が国家全体にとって脅威となっているとして，対立を即座に止めることを求めた。そして，「ロシアの運命を決めるのは最高会議でもクレムリンでもなく，連邦条約の主体である連邦構成主体であると認識することを求める」と述べるなど，連邦構成主体の存在感をアピールした。現状でまず何より優先すべきなのは，ロシアの連邦体制の基礎である連邦条約を実現するメカニズムを定めた法律の制定であり，この法律に，現状よりも地方の権限を拡大した形で中央・地方間の権限区分や，新憲法の準備や採択手続きも記すことを要求したのである[18]。さらには，1993年から1994年の間は，国民投票だけでなく，大統領や人民代議員の繰り上げ選挙も凍結することを主張した。こうした主張は，前項で述べた共和国首長会議の3月の声明とほぼ同じものであった。

　その他に，共和国出身の人民代議員数名にも発言の機会が与えられたが，彼らも同様の見解を軒並み披露した。そして，現時点での国民投票に反対であるという立場は，共和国の代表者だけでなく，ロシア人地域である地方_{クライ}や

表 6-1　第 8 回人民代議員大会(1993 年 3 月)における各勢力の立場

	国民投票	新憲法の制定	大統領及び議会の繰り上げ選挙
大統領	賛成	国民投票に「新憲法の基本規定」を付す	反対
最高会議指導部	反対	従来どおり憲法委員会で策定	賛成
連邦構成主体	反対	連邦条約実現メカニズム法で，その採択手続きを規定	1994 年まで凍結

出典：筆者作成。

州の代表からも聞かれた。このように，連邦構成主体は国民投票に反対という立場でほぼ一致していた[19]。

　表 6-1 は，第 8 回大会での主要な争点に対する大統領，最高会議指導部，連邦構成主体の立場をまとめたものである。新憲法の制定方法や，大統領及び議会の繰り上げ選挙に対する考えは，最高会議指導部と連邦構成主体で異なっていたが，大統領が主張する国民投票の実施に反対という点では両者の主張は一致していた。そのため，ハズブラートフは，まず国民投票を中止させるために連邦構成主体の意向を取り込むことを決断した。結果として，大会に提出されたいくつかの決定案の中で，大会が実際に審議した決定案は連邦構成主体の意向を強く反映したものであった[20]。

　これに対して，エリツィンもなんとか国民投票の実施にこぎ着けようと妥協案を提示した。1993 年初頭からエリツィンは，1992 年末の合意を反故にしようとするハズブラートフを非難し続けていたが，議会指導部や地方勢力が国民投票反対に傾く中で，強硬な態度を貫くことは難しくなっていた。そこで，国民投票を 4 月 25 日に延期した上で，その設問を「新憲法の基本規定」ではなく「憲法改革の基本問題」に関するものへと変更することを提案して，なんとか国民投票の実施を確保しようと努めた[21]。大統領の提案どおり，国民投票の設問が「憲法改革の基本問題」となれば，新しい憲法の制定のみならず，現行憲法の改正もその対象となりうる。これは，現状と新憲法との間の急激な断絶を心配する勢力を取り込もうと大統領が提示した妥協案であった。またエリツィンは，もし自分の提案が採択されなければ，政治状

況の安定を保持するために「追加的措置」をとるとも発言し，人民代議員に対して脅しをかけた[22]。しかしその甲斐もなく，大統領の提案は，賛成286，反対422，棄権121で否決された[23]。大統領が第7回大会で提起した国民投票への批判は根強く，その延期や設問の変更をしたからといって，国民投票の実施は多くの人民代議員にとって容易に受け入れられるものではなかった。

　このような経緯を経て，3月12日から13日にかけて，人民代議員大会は2つの決定を採択した。まず，第7回大会で採択された「憲法体制安定化に関する決定」を無効とし，大統領，最高会議，憲法委員会は，3ヶ月以内に合意に達した上で，新憲法草案の基本規定を連邦構成主体に送付すること，そして，現時点で国民投票を実施することは「妥当ではない」ため，国民投票の問題は新憲法草案の基本規定を連邦構成主体に送付した後に再度審議することが定められた。さらには，第7回人民代議員大会で採択されたが，「憲法体制安定化に関する決定」によって国民投票まで施行を保留するとされていた議会権限の拡大に関する憲法改正の規定を有効とすることや，新憲法草案を策定する際に連邦構成主体の提案を考慮するための仕組みを整備することも定められた[24]。こうして，第8回人民代議員大会では，連邦構成主体の要求を取り込みながら，最高会議指導部が求めた内容がほぼそのまま決定に反映されることになった。

連邦構成主体の影響力拡大

　以上のように，この決定の採択過程においては，連邦構成主体の影響力が急速に拡大したことを指摘できる。モスクワで憲法の権限をめぐり大統領と議会の一部勢力が対立することは，国家の分裂をも招きかねない深刻な事態であることは誰もが認識していた。というのも，ソ連の解体を直前に経験していたために，ロシアもまた解体してしまうのではないかという危惧は多くの人々にとって非常に現実的で，差し迫った危険のように思われたからだ。そのような状況において，1993年初頭から，連邦構成主体は大統領と最高会議議長の双方と会談を重ねるなど，この問題に積極的に関与し始めたのである。エリツィン大統領にとっては，国民投票を全国で実施するためには連

第 6 章　権力闘争の激化と新憲法制定(1993 年)　　175

邦構成主体の協力が不可欠であった。前章で述べた最高会議の原子化により議会での支持基盤確保が困難になっていたことも，連邦構成主体の重要性を高めていた。一方，最高会議指導部も，第 8 回人民代議員大会前から国民投票に反対の立場を表明していた連邦構成主体を取り込もうとした。ハズブラートフが人民代議員大会において連邦構成主体の代表者に演説の機会を与えたことは，そのような文脈から理解できる。実際に，第 8 回大会が採択した決定には，連邦構成主体の主張が組み込まれたのであった。このことからも，議会指導部による地方勢力の取り込みの意図が透けて見える。

　しかし，連邦構成主体の側には，ハズブラートフと協力したり，中央での対立を諫めたりするという意図以上に，この対立状況に乗じて，連邦構成主体の地位を向上させようとする意図，もしくは少なくとも憲法制定過程における自らの存在感をアピールしようとする意図が見られた。彼らは，しばしば「連邦条約の実現メカニズムを定めた法律の制定が最優先事項である」という趣旨の発言をし，連邦条約を中心に連邦制を構築することを前提とし，それに法的根拠を付与しようとした。そして，新憲法の制定は，この法律の制定後に連邦構成主体が参加した上でなされるべきだと主張した。驚くべきことに，このような発言をしたのは，連邦条約によって優遇されていた共和国だけではなかった。それまですべての連邦構成主体の同権を主張し，共和国と対立していた地方や州というロシア人地域の代表からも，同様の主張が見られたのである。

　大統領と議会指導部の双方が，連邦構成主体との協力を求めたことは，当然連邦構成主体の利益を実現する上で有利な状況を生み出したと言えよう。しかし，連邦構成主体が 1993 年に入り影響力を拡大した理由は他にもある。それは，第 5 章で述べたように，各連邦構成主体の行政府が，そこを拠点とする企業経営者との間に強い協力関係を築いていたことに起因する。ペレストロイカ以降に進んだ私有化過程は，ソ連時代からの既得権益を持つ地方エリートにとっては脅威となりうるものであったが，彼らの多くは既存のネットワークを活用し「インサイダー私有化」を進める中で，むしろ私有化によってさらなる利益を享受した。特に，1992 年夏以降に始まった私有化で

は，その対象となった資産の 80%以上が連邦構成主体または地方自治体の資産であっただけに，連邦構成主体行政府の影響力は非常に大きなものとなっていたのである[25]。こうした傾向は，市場経済化の過程で利益の対立が激しくなり影響力を低下させた議会内ブロックとは対照的であった。

このように，連邦構成主体行政府の利益集約機能（ヘイルの言う「政治マシーン」の機能[26]）は，その他の政治主体と比べて相対的に高かった。それ以前にも，連邦構成主体は様々な形で権限拡大を図ってきたが，特に 1993年初頭以降にその影響力が高まっていった背景には，このような事情があった。

第 3 項 「特別統治秩序に関する大統領令」

1993 年 3 月 12 日から 13 日にかけて第 8 回人民代議員大会が採択した決定は，国民投票の当面の中止と大統領権限の縮小を定めたので，これに反発したエリツィンは，3 月 20 日に突如テレビ演説を行った。その演説で，エリツィンは，現在のすべての問題の根源は，執行機関と立法機関との対立ではなく，「国民と，ボリシェヴィキ的で反国民的な旧体制との深刻な対立」にあるとして，後者に当たる人民代議員大会を激しく糾弾し，「権力危機克服までの特別統治秩序に関する大統領令」（以下，「特別統治秩序に関する大統領令」）に署名したことを明らかにした[27]。この大統領令の作成は，大統領の諮問機関であり，政策決定において重要な役割を果たしていた安全保障会議においても議題とされず[28]，シャフライなどエリツィン周辺のごく少数の補佐官によって極秘に進められたものであった[29]。この大統領令は結局公表されなかったが，エリツィンによれば，それは(1)4 月 25 日に大統領と副大統領の信任投票[30]と，新憲法草案及び（現在の議会に代わり新設される）連邦議会選挙法案の投票を行うこと，そして(2)大統領令，大統領命令及び政府決定の取消しまたは執行停止を求める決定は，どの機関のものであれ法的効力を持たないことを定めるものだった。

この「特別統治秩序に関する大統領令」は，事実上大統領の決定を絶対的なものにし，人民代議員大会や最高会議を機能停止とするものであったので，

最高会議指導部や「ロシアの統一」が反発したのはもちろんのこと，議会の外でも激しい反発を招いた。最高会議幹部会は，大統領の演説と同日に「ロシア連邦の市民へ」と題した声明を発表し，大統領の行為は「権威主義的な独裁確立の試み」であって憲法に違反しており，同時に国民の死活的利益にも反していると訴えた[31]。また，翌日に開かれた最高会議において，チェルノムィルジン首相はエリツィン大統領の行為を直接的に評価するような発言を控えたが，ルツコイ副大統領やゾリキン憲法裁判所長官はこれが憲法違反であると述べた。また，スココフ安全保障会議書記は，安全保障会議や大統領との個人的会談でも，これまでこのような方法が話し合われたことはなかったと述べ，この大統領令案は社会に深刻な結果をもたらすと考えて，それに連署することを拒否した旨を報告した[32]。そして最高会議は，憲法裁判所に対して大統領の行動及び決定の合憲性を審査するよう求めると同時に，この大統領令作成に関わった人物の責任問題を検討するよう検事総長に求めた[33]。

　このように，大統領と最高会議の双方が，自らは「国民」の側に立って憲法体制を守っているとしてその正統性を主張し，相手を「反国民的」，「反憲法的」であると批判し合った。体制転換期には政治の「ゲームのルール」自体が不確定で，プレイヤーが勝手にルールを変更してしまうということが起こりうる。そして，ロシアで実際に起きた出来事の多くにも，そうした傾向を見てとることができる。しかし，「特別統治秩序に関する大統領令」をめぐる大統領と最高会議の一連のやりとりは，それとは一線を画すものであった。それは，相手方が「ゲームのプレイヤー」であること自体を否定しようとする試みであった。当然，両者の主張は完全に相容れないものとなり，これまで以上に妥協点を見出すことは困難になった。

　ただし，この「特別統治秩序に関する大統領令」，特に上記の(2)の規定は憲法違反の可能性が高かったので，ルツコイ副大統領やスココフ安全保障会議書記をはじめとする大統領周辺からも反対の声があがった。ルツコイ副大統領は，最高会議での報告に加え，ゾリキン憲法裁判所長官，リャボフ，ユーリー・ヴォロニン(Волонин, Юрий М.)という2人の最高会議副議長，

ワレンチン・ステパンコフ(Степанков, Валентин Г.)検事総長とともに，合同記者会見を開いて「特別統治秩序に関する大統領令」に反対の立場を表明した。このように自らの側近からも反対の声があがったことは，エリツィンの立場を不利にした。また，エリツィンは，先のテレビ演説において連邦条約の効力は維持されると述べることで，連邦構成主体に対して配慮を示していたが，「特別統治秩序に関する大統領令」に対しては連邦構成主体からの支持も得られなかった。1992年12月の国民投票の提案に始まり，この頃のエリツィンの行動はしばしば即興的で事前の調整を伴わないことが多かったが，「特別統治秩序に関する大統領令」を発表する前に，このように自分の側近や連邦構成主体からの支持すら取り付けていなかったことは，エリツィンの大きな失敗だった[34]。さらに，3月23日には，憲法裁判所もその内容を違憲とする判断を下した[35]。そのため，後に実際に公表された別名の大統領令[36]では，(1)大統領の信任投票のみを行う，(2)憲法裁判所の裁定なしに大統領令・命令の取消しを求める決定は法的効力を持たない，という内容に変更されており，実質的に「特別統治秩序に関する大統領令」は取り下げられることになった。

第4項　第9回人民代議員大会

大統領と最高会議議長の解任問題

多方面からの反対により「特別統治秩序に関する大統領令」は撤回されたが，最高会議は第9回人民代議員大会を3月26日から開催することを急遽決定した。そこでは，当然エリツィン大統領に対して厳しい非難の声が浴びせられたが，それでもなおエリツィン大統領とハズブラートフ最高会議議長の間では，事態を打開するために水面下で交渉が続けられた。

大会では，まず，1992年12月の第7回人民代議員大会以降「第三勢力」としてしばしば対立の調停役となっていたゾリキン憲法裁判所長官が，憲法危機を脱出するメカニズムとして以下の10項目を提案した(表6-2参照)。この提案の中で特に重要な点は，まず，1993年秋に大統領，人民代議員の繰り上げ選挙を実施するが，本来の任期が終了するまで人民代議員の身分を保

179

表 6-2　ゾリキン憲法裁判所長官の提案

1. 人民代議員大会は，国民主権，人権尊重，連邦制，権力分立などのロシアの憲法体制の基本原則の堅固さを確認する。
2. 人民代議員大会は，憲法体制の原則に関する文書案及び新憲法草案の準備や，憲法草案の国民投票への提起に連邦構成主体が参加することについて，決定を採択できる。
3. 憲法第 104 条及び第 109 条〔筆者注：人民代議員大会，最高会議の権限〕の規定は，憲法第 1 条及び第 3 条の権力分立原則と合致しなければならない。
4. 人民代議員大会を廃止し，二院制議会の選挙を実施するための憲法的法律を採択する。
5. 選挙法，国民投票法，政党法，社会団体法，憲法裁判所決定の不履行に対する責任法を至急採択する。
6. 大統領，人民代議員の繰り上げ選挙の可能性に関する憲法改正を行い，大統領の合意の下でその実施日を 1993 年秋とする。
7. 新しい選挙までの期間，職業主義と国民的合意という原則に基づいて，政府を強化する。
8. 人民代議員大会は，大統領，人民代議員大会，最高会議に付与された権限の堅固さを確認しなければならない。この点について，憲法第 104 条と第 109 条の適当な改正の後，憲法改正を一時停止する。
9. 人民代議員は，その任期中はその地位や議員活動の保証が保たれる。
10. 大統領の声明及び大統領令の準備に際して，大統領に誤った行動をとらせた人物は，解任され，責任をとらなければならない。

出典：*Девятый （внеочередных） Съезд народных депутатов Российской Федерации, 26-29 марта 1993 г.: Стенографический отчет.* (以下，*Девятый Съезд народных депутатов РФ*) 1994. M. C. 31-32.

証するとしたことである（第 6 項，第 9 項）。これは，任期満了前に失職する可能性を恐れる人民代議員への配慮であった。また，新憲法策定作業に連邦構成主体の代表を参加させることにより，連邦構成主体の合意も確保しようとした（第 2 項）。さらに，反大統領の立場を強める勢力に対しては，政府権限の強化（相対的に大統領の権限は制限される）も提案している。しかし，この提案，特にその第 10 項の内容は，エリツィンにとって受け入れがたいものであった。

　そこでエリツィンは，ゾリキンの提案を支持するとしながらも，憲法危機の解決に最も重要なのは新憲法の採択であるとして，独自の見解を述べた。まず，その採択すべき新憲法草案としては，1992 年 4 月の第 6 回人民代議員大会で採択されたものに立ち返ることを主張した。これは，第 7 回人民代議員大会以降の憲法改正が大統領権限を縮小する方向で進んでいたために，その内容が新憲法草案に影響することを防ごうとするものであった。また，

今日の最大の問題は経済にあるが，これまでの改革路線は「社会志向性」が不十分であったとして，従来の路線を修正する必要性を訴えた。そして，政府がこの経済政策の新しい路線を主導する上で，連邦構成主体の人材や責任ある政治勢力を活用する必要があると述べた[37]。改革の「社会志向性」という言葉は，これまで「建設的勢力」やハズブラートフが政府の経済政策を批判する際に多用してきたキーワードであった。エリツィン自身が改革修正の必要性をこれほど明確に示し，「社会志向性」の重視を訴えたことは，経営者層を支持基盤とする中道派勢力への配慮であったと言えよう。議会内ブロックとしての中道派（「建設的勢力」）は，既に分裂し力を失いつつあったが，チェルノムィルジン首相をはじめとして閣内にもかなりの中道派勢力が入っていたため，エリツィンはこうした勢力をつなぎ止める必要があった。また，この演説では，連邦構成主体の人材を政府に登用することも示唆されており，連邦構成主体への配慮も明らかであった。

　一方，議員の構成が変わりつつも，1993年に入っても議会である程度の影響力を保持していた「ロシアの統一」は，「特別統治秩序」演説以降エリツィンへの批判をさらに強め，連邦構成主体を取り込んで大統領の弾劾を実現しようとした。しかし，連邦構成主体の側は，この問題について議会内勢力に利用されることを嫌った。連邦構成主体は，第8回大会のときには国民投票に反対の立場から最高会議指導部と歩調を合わせたが，表6-1に示したようにその他の点については意見が異なっていた。そのため，今回は連邦条約の実現を重視して議会の反エリツィン強硬派とは異なる立場をとり，大統領の弾劾に反対した。そのため，大統領弾劾問題をこの大会の議題とすることは，いったん却下された。

　そうした中，チェルノムィルジン首相による仲介の下で[38]，エリツィンとハズブラートフは共同で「権力危機の克服とロシア連邦の憲法体制の維持に関する決定案」を作成した[39]。決定案作成にあたり，エリツィンは，大統領による憲法違反は「許容できない」という文言を入れることを承諾した。また，ゾリキンとチェルノムィルジンの説得により，ハズブラートフが主張していた議会と大統領の同時選挙も受け入れた。他方で，ハズブラートフの側

は，この同時選挙で組織される新たな議会が「二院制議会」となること，すなわち，既存のものとは異なる新しい議会制度が作られ，人民代議員大会は解体されることを容認した。

　ハズブラートフが人民代議員大会の解体を認め，新たな議会の選挙を準備しようとしたことは，多くの議員の反感を買った[40]。さらに，「特別統治秩序に関する大統領令」を発表したエリツィンと交渉を行ったこと自体が，そもそも多くの議員には受け入れがたいものだった。そのため，この決定案に賛成票を投じたのはわずか 130 名であり，反対票 687 票により否決された[41]。ハズブラートフは，最高会議議長としての権限を利用して議事の進行をコントロールすることはできたが，議会内の支持基盤は堅固でなかった[42]。そのため，大統領との水面下での交渉で合意に達することはできても，そうした行動に対して議会内で支持を得られないというジレンマに陥っていた。

　大会は，この決定案を否決した後，一度棄却された大統領弾劾問題を再び議論することにした。さらに今度は，ハズブラートフ最高会議議長の解任問題も同時に取り上げることになった。この両者の解任動議は，ともに「ロシアの統一」の保守派議員イサコフが提出したものであった。エリツィン大統領弾劾問題を議題として取り上げるか否かを決定する投票は，過半数の 594 票の賛成により可決された。だが，エリツィン弾劾を採択するには人民代議員総数の 3 分の 2（689 票）以上の賛成票が必要であったため，大統領の弾劾が成立する見通しは低かった[43]。そして実際，賛成 617 票，反対 268 票によりこの動議は否決された。また，ハズブラートフ議長の解任問題は，可決するためには人民代議員総数の過半数が必要であったが，賛成 339 票，反対 558 票で同じく否決された[44]。

　この両者の解任問題に対する投票結果が示すものは，いささか複雑である。まず，エリツィンの解任問題は，確かに過半数の議員が賛成しており，議会内でのエリツィン支持勢力の弱体化，そして反エリツィン勢力の拡大は明らかであった。また，ハズブラートフの解任動議が提出されたことは，ハズブラートフの支持基盤もかなり脆弱であったことを示している[45]。他方で，「特別統治秩序に関する大統領令」が議会を無力化しうる内容だったにもか

182

かわらず，エリツィン弾劾問題に3分の2以上の票を集められなかったこと
は，この採決のイニシャチヴをとった保守派勢力も，それほどの影響力を持
たなかったことを示している。そして，保守派勢力は，ハズブラートフ解任
にも結局失敗した。ここでもやはり，1992年末以降の最高会議・人民代議
員大会が，「反エリツィン勢力」として一致団結していたというよりは，原
子化し，混乱した状況にあったことを確認することができる。

国民投票実施へ

こうして，保守派による大統領と最高会議議長の解任の試みはともに失敗
したため，事態はまたしても国民投票実施に向けて動き出した。この段階に
なって，ハズブラートフも保守派勢力も，それまで反対していた国民投票の
実施を受け入れざるを得なくなったが，今度はその設問を変更しようとした。
　4月25日に実施が決まった国民投票では，国民は4つの設問に投票する
ことになった。表6-3に示したのが，その設問の内容である。「あなたはエ
リツィン・ロシア連邦大統領を信任しますか？」という最初の設問は，エリ
ツィンが3月20日のテレビ演説後に実際に公布した大統領令（「権力危機克
服までの執行機関の活動に関する大統領令」）の中で既に提示していたアイデ
アであったが，これと関連する問題として「あなたは1992年からロシア連
邦大統領とロシア連邦政府により進められている社会経済政策を承認します
か？」という第二の設問が追加された。社会経済政策は，必ずしも大統領と
政府のみが責任を負っているわけではなく，立法作業を行っている最高会議
や人民代議員大会にも責任の一端があると考えられるが，保守派勢力は，こ

表6-3　1993年4月25日の国民投票の設問

---

(1) あなたはエリツィン・ロシア連邦大統領を信任しますか？
(2) あなたは1992年からロシア連邦大統領とロシア連邦政府により進められている社会経済政策を承認しますか？
(3) あなたはロシア連邦大統領の繰り上げ選挙実施が必要であると思いますか？
(4) あなたはロシア連邦人民代議員の繰り上げ選挙実施が必要であると思いますか？

出典：Постановление СНД РФ «О всероссийском референдуме 25 апреля 1993 года,
порядке подведения его итогов и механизме реализации результатов референдума» //
Девятый Съезд народных депутатов РФ. С. 463-466.

第6章　権力闘争の激化と新憲法制定(1993年)　　183

のような設問を設けることで，厳しい状況が続く社会経済の責任をすべて大統領と政府に負わせようとした。また，第三，第四の設問は，大統領と議会それぞれの繰り上げ選挙の必要性を問うものであった。

　このように，1993年初頭以降の政治的混乱を経て国民投票で問われることになった内容は，1992年12月の「憲法体制安定化に関する決定」に規定されていたもの(新憲法の基本規定)よりも，「大統領と議会の対立」という構図をより強調するものになったと言える。「大統領と議会の対立」が激化することは，国民投票に批判的な勢力がまさに国民投票に反対する理由として挙げていたということを考えると，これは皮肉な結果であった。しかし，交渉を続けつつも互いを激しく非難し合うというこの時期の双方の行動は，結果的に対立を先鋭化する方向に作用し，その分だけ双方がとりうる選択肢も限定されていった。

第2節　国民投票

第1項　国民投票の結果

　ここまで，国民投票の設問内容をめぐる議論を見てきたが，それに加えて，国民投票実施の手続きも1つの争点であった。すなわち，国民投票の結果を「支持」とみなすためには，有権者の過半数の賛成票が必要か，それとも投票者の過半数が必要かという問題である。憲法裁判所の決定により，憲法改正と関係のない(1)と(2)の問題については，投票者の過半数で「支持」とみなされることになった。これは，常識的な判断であると考えられるが，エリツィンにとっては当然追い風となった。

　国民投票の実施が確定してから投票日の4月25日までは1ヶ月ほどの期間しかなかった。しかしエリツィンは，この間に様々な団体と会談を重ね，また，「ばらまき」的政策を次々と大統領令で発することにより，この国民投票の4つの設問に対し「ダー，ダー，ニェト，ダー」と投票するよう，国民に積極的に呼びかけた[46]。投票の結果は，表6-4に記したとおりである。

表 6-4　1993 年 4 月 25 日の国民投票の結果

設問	総投票数(%)	賛成票数(%)	反対票数(%)	無効票数
(1)	68,869,947(64.2%)	40,405,811(58.7%)	26,995,268(39.2%)	1,468,868
(2)	68,759,866(64.1%)	36,476,202(53.0%)	30,640,781(44.6%)	1,642,883
(3)	68,762,529(64.1%)	34,027,310(31.7%)	32,418,972(30.2%)	2,316,247
(4)	68,832,060(64.1%)	46,232,197(43.1%)	20,712,605(19.3%)	1,887,258

注：設問の内容は，表 6-3 を参照。
出典：Сообщение Центральной комиссии всероссийского референдума об итогах референдума, состоявшегося 25 апреля 1993 года // Румянцев, О. Г.（общ. ред.）*Из истории создания Конституции Российской Федерации. Конституционная комиссия: стенограммы, материалы, документы（1990-1993 гг.）*（以下，*Из истории создания Конституции РФ*）М. Том. 4/1. 2008. С. 851-852.

大統領と議会の繰り上げ選挙に関する(3)と(4)の設問は，賛成票がいずれも過半数を下回ったため，すべてがエリツィンの意図どおりの投票結果となったわけではなかった。しかし，この 2 つについては，エリツィンは第 9 回人民代議員大会の際に行われたハズブラートフとの交渉過程で既に受け入れていたし，より重要な問題であった(1)と(2)は，エリツィンの目論見どおり過半数に達したので，概してこの結果は大統領を信任するものであった。

　他方，保守派勢力にとっては，これは予想外の結果であった。特に，厳しい社会経済状況を反映して，(2)の設問に国民は反対票を多く投じるだろうと期待されていたが，その期待は裏切られた。この頃の世論調査では，政治全体に対する不信感が非常に高まっており，エリツィンの支持率も決して高くなかったが，それ以上に国民の議会に対する不信感は強かった。そのような大統領への消極的支持が，この投票結果に表れたと言えよう。エリツィンが国民投票という手段に訴えて事態を打開しようとしたのも，まさにこのような状況に鑑みてのことであった。こうして，1991 年に大統領制導入について行われた国民投票に続いて，またしてもエリツィンは国民投票を利用して，自らに有利な状況を生み出すことに成功した。

　次に，連邦構成主体ごとの投票結果に目を転じてみよう。投票が行われなかったチェチェン共和国を除く 88 の連邦構成主体の(1)と(2)の設問の投票結果を見てみると，次のような傾向を見出せる。まず，モスクワ市，サンク

表 6-5　国民投票において賛成票が 50%未満であった
連邦構成主体の数

行政区分（連邦構成主体の数）	設問(1)	設問(2)
共和国(20)	10(50%)	12(60%)
地方・州(55)	15(27%)	27(49%)
連邦的意義を持つ市(2)	0(0%)	0(0%)
自治州・自治管区(11)	1(9%)	1(9%)
合　計(88)	26(30%)	40(45%)

注：共和国はチェチェン共和国を除いた数である。
出典：*Из истории создания Конституции РФ.*
Том. 4/1. 2008. C. 853-856 をもとに筆者が算出。

ト・ペテルブルク市という大都市で，エリツィンは高い支持を獲得した。また，エリツィンの出身であるスヴェルドロフスク州を含むウラル地域や，極東地域でもエリツィンに対する支持が比較的高かった。それに対し，エリツィンへの支持が低かったのは，「赤いベルト」と呼ばれ，1990 年代半ばには共産党の票田となったモスクワ周辺の中部地域，共和国が多い北カフカス地域や沿ヴォルガ地域であった[47]。

　また，行政区分ごとに投票結果を比較してみると，(1)の設問について，共和国ではその半数でエリツィンへの支持が 50%未満であったのに対し，地方・州では，エリツィン支持が 50%未満であったのは 3 割以下であった。それに対し，全体の賛成票が(1)よりも少なかった(2)の設問では，共和国で 60%，地方・州で 49%の地域で，賛成票が 50%未満という結果であった（表 6-5 参照）。このように，エリツィン個人に対する支持（設問(1)）は，共和国と地方・州の間で大きな違いが観察されるが，社会経済政策に対する支持（設問(2)）については，その違いは相対的に小さなものとなっている。全体でも半数近くの地域で支持が 50%を下回っており，ロシア全土で社会経済状況に対する不満はかなり高かったことが分かる。ただし，それでもなお，エリツィン個人に対する支持は，（たとえそれが消極的支持であっても）維持されていた[48]。

第2項　2つの憲法草案

　この国民投票は，新憲法策定過程における大きな分岐点となった。エリツィンは，自らの弾劾問題が第9回人民代議員大会で議題となると，側近のシャフライ副首相に憲法委員会の草案とは異なる新たな憲法草案の策定を依頼していた[49]。そして，国民投票の直前に独自の新憲法草案の基本規定を発表した。上述のとおり，国民投票は新憲法の内容とは直接的には関係ないものとなったが，草案発表のタイミングは明らかに国民投票を意識したものだった。国民がこの草案を精査する時間的余裕はないが，エリツィンに対する支持が投票で示されれば，この草案に対しても一定の正統性が与えられることになる。そして実際，その目論見どおりに事態は進んだ。国民投票後の4月29日には，エリツィンはこの草案の全文を公表し[50]，連邦構成主体首長会議において，憲法を策定するための独自の会議を創設すると発表した[51]。この「憲法を策定するための独自の会議」を具体化したのが，次節で検討する憲法協議会である。

　エリツィンが4月29日に公表したこの草案(以下，「大統領草案」)は，シャフライ副首相，アナトリー・ソプチャク(Собчак, Анатолий А.)サンクト・ペテルブルク市長，憲法学者のセルゲイ・アレクセエフ(Алексеев, Сергей С.)人権研究センター会議議長という3名が起草したものであった。そこでは，組閣手続きについて，大統領が首相候補を議会に提案し，上院が首相を任命すること，大統領は首相の提案の下で議会との協議の後に閣僚を任命することが定められた(第73条，第106条)。また，これまでの草案ではあまり規定されなかった議会の解散権や国民投票発議権も，大統領に与えられた(第73条)。一方，議会(連邦議会)は，上院(連邦会議：Совет Федерации)と下院(国家会議：Государственная Дума)から成る二院制議会が新たに設けられ，上院は各連邦構成主体の代表を2名ずつ選出した上で，共和国，自治州，自治管区からは，これらの代表が上院全体の50%を超えるように追加的に代表を選出するとされた(下院は300名で構成)(第85条)。このように，この大統領草案ではまず，憲法委員会がこれまでに公表した草案よりも

第6章　権力闘争の激化と新憲法制定(1993年)　187

明らかに強い大統領権限を規定していた。また，連邦制については，憲法の第2編として連邦条約が添付され，上院の構成についても共和国などの民族地域を優遇する規定となっており，概して共和国の要求を重視する形となった。ただし，連邦制の細かな規定については議論の余地を残すものであった。

以上のようなエリツィンの動きに対して，当然ハズブラートフやこれまで新憲法策定作業を主導してきた憲法委員会は反発した。エリツィンが独自の草案を発表しただけでなく，それを審議するための独自の会議の創設まで決定したことにより，憲法委員会はその存在意義を否定される可能性があったからである。そのため，大統領草案が発表されたのと同じ4月29日に，最高会議は，憲法委員会が6月30日までに憲法草案を策定し，11月17日に招集される人民代議員大会においてそれを審議し，採択するという日程を定めた[52]。これは，第7回人民代議員大会が採択した決定(「新憲法草案のさらなる作業について」)に則った手続きであり，憲法委員会はこれこそが「正当な」手続きであると主張した。

また，憲法委員会独自の憲法草案も準備された[53]。この草案も大統領制を採用していたが，首相やその他重要閣僚の任命に議会の合意が必要とされている点，大統領に議会の解散権が認められていない点など，大統領草案よりも大統領の権限は限定的なものであった。また，連邦制については，連邦構成主体の管轄事項や上院の形成方法などにおいて，複数の案が併記されており，大統領草案と同様こちらも議論の余地を残すものであった。いずれにせよ，国民投票の結果に正統性を求める大統領と，これまでの人民代議員大会の経過に依拠する最高会議(憲法委員会)の双方が，「公式」の憲法草案を準備し合うという状況が生まれた。

ただし，国民投票後の最高会議では，新憲法の草案策定とその採択方法について，意見が集約されていたわけではなかった。1993年5月に入ってからも，最高会議ではこの問題について議論が続けられた。上述のとおり，ハズブラートフ議長と憲法委員会は，エリツィンによる憲法協議会創設の動きに反発し，従来どおり憲法委員会を中心として新憲法草案の策定を行うという決定案を提出した。そしてそこには，連邦構成主体の意見を取り込むため

の手続きも定められていた。他方で，国民投票に至るまではハズブラートフ
と良好な関係にあったリャボフ副議長は，国民投票後一転してエリツィンの
提案を支持し，憲法協議会の存在を受け入れることを定めた別の決定案を提
出した。リャボフは，大統領が準備した憲法草案と憲法委員会が準備する草
案を統合する必要性があり，かつその内容について連邦構成主体の合意を得
なければならないこと，また，そのような状況で，憲法協議会は草案を統合
するための前提条件であることを主張した[54]。

　この2つの決定案はどちらも最高会議で否決されたため，その後の審議の
中で次のような折衷案が提示され，これが6月4日に採択された[55]。この決
定は，憲法協議会の創設を認めつつも，それは憲法委員会に意見や提案をす
るための協議機関であり，最終的な草案の策定は憲法委員会が行うというも
のであった。国民投票後の情勢がエリツィンに有利になる中で，憲法協議会
の創設は不可避であった。そこで，それを容認しないよりはむしろそこに関
与しつつ，同時に憲法委員会の憲法協議会に対する優位を確保することが意
図されたのだと言える。こうして，ハズブラートフ，憲法委員会をはじめと
して，議会側からも憲法協議会へ参加することが決定した[56]。

第3節　憲法協議会

　国民投票後にエリツィンが構想を発表し，その計画が具体化した憲法協議
会は，ロシアの憲法成立過程において重要な意義を持つ機関であった。しか
しながら，憲法協議会に対する既存研究の評価は一様ではない。一方では，
憲法協議会は法的根拠を持たず，国民投票で勝利したエリツィンが，議会の
反対勢力を排除するために創設した機関であるという評価がある[57]。他方で，
エリツィンは国民投票後すぐには憲法協議会設立には動かず，曖昧な態度を
保ったとも評価されている[58]。実際，憲法協議会はエリツィンによる一方的
決定と反対勢力の懐柔という両面を併せ持つものであったと言えよう。なぜ
なら，エリツィンにとって憲法協議会創設の目的は，強い大統領権限を新憲
法に組み込むことだけでなく，その草案に正統性を付与することにもあった

からだ。この2つの目的を同時に満たすことは容易ではなく，それゆえに憲法協議会におけるエリツィンの行動も，一見相反するものとなった。

　本節では，そのような複雑な性格を持った憲法協議会の実態について考察する。1993年12月に採択された憲法は，憲法協議会で採択された草案を土台としたため，憲法制定過程における憲法協議会の重要性は改めて強調するまでもない。しかし，これまでそこでの審議過程にまで踏み込んだ研究はなされていない。

　以下では，まず憲法協議会創設の経過を概観する。国民投票後に2つの「公式」の憲法草案が作られたが，憲法協議会創設の過程では両案の折衷が重視された。他方で，その背後ではエリツィンとハズブラートフの対立も過熱した。対立と妥協という相反する状況が並存しているという点は，本章で見てきた1993年前半の政治過程の大きな特徴であり，憲法協議会もそうした特徴の延長線上に位置付けられる。第1項ではこの点について述べる。続いて第2項では，憲法協議会の組織形態を整理し，エリツィン大統領及びその側近が，どのような意図を持ってこの機関を創設したのかを明らかにする。そして第3項では，憲法協議会における憲法草案の審議過程を考察し，そこで採択された憲法草案がどのようなものであったのかについて論じる。

第1項　憲法協議会の創設

　エリツィン大統領は，5月12日の大統領令で，憲法草案の審議とその準備作業完了のために，6月5日に憲法協議会を創設し，そこに各連邦構成主体から2名ずつの代表と議会内会派の代表を招集することを定めた[59]。また，憲法草案作成のために作業委員会を設立した。この作業委員会は42名から構成されたが，そのうち最高会議議員は6名にとどまり，連邦構成主体からは19名が加わった[60]。このように，国民投票の結果を受けて，大統領は新憲法策定のためにイニシャチヴをとり始めた。そしてその過程では，共和国首長会議を開催し，大統領草案の意図を共和国指導者に伝えると同時に，共和国側の意図も確認するなど，連邦構成主体の代表者を重用する姿勢も見せた[61]。

190

　憲法協議会の準備過程におけるもう1つの特徴は，大統領草案と憲法委員会草案という2つの憲法草案の統合が模索されたことである。先に述べたように，最高会議も自らの立場の優位性を主張しつつも，憲法協議会に参加することを決定していた。憲法協議会に対する態度をめぐって最高会議内部には対立があったが，国民投票で大統領を支持する結果が出たこともあり，大統領と徒らに対立するのではなく，憲法協議会に参加して折衷案を作成するという方向性を支持する議員も少なくなかった[62]。また，同時期に憲法委員会草案と大統領草案の2つの草案を審議した多くの連邦構成主体も，最高会議と大統領の妥協が必要であるという立場を示した[63]。実際，こうした流れを受けて，憲法協議会は大統領草案と憲法委員会草案の双方を審議の対象とした。

　このように，連邦構成主体の役割を重視しつつ，憲法委員会草案との妥協も模索するという点に，憲法協議会において様々な主体間の利害が調整される可能性を見出すことができる。この点は，次項で憲法協議会の構成について述べる際にもう一度確認する。しかし，憲法協議会初日の審議は，一転して激しい対立の様相を見せた。まず，開会の演説で，エリツィンは「ソヴィエト型の権力は改革を支持しないことが明らかになった。ソヴィエトと民主主義は両立しない。新憲法では他の方法の権力組織を厳格に規定し，その下でできるだけ早いうちに，連邦レベルでの選挙を通じてその方法が実現されなければならない」と述べた[64]。この時期の議会制度は，人民代議員大会から互選された最高会議（ソヴィエト）を頂点に，連邦構成主体以下のレベルにもソヴィエトが組織されていた。確かに，権力分立原則の導入によってソヴィエトは立法機関へと再編され，10月革命後の執行と立法を兼ねた機関としてのソヴィエトからは大きく変容していたが，このエリツィンの発言は，最高会議と人民代議員大会への批判と，現在の議会制度からの決別を明確に意図したものであった。

　これに対し，ハズブラートフは当初の議事予定を変更して，自分に発言の機会を与えるように求めた。しかし，多くの参加者がこれを妨害し，ハズブラートフの演説はかき消された。そして，怒ったハズブラートフと彼の支持

第6章　権力闘争の激化と新憲法制定(1993年)　191

者数名が混乱状態の議場から退場するという事態になった[65]。こうして，憲法協議会はハズブラートフ不参加のまま作業を続けることになった。このように，交渉や妥協の用意がある勢力(連邦構成主体，憲法委員会)は積極的に取り込む一方で，ハズブラートフのように敵対的な姿勢をとる者は排除するというのが，この頃のエリツィンの基本的態度であった。

第2項　憲法協議会の構成

　憲法協議会は，様々な勢力から構成される巨大な会議となった。その構成は，表6-6のとおりである。憲法協議会は，①連邦国家権力機関，②連邦構成主体国家権力機関，③地方自治体，④政党・労働組合をはじめとする社会団体，⑤商品生産者・企業家という5つのカテゴリーの代表者グループごとに会議を開催し，各会議で憲法草案及びその修正案の審議を行った。また，全体の作業を取りまとめる作業委員会が，憲法協議会における中心的な機能を果たした。作業委員会の構成は表6-7のとおりである。

表6-6　憲法協議会の構成

グループ(責任者)	人数	内　　訳
①連邦国家権力機関 （チェルノムィルジン首相ほか）	162	憲法委員会95名，大統領府50名，議会会派14名，科学アカデミー3名
②連邦構成主体国家権力機関 （シャフライ副首相ほか）	352	各連邦構成主体につき，行政機関1名，立法機関1名，専門家2名
③地方自治体 （ヤロフ副首相ほか）	26	
④政党，労働組合，宗教団体等 （ソプチャク・サンクトペテルブルク市長ほか）	176	政党及び社会団体100名，労働組合58名，宗教団体18名
⑤商品生産者，企業家 （シュメイコ第一副首相ほか）	46	
合　計	762	

注：ただし，憲法協議会の参加人数は若干の変動があり，総数は不確定であった。
出典：*Конституционное Совещание 29 апреля-4 ноября 1993 г. Стенограммы, Материалы. Документы.* (以下，*Конституционное Совещание*) 1995. Том. 1. С. 465; Том. 2. С. 24.

表 6-7　作業委員会メンバーの構成

所属	大統領府	連邦政府	最高会議	連邦構成主体	その他	合計
人数	4	10	6	19	3	42

出典：*Конституционное Совещание.* Том. 1. С. 69-71.

　この2つの表から分かることは，第一に，憲法協議会は，それまで新憲法草案の策定作業を行っていた憲法委員会をはじめとする，最高会議議員を排除していないということである。既存研究では，この時期の大統領と議会の対立の側面を強調するあまり，憲法協議会を「大統領が独断で憲法制定作業を進めるための組織」とみなす傾向にあった[66]。確かに，そうした側面があったのは事実である。100名から構成された憲法委員会と比べると，762名と人数も多く，その分多様な人材から構成されている憲法協議会では，憲法委員会や最高会議議員の立場は相対化された。また，作業委員会に選ばれた最高会議の代表はいずれも「改革連合」に属した人物であり，そこに大統領の意向が強く働いていることも間違いない。だが，それがすべてではない。憲法協議会に最高会議議員の参加が確保されていたことは，指摘に値する。

　1992年末にかけて議会内の原子化傾向は顕著であり，1993年から大統領と最高会議議長の権力闘争が激化すると，最高会議議員の多くはこの権力闘争を遠巻きに眺めるようになり，憲法協議会に対する対応も様々であった。そしてその中には，国民投票の結果が大統領を支持するものであったことを受けて，大統領の主宰する憲法協議会へ参加する方が賢明であると考える議員がいたことも当然であった[67]。エリツィンの側からすると，これは，憲法委員会の立場を相対的に弱めつつも，憲法協議会の正統性を損なわないようにするという戦術に則ったものであった。1993年初頭に設立された「円卓会議」以降，多様な代表で会議を構成することで，その会議の正統性を高めるという試みは繰り返し行われており，憲法協議会もそうした試みの1つと捉えることができる[68]。

　また，実際の審議においても大統領が提出した憲法草案と，憲法委員会の策定した草案の双方が検討対象とされた。もちろん基調となったのは大統領

草案であったが，この2つの草案がともに検討されていること，そして，憲法協議会が多様な主体で構成されていることは，憲法協議会の場でもたびたび指摘されており，エリツィン大統領は，以上のことが統一的で合意に基づく憲法草案の策定を可能にしたとして，憲法協議会の正統性をアピールした[69]。

第二に，より重要なのは，憲法協議会全体においても，作業委員会においても，連邦構成主体の代表が半数近くを占めたという点である[70]。このことから，大統領は原子化した議会での支持獲得を半ば放棄し，連邦構成主体の代表者の支持を獲得することによって，新憲法策定を目指したことがうかがえる。実際，作業委員会や全体審議を行う総会において，連邦構成主体の代表が大統領草案と憲法委員会草案の統合に積極的に介入するなど，連邦構成主体代表の発言力の大きさが目立った。それと同時に，1993年初頭から連邦構成主体がアピールしていた中央・地方関係の問題が，いよいよ重要な政治的争点としてクローズアップされるようになった。エリツィン大統領が発表した憲法草案の起草者の1人であり，連邦構成主体国家権力機関グループの代表を務めていたシャフライ副首相も，同グループが憲法協議会の中で見解の相違が最も顕著であり，困難なグループであることを指摘した[71]。

第3項　新憲法をめぐる審議内容

続いて，憲法協議会での審議内容を具体的に検討してみよう。憲法協議会における主要な論点は，第一に新憲法草案の内容をめぐるものであり，第二に憲法の制定手続きとその憲法の下で設けられる新しい議会の選挙についてであった[72]。

新憲法の内容をめぐって

第一の論点について，憲法協議会は，1993年4月末に公表された大統領草案を基本としつつ，憲法委員会の草案も部分的に検討する形で作業を進めた。審議は，1993年6月4日から集中的に行われ，7月12日に新憲法草案が採択された[73]。憲法協議会が採択したこの草案は，人権等の規定について

は憲法委員会草案を積極的に取り入れた。その一方で大統領権限に関しては，モスクワ市のユーリー・ルシコフ（Лужков, Юрий М.）市長をはじめ連邦構成主体のグループが大統領草案を基本的に支持したこともあり[74]，首相の任命手続きなどについて大統領草案を部分的に修正しつつ，その多くを踏襲するものとなった[75]。

　連邦制の規定に関しては激しい議論が交わされた。特に，連邦構成主体の権限について，連邦条約に従って共和国に特別の地位を与えるのか，それとも連邦構成主体の同権を憲法の規定に盛り込むのかという点が大きな焦点になった。この点は，「国家主権宣言」が採択された1990年6月の時点から既に問題となっており，1992年3月の連邦条約調印の際にも最大の争点となったものの，最終的な決着はその都度先送りにされてきた問題であった。その一方で，1992年前半には，地方と州を統合してゼムリャー（邦）とし，これに共和国と同等の地位を与えることも検討されていたが，この点は憲法協議会では議題にあがらなかった。つまり，連邦構成主体の種別の多様性を維持することは既定路線となっており，議論の焦点は連邦構成主体ごとの権限（同権性／非同権性）の問題にあった。

　この問題に関して，1993年4月の大統領草案は，連邦議会上院の半数は共和国などの民族地域から選出されると規定するなど，共和国を優遇するものであった。しかし，憲法協議会での審議が始まると，エリツィンは「連邦構成主体の同権」を連邦制の基礎と位置付けることで，共和国の自立化傾向を抑え込もうとした[76]。例えば，シャフライ副首相は，連邦構成主体の同権を草案に盛り込むことが憲法協議会の課題であり，共和国との交渉を通じてこの点を解決する必要があると述べている[77]。この主張どおりに「連邦構成主体の同権」が認められれば，当然上記の上院構成方法にも大きな修正が加えられることになるため，この点は大きな論争点となった。

　これについて，表6-6に挙げた5つのグループのうち①，④，⑤の各グループは，早い段階から連邦構成主体の同権を憲法に記すことに賛成していた。また，これらのグループは，これまでの草案では憲法の一部に組み込まれていた連邦条約を憲法に含めないことにも賛同した[78]。連邦条約は共和国

第6章　権力闘争の激化と新憲法制定(1993年)　　195

優位の度合いが強いものであったから，総じて，この3つのグループは連邦構成主体の同権化を支持していたと言える[79]。

　他方で，連邦構成主体国家権力機関グループの見解は割れていた。まず，地方，州の大半，それにモスクワ市，サンクト・ペテルブルク市の代表者は，連邦構成主体の同権化を支持した[80]。しかし，それに対して，強硬な立場を貫いていたタタルスタン共和国，バシコルトスタン共和国，ウドムルト共和国の3つを中心に，一部の共和国は，共和国を優遇する規定を持つ連邦条約を基礎として，憲法では共和国の権限をさらに拡大することを要求した。

　このグループの責任者であったシャフライは，当初はこうした強硬派の共和国を除けば，共和国も基本的に「連邦構成主体の同権」に同意するだろうという見通しを持っており，もし共和国の大半をその他の地域と立場を同じにさせることができれば，強硬派の共和国を孤立させることができるだろうと述べていた[81]。しかし，実際にこの問題の審議が始まると，やはり多様な意見が噴出し，すべての連邦構成主体の同意を得るのは容易ではなかった。

　そこでシャフライは次のような提案をした。すなわち，ロシア連邦の内部で「主権国家」としての地位を有する共和国は，民族自決権を持ち，その域内で大統領ポストを設けることができ，憲法を制定することもできるなどの点において，他の連邦構成主体とは異なっているため，連邦構成主体の種別ごとの定義を明確にした上で，その他の分野では連邦構成主体は「同権」であることを憲法に記すべきだというのである[82]。これは，連邦構成主体の種別ごとの違いを憲法で明確に定義すべきだという共和国からの批判に対応したものであった。

　結局，このグループは，「共和国は主権国家である」という連邦条約の規定を残しつつ，「連邦権力機関との関係においては，連邦構成主体は互いに同権である」(傍点引用者)ことについて合意した[83]。そして，この点が7月草案に盛り込まれた。これは，共和国の特別の地位と連邦構成主体の同権性を同時に記すという折衷案であった。つまり，共和国だけが憲法を制定することができ，大統領職を設けることができる(その他の連邦構成主体は憲章を定め，その行政府の長は知事が務める)というように，各連邦構成主体内部

の統治形態については，共和国は他の連邦構成主体と区別されるが，連邦レベルの議会への代表は同数とするというように，「連邦権力機関との関係においては」各連邦構成主体は同権であるという案が採用されたのである[84]。

さらに，1994年以降の中央・地方関係の展開を考える上で重要なのは，連邦中央と各連邦構成主体が個別に締結する条約に関する規定が草案に加えられたことである。これは中央政府とタタルスタン共和国との交渉の中で新たに設けられた規定であった。ソ連時代末期から自立化傾向が強く，1992年3月の連邦条約にも参加しなかったタタルスタンは，憲法協議会においても，連邦憲法に「主権国家」や「国際法の主体」といったタタルスタン共和国の独自の地位を記すことを要求した[85]。また，タタルスタンは長らく中央政府とバイラテラルな条約の交渉を続けていたこともあり，憲法でも自らの特殊事情が考慮されることを要求した。そして実際に憲法協議会が採択した草案では，タタルスタンの要求が採用された。当初の草案では，「ロシア連邦の国家権力は(中略)憲法と連邦条約に従い(中略)行使される」となっており，中央・地方関係は憲法と連邦条約によって定められることになっていた。しかし，その条項に，憲法と連邦条約に加えて「管轄事項と権限の区分を定めたその他の条約」という文言が追加されることになったのである[86]。そして，これが，現行憲法において連邦中央と連邦構成主体との権限区分について定めている第11条第3項の基になった。

以上のように，議会での多数派形成が困難になったエリツィンは，多様な勢力を集めて憲法協議会を組織し，強い大統領権限の確保と新憲法の正統性獲得に努めた。そして，憲法協議会は，この2つの目的達成においては一定の役割を果たした。しかしそれと同時に，連邦構成主体の代表者が多く参加したことで，連邦制をめぐる対立を改めて顕在化させることにもなった。

結果として，憲法協議会が採択した7月草案は，大統領制の問題についてはエリツィンの意図どおり強い大統領権限を規定するものとなったが，連邦構成主体の権限の問題については，同権性と非同権性が同居する折衷案を採用した。また，タタルスタン共和国との妥協としてバイラテラルな条約の締結を認めたことで，中央・地方関係のあり方が変更される余地を残すことと

なった。エリツィンは，大統領・議会関係と中央・地方関係という 2 つの制度設計の必要性に直面していたが，この 1 年間で議会との対立状況が深まっていたこともあり，前者を優先して議会に対する大統領権限の強化に執心した。そのため，連邦構成主体の様々な要求を受け入れざるを得ず，連邦制については選択肢が著しく限定されることになった。

新憲法の採択方法をめぐって

憲法協議会のもう 1 つのテーマは，新憲法の採択方法であった。憲法協議会初日の演説で，エリツィンは新憲法採択の過程を 3 つの段階に区分した。それは，まず憲法協議会で新憲法草案を採択し，次に連邦構成主体がその草案に仮調印し，そして最後に人民代議員大会が草案を全体採択するというものであった[87]。セルゲイ・フィラトフ（Филатов, Сергей А.）大統領府長官やブルブリスなど大統領の側近であった人物も，憲法採択についていくつかの方法を提案していたが，その方法にはいずれも，人民代議員大会で憲法草案を採択するという段階が含まれていた。こうしたことから，少なくとも1993 年 6 月の段階では，人民代議員大会を完全に迂回することは困難だと認識されていたことが分かる[88]。しかし，憲法協議会が審議を行った草案は大統領草案を基調としていたこともあり，人民代議員大会がこれを採択する見込みは高くなかった。実際，議会側はこれまでの人民代議員大会の決定内容に則り，1993 年 10 月までに憲法委員会が作成した草案の審議を終え，11月にその草案を採択するために人民代議員大会を招集するという日程を決めていた。そのため，両者の歩み寄りは極めて困難な情勢にあった。

憲法協議会では，新憲法を国民投票で採択する案や，新たに組織される憲法創設会議で採択する案なども提示されたが[89]，どの方法も困難が予想された上に，参加者の多くもやはり人民代議員大会を通過することが必要だという考えを持っていた[90]。そうした状況で，エリツィンは新憲法の内容だけでなくその採択手続きについても連邦構成主体の協力を得ようとした。連邦構成主体の代表から構成される連邦会議を新たに組織し，そこでの憲法採択を計画したのである。これは，1993 年 4 月の大統領草案やこの憲法協議会が

採択した 7 月草案に規定されていた連邦議会上院と同名のものであった。この上院は，連邦構成主体の代表から組織される予定であったから，エリツィンはこれと類似した組織を作り，新憲法草案を採択させようとした。

しかし，共和国の指導者たちはこれに慎重な姿勢を示した。彼らの多くは「モスクワでの争い」からは距離を置こうとしていたのである[91]。こうして，結局連邦会議による憲法採択という方法もメドが立たないまま，1993 年秋の混乱を迎えることになった。

第 4 節　「10 月事件」と憲法制定

1993 年 7 月 12 日に憲法協議会が憲法草案を採択した後も，状況にはあまり大きな変化はなかった。最高会議は，憲法委員会に憲法草案策定作業を継続することを要求し，それを受けて憲法委員会も，憲法草案に対するコメントを連邦構成主体に求めた[92]。また，最高会議憲法的法律委員会[93]の委員長であった保守派のイサコフは，実現が困難な憲法採択手続きを定めた法案を最高会議に提出するなど，最高会議では憲法協議会での議論とは異なる独自の憲法採択方法を定めようとする動きもあった。それに対し，大統領も，7 月草案について連邦構成主体と協議し，合意を得ようとした[94]。このように 1993 年 7 月から 8 月にかけても，依然として憲法協議会と憲法委員会の 2 つの憲法草案が存在し，双方が連邦構成主体の協力を求めようとする状況が継続していた。

第 1 項　「10 月事件」

しかし，憲法制定をめぐる争いは，突如 1993 年秋に最高潮に達した。その口火を切ったのは，大統領が 1993 年 9 月 21 日に発した「ロシア連邦における段階的憲法改革に関する大統領令」(以下，「大統領令 1400 号」)であった[95]。この大統領令は，大統領や政府が国民の意思に沿って社会経済改革や憲法改革を進めているのに対し，最高会議と人民代議員大会はこれらの改革を妨害しているとして，その機能を停止することを定めた。また，憲法協議会が採

第6章　権力闘争の激化と新憲法制定(1993年)　　199

択した憲法草案に記されている新しい議会下院(連邦議会国家会議)の選挙を，12月11日と12日に行うことも定めた。そして，現行の憲法や法律は，この大統領令に反しない限りにおいて有効であるとされた。ここでも，エリツィンは，自らが国民の直接選挙によって選ばれ，4月の国民投票でも支持を得たことを強調して，国家の統一を維持し，現在の経済的・政治的危機を乗り越えるためには，このような措置が必要であると訴えた。

　ハズブラートフ最高会議議長やルツコイ副大統領らは，即座にこれに反発した。ハズブラートフはエリツィンの行動を「クーデター」であると断じ，最高会議幹部会は，第7回人民代議員大会での憲法改正に依拠して，大統領令1400号発令と同時にエリツィンの大統領権限が終了したことを宣言し，ルツコイ副大統領が大統領代行に就任することを確認した[96]。また，憲法裁判所も，大統領令及びその演説は憲法に違反しており，それがエリツィン解任の根拠となるという決定を下した[97]。

　ハズブラートフやルツコイらは最高会議ビルに立て籠もり，大統領側は最高会議ビルを封鎖した。その後数日間は膠着状態が続き，その間に連邦構成主体，憲法委員会，総主教アレクシイ2世などによる仲介の試みが続けられた[98]。だが，反大統領勢力の外部協力者がこの封鎖を解こうとしたことをきっかけに，10月3日に両者は衝突し，軍を出動させた大統領側がこれを制圧した。そして，ルツコイやハズブラートフらは逮捕された[99]。エリツィンはその後，政治活動に関与し「国を内戦の淵に追いやった」として，新憲法採択まで憲法裁判所の活動を停止しただけでなく，連邦構成主体に対する統制も強め，自らの行動の障害となりうるものを次々と抑え込んだ[100]。

　このいわゆる「10月事件」によって非常事態に近い状況が生じたため，連邦構成主体代表者から構成される連邦会議を通じた憲法採択の計画も，結局立ち消えになった。エリツィンは，8月から連邦会議創設に向けて動き出し，9月18日にはクレムリンで連邦構成主体の立法機関及び執行機関の代表者，憲法裁判所などを招集し，連邦会議創設に関する協定案も提示した。そして，武力衝突の前日である10月2日にも，連邦会議を10月9日に開催することを定めた大統領命令を発した[101]。このように，連邦会議創設はか

なり具体的な計画として進められていた。

　しかし，エリツィンは同時に議会解散の準備も進めていた。エリツィン自身の回想によれば，彼は9月の初めには既に議会解散を決心しており，大統領令1400号もヴィクトル・イリューシン（Илюшин, Виктор В.）大統領補佐官を中心に1週間ほどかけて準備されていた。さらに，この準備作業が始まって以来，すべての仕事はこの「大統領令との絡みで検討」された[102]。

　9月12日に，エリツィンは，アンドレイ・コズィレフ（Козырев, Андрей В.）外相，パヴェル・グラチョフ（Грачев, Павер С.）国防相，ヴィクトル・エリン（Ерин, Виктор Ф.）内相，ニコライ・ゴルシコ（Голушко, Николай М.）保安相を招き，この大統領令1400号について初めて話し合った。参加者は全員最高会議の解散に賛成し，9月19日の日曜日に実施することを決めた。しかし，翌日この情報に触れたチェルノムィルジン首相とフィラトフ大統領府長官は準備に万全を期すために延期を求め，結局9月21日に大統領令を発令することとなった[103]。

　連邦会議創設と大統領令1400号の準備がどの程度連関して計画されていたのかは明らかでないが，以上の経過を見ると，両者がほぼ並行して行われていたのは確かである。しかし，大統領令公布に端を発した「10月事件」によって，新憲法採択における連邦会議の意義はほとんど失われてしまった。

第2項　最終草案の策定

　大統領令1400号が発せられた9月21日以降，憲法協議会は活動を再開した。憲法協議会はそれまで表6-6に記した5つのグループから構成されていたが，社会院（Общественная палата）と国家院（Государственная палата）という2つの会議に再編された[104]。9月25日に行われた社会院会議では，1993年12月に国家会議議員選挙を実施し，これを下院とする連邦議会において新憲法を採択するという方法が提案された。しかし，「10月事件」によって事態は大きく変化し，10月15日の大統領令は，1993年12月12日に憲法草案採択の是非を問う「全人民投票」を行うことを決定した[105]。かくして，「10月事件」以降の非常事態に近い状況の中で，これまでの懸案の1

つであった憲法採択の方法は「全人民投票」という方法で行われることに
なった。

エリツィンは国家院と社会院という2つの会議を憲法協議会内に新たに設
けたものの，この2つの会議はあまり頻繁には開催されず，最終的な憲法草
案策定のための審議はもっぱら作業委員会によって行われた。作業委員会は
従来から憲法協議会において中心的な役割を果たしてきたが，この時期にお
いてもそれは変わらなかった。10月15日から10月29日までの間に13回
の会議が開かれ，この作業委員会は憲法草案策定に大きな役割を果たし
た[106]。さらにその後，憲法協議会内に設けられた憲法的仲裁委員会におい
て細かな修正が重ねられ，11月10日に全人民投票に付される最終草案が発
表された[107]。

表6-8は，エリツィン大統領が1993年4月の国民投票直後に公表した憲
法草案（大統領草案），憲法協議会が採択した1993年7月草案，11月に発表
された最終草案という3つの憲法草案における大統領権限と連邦制に関する
規定をまとめたものである。まず大統領権限については，最終草案は7月草
案と比べて大統領に強い権限を付すものとなった。特に首相の任命に関して，
7月草案では大統領が首相候補を下院（国家会議）に提案し，下院が任命する
という手続きであったのが，最終草案では大統領が下院の同意を得て任命す
るという手続きに変更された。また，下院が大統領の提案した首相候補を3
度拒否した場合，大統領が下院を解散するという規定は7月草案にもあった
が，7月草案ではこの場合大統領は首相代行を任命することになっていた。
しかし，最終草案では，このような場合に大統領は（正式な）首相を任命した
上で，下院を解散できるようになった。

以上のような修正の背景には，この時期に経験した激しい政治対立を経て，
大統領が議会に対する優位を確保しようとする意図があったことは明白であ
る。しかし，こうした修正はそれほど劇的なものではなかった。その他の規
定については，7月草案がほぼ踏襲されたし，1993年4月段階の大統領草案
にあった「国家権力の危機が，憲法が定めた手続きで解決できない場合」大
統領は議会を解散できるという規定が復活することもなかった。

むしろ，より大きな変化は中央・地方関係に関するものであった。まず，これまで憲法第2編として記載されていた連邦条約が削除された[108]。連邦条約を憲法の第2編とすることは，共和国の強い要求であったことは本章で見てきたし，エリツィン自身も，1992年3月の連邦条約署名の際には，連邦条約は新憲法を構成する一部になると発言していた[109]。そして実際，1993年4月の大統領草案及び憲法協議会が採択した7月草案でもそのような形式が採用されていた[110]。だが，最終段階で連邦条約は条文から削除され，憲法草案は連邦構成主体の同権性を重視するものとなった。これは，共和国を「主権国家」と位置付ける規定や共和国に従来認められていた国籍（市民権）設定の権利が削除された点にも共通する。このように，異なる種別の連邦構成主体が並存するという意味で連邦制の非対称性は維持されたものの，権限に関する規定は，連邦構成主体間の対称性をより強めた形に修正された。エリツィンが，憲法協議会において「連邦構成主体の同権」を憲法規定に含めることにこだわっていたことからすれば，こうした規定もやはりエリツィンの意図を強く反映したものだと言えるだろう。

それまでの約束を反故にされる形になった共和国は，当然このような憲法規定の変化に強く反発した。共和国はエリツィンに対し，この問題に関する特別協議会の開催を要求し，さらに最終草案策定の段階で大きな役割を果たしていたフィラトフ大統領府長官を非難した。しかし，エリツィンはこうした反発には動じず，結局上記の修正はそのままとされた[111]。このように，「10月事件」の結果として，大統領権限の強化に加えて中央の地方に対する統制の強化も一定程度進められることになった。

しかし，こうした一連の修正がそのまま中央集権化につながったわけではなかった。憲法協議会では，大統領は連邦構成主体の支持を得るために，中央・地方関係の問題でかなり妥協したが，そこで採択された7月草案の内容は最終草案にもある程度残されることになった。連邦中央と連邦構成主体の間で個別に締結される条約については最終草案にも組み込まれ，一応憲法の優位性を確認したものの，連邦と連邦構成主体の管轄事項及び権限の区分は「憲法，連邦条約及びその他の条約による」こととなったのである（第11条）。

表 6-8 大統領権限と連邦制に関する規定の変遷

	1993 年 4 月草案 （大統領草案）	1993 年 7 月草案 （憲法協議会が採択）	1993 年 11 月草案 （最終草案）
大統領の地位	国家元首(5，70)	国家元首(80)	国家元首(80)
首相の任命	大統領が首相候補を議会に提案。連邦会議(上院)が任命(73，94，106)	大統領が首相候補を国家会議(下院)に提案(83)。国家会議が任命	大統領が国家会議(下院)の合意を得て任命(111)
閣僚の任免	上院との協議の後，首相の提案に従い大統領が任免(73)	首相の提案に従い大統領が任免(83)	首相の提案に従い大統領が任免(83)
拒否権	あり。両院議員総数の 2/3 以上で法案成立(103)	あり。両院議員総数の 2/3 以上で法案成立(106)	あり。両院議員総数の 2/3 以上で法案成立(107)
議会の解散	上院が，大統領が提案した首相候補を 2 度拒否し，その後議会で首相が任命されなかった場合； 国家権力の危機が，憲法が定めた手続きで解決できない場合(73，74)	大統領が提案した首相候補を下院が 3 度拒否した場合(111) （大統領は首相代行を任命）	大統領が提案した首相候補を下院が 3 度拒否した場合(111) （大統領は首相を任命）
連邦中央と連邦構成主体の関係	憲法及びそれと不可分な連邦条約に基づき，連邦構成主体が統合(2)	ロシア連邦の国家権力は，立法，執行，司法権力の分立に基づき，及び憲法，連邦条約，管轄事項と権限の区分を定めたその他の条約が定めた国家機関の権限に従って，行使される(10) 連邦と連邦構成主体の執行機関は，協定によって，権限の一部の行使を互いに移譲できる(78)	連邦と連邦構成主体の管轄事項及び権限の区分は，憲法，連邦条約及びその他の条約による(11) 連邦と連邦構成主体の執行機関は，協定によって，権限の一部の行使を互いに移譲できる(78)
連邦条約	憲法第 2 編に記載	憲法第 2 編に記載	なし
連邦構成主体間の関係	特になし	連邦国家権力機関との関係において，すべての連邦構成主体は同権(5)	連邦国家権力機関との関係において，すべての連邦構成主体は同権(5)
共和国の主権	なし	共和国はロシア連邦を構成する主権国家(5)	なし
連邦会議(上院)の構成	各連邦構成主体から 2 名選出。共和国，自治州，自治管区からは，これらの代表が全体の 50%を超えるように，追加的に代表を選出(85)	各連邦構成主体から 2 名選出(94)	各連邦構成主体の執行機関と立法機関から 1 名ずつの 2 名により構成(95)

注：括弧内の数字は当該の内容が規定されている条項の番号を示している。

出典：*Конституционное Совещание.* Том. 1. С. 12-68（4 月草案）；Том. 17. С. 361-412（7 月草案）；Том. 20. С. 545-589（11 月草案）をもとに筆者作成。

連邦政府との対等な関係や，ロシアの連邦制における特別の地位を要求していたタタルスタン共和国政府は，長らく連邦政府と個別の条約締結交渉を続けており，そうした事情に配慮して，憲法協議会でこのバイラテラルな条約に関する規定が新たに加えられたということは，既に記したとおりである。このように，憲法協議会でのエリツィン大統領の妥協は，最終草案策定段階の修正を経ても部分的に残されることになった。

第3項　国民投票による憲法制定

エリツィン大統領が11月10日に発表した憲法草案は，12月12日に実施された全人民投票の結果，採択されることになった。投票の結果は表6-9のとおりである。1993年4月に行われた国民投票と比べ，今回の全人民投票の投票率は低下し，権力闘争に明け暮れる政治状況に対して国民の不信感や無関心が拡大していたことが分かる[112]。また，賛成票は総投票者数の半数を超え，憲法は採択されたが，有権者全体の3割程度の賛成票しか集められていないことを問題視する声や，そもそもこの投票結果の信憑性を疑う声もあった[113]。さらに，この国民投票と同時に，新憲法の下で設立される連邦議会選挙も実施されたが，憲法の採択を問う国民投票と，その憲法の存在が前提となるはずの議会の選挙を同時に実施するという手続きも問題視された。このように様々な問題点を指摘されながらも，エリツィンは3度目の国民投

表6-9　1993年12月12日の全人民投票の結果

投票参加者数(投票率)	58,187,755 (54.8%)
有効投票数	56,368,963
賛成票数(賛成率)	32,937,630 (58.4%)
反対票数(反対率)	23,431,333 (41.6%)

注：賛成率，反対率は有効投票数を基数とする。
出典：Центральная избирательная комиссия РФ. Постановление «О результатах всенародного голосования по проекту Конституции Российской Федерации» // *Из истории создания Конституции РФ*. Том. 4/3. 2009. С. 870-871; Итоги всенародного голосования по проекту Конституции Российской Федерации 12 декабря 1993 года ⟨http://www.cikrf.ru/banners/vib_arhiv/referendum/1993_ref_itogi.html⟩ (2016年2月10日アクセス)。

票でも，それまでと同様自らに有利な結果を得ることに成功した。こうして，激しい政治対立の時期は終息し，ロシアは1つの節目を迎えた。そして，この憲法が規定する「ゲームのルール」の下で，ロシアは新たな段階を迎えることになった。

採択された憲法では，大統領権限の部分的強化，共和国の「主権」条項の削除などの他に，7月草案では憲法の一部に含まれていた連邦条約も削除された。このように，7月草案と比較すると，この最終草案は，大統領の議会に対する優位だけでなく中央の地方に対する優位も確保しようとしたことがうかがえる。その意味で，確かに「10月事件」はロシアの憲法制定過程における大きな転機であった。そして，この点においては，権力が優勢な政治主体の選好が政治制度に反映されるという既存研究の考えを支持することができる。

他方で，第11条第3項に「ロシア連邦の国家権力機関とロシア連邦の連邦構成主体の国家権力機関の間の管轄事項及び権限の区分は，この憲法，管轄事項及び権限区分に関する連邦条約ならびにその他の条約によって行う」(傍点引用者)という規定が設けられた。この条項に基づき，1994年2月のタタルスタン共和国を皮切りに，1998年までに46の連邦構成主体政府が連邦政府と個別に権限区分条約を締結した。この権限区分条約を締結したのは，1995年までは共和国のみであったが，1996年の大統領選挙前後にその範囲は一気に広がった。これは，エリツィンが自身の再選のために集票を依頼したのと引き換えに，連邦構成主体政府に譲歩した結果だと言われている[114]。こうして，権限区分条約は，ロシアの連邦制の非対称性を増幅し，当初から自立化を希求していた一部の共和国にとどまらず，連邦構成主体全体の自立性拡大を推し進めたのである[115]。

第5節　小　　括

本章では，1993年の政治過程を分析し，新しい憲法がいかに採択され，それがどのような特徴を持つものであったのかを論じてきた。1992年末の

合意により収まったかに見えた大統領と議会の権限区分をめぐる争いは，年が変わるとすぐにエリツィンとハズブラートフの権力闘争として再燃した。そして，1993年前半の政治はかなり複雑な過程を経ながら展開した。すなわち，大統領と最高会議指導部が互いに相手の正統性を否定する形で非難し合っていたが，それと同時に双方が妥協点を求めて交渉を続けるという奇妙な経過を辿ったのである。このように，双方が交渉を続けながらも強硬姿勢をとった理由としては，次のようなことが考えられる。まず，中央での対立が激化して国家の分裂に至ることは，国民全体が恐れていた事態であり，それを回避すること，少なくともそれを回避しようと努力する姿勢を示すことは双方にとって必要であった。したがって，両者ともに交渉の席に着き，なんとか妥協点を見出そうと努力を続けていた。しかし，政治・経済・社会において大規模な変化が生じている状況では交渉のルール自体が不明確であり，ルールを変更する余地が多分にあった。そのため両者は交渉を続けながらも，できる限り強硬な姿勢を見せ，ルールを自分に有利なものに変更しようともした。人民代議員大会による「憲法体制安定化に関する決定」の無効化や，エリツィンによる「特別統治秩序に関する大統領令」は，そうした試みとして理解できる。

　一方，1993年を通じて，各政治勢力の対抗関係はどのように推移しただろうか。人民代議員大会における議員連合の変遷を分析した既存研究の多くは，大統領と議会が対立する過程で，議会における大統領支持勢力は縮小し，保守派勢力が拡大していったと述べている[116]。確かにそれは部分的には正しい。前章でも見たように，議会における大統領支持勢力は確実に減少しており，大統領弾劾が人民代議員大会で投票にかけられたことからも明らかなように，大統領に対する批判は強まった。しかし，こうした批判は必ずしも大勢をなすものではなかった。ましてや，ハズブラートフがこれら強硬な反対派勢力を組織し，これを率いていたわけでもなかった。議員の多くは，エリツィンとハズブラートフの対立の行方を見ながら，時にはハズブラートフを支持し，時には彼を辞任させようともした。そして，国民投票後に多くの議員は憲法協議会への参加を表明した。エリツィンは，しばしば自分に批判

第 6 章　権力闘争の激化と新憲法制定(1993 年)　207

的な勢力を「抵抗勢力」として一緒くたに批判する傾向にあったが，ハズブラートフがエリツィンとの交渉の席に着き続けたこと，そして，それを契機に彼の解任動議が起こったことは，議会内保守派勢力とハズブラートフを同一視すべきではないことを物語っている。

　こうした情勢の中，連邦構成主体が中央政治について発言する機会が飛躍的に増え，それとともに中央と地方の権限区分問題が重要な政治課題として浮上した。大統領にとっては，国民投票を全国で実施するためには連邦構成主体の協力は不可欠であった。反対に，ハズブラートフ最高会議議長は，国民投票に否定的な連邦構成主体の立場を利用して，国民投票の中止を決定する方向に人民代議員大会を誘導しようとした。このように，大統領と最高会議議長の双方が連邦構成主体の協力を求めたために，連邦構成主体の要求は，中央の政治において非常に受け入れられやすくなった。さらに，私有化過程を利用して力をつけ始めていた連邦構成主体の指導者たちは，国民投票の問題で共和国と地方・州（クライ）の違いを超えて一致した立場を示し，憲法体制における連邦構成主体の重要性を強くアピールした。これまで，新憲法をめぐる議論の焦点はまず中央における権限区分にあったが，上記の大統領や最高会議議長の行動を利用して，連邦関係の確定がより優先すべき課題であることを主張し，議論を巧みにすり替えることに成功した。

　1993 年 4 月に実施された国民投票の結果は，概してエリツィンを支持するものであった。エリツィンはこれ以降，新憲法制定に向けて積極的に動き始めた。ただし，エリツィンは，一方では自らの権限強化を目指したが，他方で，その憲法にいかに正統性を付与するかということにも腐心した。この 2 つの両立を模索する中で考え出されたのが，憲法協議会を通じて憲法草案を策定するという方法であった。連邦構成主体は，この憲法協議会に参加することで憲法に自らの要求を反映させようとした。新憲法採択のために，連邦構成主体の協力は欠かせないと考えていたエリツィンにとっても，連邦構成主体側の接近は好都合であった[117]。こうして大統領と連邦構成主体が接近したことにより，エリツィンは強い大統領権限を憲法に組み込むことに成功した。その一方で，連邦制の問題について，エリツィンがとりうる選択肢

は限定された。しかも，憲法協議会では，それまで一致した立場を示すことで影響力を発揮していた連邦構成主体間の対立が顕著になり，事態は複雑化した。結局，連邦構成主体の同権性と非同権性を併記した折衷案が採用され，さらに中央と地方が個別に条約を締結することも認められた。

　最終的に新憲法は，エリツィンが議会機能を停止し，非常事態下で国民投票を実施することによって採択された。このような過程から明らかなように，ロシアの憲法は，エリツィンの一方的な行動によって制定されたことに大きな影響を受けている。1993年秋の一連の事件が「エリツィン・クーデター」とも言われるゆえんである。その一方で，これはエリツィンが自分の主導した憲法に「正統性」を付与しようとした結果であるというのも興味深い。国民投票であれ，連邦構成主体の取り込みであれ，その良し悪しは別として，いずれの行動も新憲法に対する支持をいかに獲得するかという試みであった。

　このようにして，ロシアの政治システムは，強い大統領制と非対称な連邦制という2つの制度を併せ持つことになった。後者については，最終段階で対称性を強める方向に憲法草案が修正されたのは事実だが，非対称性を拡大しうる要素(バイラテラリズム)は憲法に残された。そしてそれは，おそらくエリツィンの予想以上に大きな意味を持った。この憲法規定の下で1994年以降にバイラテラルな権限区分条約が締結されたことで，連邦構成主体間の非対称性は増し，1990年代のロシアの中央・地方関係は一層遠心化していくことになったのである。

1) Ostrow 2000.
2) Brudny1995; Пихоя и др. 2011, 307-308.
3) Хасбулатов 1993, 3-17, 20-24.
4)「民族救済戦線」は，結成直後に大統領令によって解散を命じられたが，大統領令は憲法違反であるとしてこれを無視し，活動を続けた。
5) Исаков 1997, 228-230.
6) Постановление Президиума Верховного Совета РФ и Правительства РФ «Об организации «круглого стола» для выработки рекомендации к программам антикризисных мер и развития реформ» // *Из истории создания Конституции РФ*. Том. 4/1. 2008. C. 475-482.

第6章　権力闘争の激化と新憲法制定（1993年）　209

7) Шейнис 2005, Том. 2, 214-215.

8) Резолюция заседания «круглого стола» «По вопросу о референдуме» // *Из истории создания Конституции РФ.* Том. 4/1. 2008. С. 489.

9) Доброхотов и др. 1994, 269-271.

10) *Шестая сессия Верховного Совета РФ. Бюллетень № 14 совместного заседания Совета Республики и Совета Национальностей.* (以下, *Шестая сессия Верховного Совета РФ. Бюллетень №*) 5 марта 1993 г. С. 7-11.

11) Докладная записка исполняющего обязанности начальника Государственно-правового управления Р. Орехова Президенту Российской Федерации Б.Н. Ельцину от 16 февраля 1993 г. с кратким анализом проекта «Согласованных предложений по укреплению и развитию конституционного строя Российской Федерации», внесенных Рабочей группой Конституционной комиссии // *Из истории создания Конституции РФ.* Том. 4/1. 2008. С. 551-554.

12) Обращение глав республик к Президенту Российской Федерации, Председателю Верховного Совета Российской Федерации, Председателю Конституционного суда Российской Федерации // *Из истории создания Конституции РФ.* Том. 4/1. 2008. С. 484-486.

13) Исаков 1997, 270-272.

14) 例えば, 1993年3月4日から5日にかけての最高会議では, 国民投票実施を定めた第7回人民代議員大会の決定を無効にするために, 第8回人民代議員大会を開催するか否かという問題が議論され, 各会派の代表が演説を行ったが, そこでは軒並み国民投票実施に否定的な意見が表明された(*Шестая сессия Верховного Совета РФ. Бюллетень № 13.* 4 марта 1993 г.; *№ 14.* 5 марта 1993 г.)。

15) Шейнис 2005, Том. 2, 237-239.

16) *Восьмой (внеочередных) Съезд народных депутатов Российской Федерации, 10-13 марта 1993 г.: Стенографический отчет.* (以下, *Восьмой Съезд народных депутатов РФ*) М. 1993. С. 51-67.

17) *Восьмой Съезд народных депутатов РФ.* С. 45-51, 308-311.

18) ユーリー・マトチキン(Маточкин, Юрий С.)カリーニングラード州行政府長の演説(*Восьмой Съезд народных депутатов РФ.* С. 310-311)。

19) *Восьмой Съезд народных депутатов РФ.* С. 368-374. ただし, リャボフの報告によれば, サラトフ州, カムチャツカ州, アムール州は, 国民投票に賛成の立場を示した(*Восьмой Съезд народных депутатов РФ.* С. 374-375)。

20) 決定案起草者の1人には, 連邦構成主体立法府代表者の声明を読み上げたピョートル・スミン(Сумин, Петр И.)チェリャビンスク州人民代議員ソヴィエト議長が名を連ねた。

21) *Из истории создания Конституции РФ.* Том. 4/1. 2008. С. 716-717; *Восьмой Съезд народных депутатов РФ.* С. 349-350, 362-363.

22) *Восьмой Съезд народных депутатов РФ*. С. 264-265.

23) *Восьмой Съезд народных депутатов РФ*. С. 385.

24) Постановление СНД РФ «О мерах по осуществлению конституционной реформы в Российской Федерации (О постановлении седьмого СНД РФ «О стабилизации конституционного строя Российской Федерации»)» // *Восьмой Съезд народных депутатов РФ*. С. 415-417 (採択の際の投票結果は、賛成656, 反対184, 棄権41であった(*Восьмой Съезд народных депутатов РФ*. С. 306)); Постановление СНД РФ «О всероссийском референдуме» // *Восьмой Съезд народных депутатов РФ*. С. 418 (採択の際の投票結果は、賛成643, 反対141, 棄権34であった(*Восьмой Съезд народных депутатов РФ*. С. 393))。

25) 溝端 2004, 67；Orttung 2004, 49.

26) Hale 2003.

27) *Российская газета*. 23 марта 1993 г.

28) スココフ安全保障会議書記の最高会議での発言(*Шестая сессия Верховного Совета РФ. Бюллетень № 17*. 21 марта 1993 г. С. 17)。

29) Ельцин 1994＝1994, 下巻, 108。

30) 大統領には国民投票を発議する権限がなかったため、「信任投票」という言葉が用いられた。

31) Постановление президиума ВС РФ «О созыве заседания Верховного Совета Российской Федерации» // *Ведомости СНД и ВС РФ*. 1993. № 13. Ст. 470.

32) *Шестая сессия Верховного Совета РФ. Бюллетень № 17*. 21 марта 1993 г. С. 17-18.

33) Постановление ВС РФ «Об Обращении Президента Российской Федерации к гражданам России 20 марта 1993 года» // *Ведомости СНД и ВС РФ*. 1993. № 13. Ст. 461.

34) 上野 2001, 83；Shevtsova 1999, 72.

35) Заключение Конституционного Суда РФ «О соответствии Конституции Российской Федерации действий и решений Президента Российской Федерации Б.Н. Ельцина, связанных с его Обращением к гражданам России 20 марта 1993 г.» // *Ведомости СНД и ВС РФ*. 1993. № 13. Ст. 466.

36) エリツィンがテレビ演説の中で言及した「特別統治秩序に関する大統領令」は公表されておらず、実際に公表された大統領令は、「権力危機克服までの執行機関の活動に関する大統領令」という名称であった。また、公布日は演説の日と同じ3月20日であった。

37) *Девятый (внеочередных) Съезд народных депутатов Российской Федерации, 26-29 марта 1993 г.: Стенографический отчет.* (以下, *Девятый Съезд народных депутатов РФ*) 1994. М. С. 41-45.

第6章　権力闘争の激化と新憲法制定(1993年)　　211

38) チェルノムィルジンは，ゾリキン憲法裁判所長官とともに，この時期エリツィンとハズブラートフの仲介役を果たしていた。

39) *Из истории создания Конституции РФ.* Том. 4/1. 2008. С. 799-800.

40) ハズブラートフは，エリツィンの国民投票提案に対抗するために，当初から大統領と議会の繰り上げ選挙を要求していたが，多くの議員はそもそも選挙をできるだけ回避したいと考え，早期の選挙実施に反対していた(Brudny 1995, 92)。

41) *Девятый Съезд народных депутатов РФ.* С. 247-248.

42) Morgan-Jones 2010, ch. 4.

43) Шейнис 2005, Том. 2, 274.

44) *Девятый Съезд народных депутатов РФ.* С. 311-313. 投票はいずれも無記名投票で行われた。

45) ハズブラートフは，議会においてエリツィンを支持する勢力，エリツィンを批判する保守派勢力の双方から批判された。こうした状況は，急進的改革派と保守派の双方に批判されていたソ連末期のゴルバチョフと類似している。

46) 上野 2001, 86-90；Батурин и др. 2001, 311-320. ハズブラートフによれば，テレビでは昼夜を問わず自分や議会に対する中傷や嘘が浴びせられ，時にはハズブラートフがチェチェン人であることに対する差別的発言も見られた(Хасбулатов 2011, 131-132)。

47) 下斗米 1994, 100-105。

48) 1991年の大統領選挙と比べ，1993年4月の国民投票は投票率が低下したが，エリツィンの得票率はほぼ同じであった(上野 2001, 91-94)。

49) Шейнис 2005, Том. 2, 339-340.

50) *Конституционное Совещание 29 апреля - 4 ноября 1993 г. Стенограммы. Материалы. Документы.* (以下, *Конституционное Совещание*) 1995. Том. 1. С. 12-68.

51) *Конституционное Совещание.* Том. 1. С. 3-5.

52) Постановление Верховного Совета РФ «О завершении работы над проектом Конституции Российской Федерации» // *Ведомости СНД и ВС РФ.* 1993. № 19. Ст. 696. この決定に則り，7月17日に憲法委員会が策定した草案が，人民代議員と連邦構成主体に送付された(*Из истории создания Конституции РФ.* Том. 4/3. 2009. С. 240)。

53) *Из истории создания Конституции РФ.* Том. 4/2. 2008. С. 63-129.

54) もっとも，これは憲法委員会の廃止を意味するわけではなかったし，リャボフは，憲法を最終的に採択するのは人民代議員大会であるという考えも同時に示した(*Шестая сессия Верховного Совета РФ. Бюллетень № 31.* 14 мая 1993 г. С. 27-29)。

55) Постановление ВС РФ «О порядке согласования и принятия проекта Конституции Российской Федерации» // *Ведомости СНД и ВС РФ.* 1993. № 24. Ст. 875.

56) ルミャンツェフ憲法委員会責任書記も，大統領は憲法協議会を創設する権利を持つことを認める一方で，憲法委員会は，大統領草案を完成させるためではなく，新憲法の基本原則の合意のために憲法協議会に参加するという点を強調した（*Из истории создания Конституции РФ*. Том. 4/2. 2008. С. 485-486）。

57) Frye 1997; Мороз 2007.

58) McFaul 2001.

59) Указ Президента РФ «О мерах по завершению подготовки новой Конституции Российской Федерации» // *Собрание актов Президента и Правительства Российской Федерации.* (以下，*Собрание актов Президента и Правительства РФ*) 1993. № 20. Ст. 1757.

60) Распоряжение Президента РФ // *Собрание актов Президента и Правительства РФ*. 1993. № 20. Ст. 1828.

61) Пихоя и др. 2011, 345-346.

62) ただし，「ロシア共産主義者」など，憲法協議会への参加を拒否する会派もあった。

63) Письмо Секретаря Конституционной комиссии // *Из истории создания Конституции РФ*. Том. 4/2. 2008. С. 607-616.

64) *Конституционное Совещание*. Том. 2. С. 6.

65) *Конституционное Совещание*. Том. 2. С. 14-16.

66) Frye 1997, 544; Мороз 2007, 465-468.

67) その典型的人物が，リャボフ最高会議副議長であろう。彼は，国民投票以前はハズブラートフと良好な関係を維持していたが（本章第1節第2項での議論を参照），憲法協議会への参加を表明した後には両者の関係は急速に悪化した。リャボフに同調したミハイル・ミチュコフ（Митюков, Михаил А.）が委員長を務めていた最高会議立法委員会は，ハズブラートフによって廃止に追い込まれた（溝口 2005, 66）。また，ニコライ・トラフキン（Травкин, Николай И.）民主党党首のように，議員を辞職し，近いうちの実施が見込まれていた議会選挙に向けて準備を進める者もいた（Hale 2006, 39）。

68) ただし，ハズブラートフ最高会議議長らを排除したという点では，それまでと大きく異なっていた。

69) 例えば，*Конституционное Совещание*. Том. 10. С. 305, 307.

70) 憲法協議会の招集について定めた5月12日や5月20日の大統領令では，憲法協議会における連邦構成主体国家権力機関の代表は，各連邦構成主体から2名ずつ（連邦構成主体の行政機関，立法機関から1名ずつ）が予定されていたが，専門家2名が新たに追加され，合計4名となった（*Конституционное Совещание*. Том. 1. С. 72-73, 75）。

71) *Конституционное Совещание*. Том. 2. С. 474.

72) 例えば，憲法協議会開会時のエリツィンの発言を参照（*Конституционное Совещание*. Том. 2. С. 3-14）。

73) 草案の内容は，*Конституционное Совещание*. Том. 17. С. 361-412.

74) *Из истории создания Конституции РФ*. Том. 4/2. 2008. С. 543-544.

75) 1つの重要な変化は，大統領の議会解散権に関するものである。大統領草案では，「国家権力の危機が，憲法が定めた手続きで解決できない場合」には大統領は議会を解散することができるとされていたが，そのような規定は憲法協議会が採択した案からは取り除かれた(表6-8も参照)。

76) この時期，エリツィンの故郷であるスヴェルドロフスク州を中心とした「ウラル共和国」宣言など，いくつかの地方，州が自らの地位を「共和国」に変えることを宣言して，権限拡大(共和国との同等の地位)を求めた(下斗米 1999，168-170)。

77) *Конституционное Совещание*. Том. 4. С. 463-465.

78) *Конституционное Совещание*. Том. 5. С. 375-377, 381-386.

79) 連邦条約は共和国を優遇する傾向が強かったので，共和国は一貫して連邦条約を連邦制の中心に位置付けることを主張してきた(条約的連邦派)。これに最も強く反対してきたのが，憲法委員会責任書記のルミャンツェフであった。

80) 例外的にサラトフ州の代表は，「連邦構成主体の同権」という文言を憲法に入れることに対して懐疑的な考えを示した(*Конституционное Совещание*. Том. 6. С. 113-114)。

81) *Конституционное Совещание*. Том. 4. С. 463-465; Том. 5. С. 369.

82) *Конституционное Совещание*. Том. 6. С. 131-133.

83) *Конституционное Совещание*. Том. 7. С. 284.

84) この問題に関するシャフライ副首相の発言を参照(*Конституционное Совещание*. Том. 12. С. 29-31)。

85) *Конституционное Совещание*. Том. 12. С. 81-84.

86) *Конституционное Совещание*. Том. 12. С. 45, 107-108.

87) *Конституционное Совещание*. Том. 2. С. 3-14.

88) Сопроводительное письмо руководителя Гуманитарного и политического центра «Стратегия» Г.Э. Бурбулиса Руководителю Администрации Президента Российской Федерации С.А. Филатову от 19 июня 1993 г. к аналитическому материалу о механизмах принятия новой Конституции России // *Из истории создания Конституции РФ*. Том. 4/2. 2008. С. 631-632; Служебная записка Руководителя Администрации Президента Российской Федерации С.А. Филатова Президенту Российской Федерации Б.Н. Ельцину от 29 июня 1993 г. о возможном механизме принятия Конституции Российской Федерации // *Из истории создания Конституции РФ*. Том. 4/2. 2008. С. 673-674.

89) *Конституционное Совещание*. Том. 8. С. 505.

90) Шейнис 2005, Том. 2, 367-369, 417-423.

91) Пихоя и др. 2011, 352.

92) *Из истории создания Конституции РФ*. Том. 4/3. 2009. С. 300-303.

93） この委員会は，1993 年 4 月国民投票後に生じた最高会議内の権力闘争の中で，ハズブラートフが立法委員会を廃止した際に新設されたものである（本章注 67 も参照）。

94） Указ Президента РФ «О порядке согласования проекта Конституции Российской Федерации» // *Собрание актов Президента и Правительства РФ*. 1993. № 31. Ст. 2837.

95） Указ Президента РФ «О поэтапной конституционной реформе в Российской Федерации» // *Собрание актов Президента и Правительства РФ*. 1993. № 39. Ст. 3597.

96） Постановление Президиума ВС РФ «О немедленном прекращении полномочий Президента Российской Федерации Б.Н. Ельцина» // *Из истории создания Конституции РФ*. Том. 4/3. 2009. С. 481. これらの勢力は，人民代議員大会や最高会議の場において正式にエリツィンの憲法違反と解任を採択しようと試みたが，いずれも定足数に達しなかった（森下 2001, 196-197）。

97） Заключение Конституционного Суда РФ «О соответствии Конституции Российской Федерации действий и решений Президента Российской Федерации Б.Н. Ельцина, связанных с его Указом от 21 сентября 1993 г. № 1400 «О поэтапной конституционной реформе в Российской Федерации» и Обращением к гражданам России 21 сентября 1993 г.» // *Из истории создания Конституции РФ*. Том. 4/3. 2009. С. 486-500.

98） Румянцев 2009, 66-68.

99） 事態の経過については，*Москва. Осень-93* (1994) を参照。

100） Указ Президента РФ «О Конституционном Суде Российской Федерации» // *Собрание актов Президента и Правительства РФ*. 1993. № 41. Ст. 3921.

101） Распоряжение Президента РФ «О проведении в Москве заседания Совета Федерации» // *Собрание актов Президента и Правительства РФ*. 1993. № 40. Ст. 3856. この会議では，1993 年 12 月 11 日から 12 日にかけて，新たな議会の下院となる国家会議の選挙を実施することを，第一の課題とするという連邦会議の決定が配布される予定であったという。ただし，日程はその後 10 月 5 日に変更され，その後中止された（Румянцев 2009, 57-58）。

102） Ельцин 1994＝1994，下巻，169-177。

103） Коржаков 1997, 155-156; Пихоя и др. 2011, 354-357.

104） 社会院は，第 3，第 4，第 5 の 3 つのグループを中心に 9 月 24 日に設立され，移行期間における連邦権力機関に関する規定と，（新設される予定の）国家会議議員選挙に関する規定を審議することになった（Распоряжение Президента РФ «Об образовании Общественной палаты Конституционного совещания» // *Собрание актов Президента и Правительства РФ*. 1993. № 39. Ст. 3674）。また国家院は 10 月 11 日に創設され，憲法草案の修正を検討すること

になった(Распоряжение Президента РФ «Об образовании Государственной палаты Конституционного совещания» // *Собрание актов Президента и Правительства РФ.* 1993. № 42. Ст. 3999)。ただし，どちらの会議もそれほど活発には活動しなかった。

105) Указ Президента РФ «О проведении всенародного голосования по проекту Конституции Российской Федерации» // *Собрание актов Президента и Правительства РФ.* 1993. № 42. Ст. 3995. 大統領には国民投票の発議権がないため，「全人民投票」という言葉が用いられた。

106) Шейнис 2005, Том. 2, 456.

107) *Конституционное Совещание.* Том. 20. С. 545-589.

108) ただし，連邦中央の管轄事項，連邦構成主体の間の管轄事項，両者の共同管轄事項に関する規定は，7月草案とほぼ同じままであった。

109) *Из истории создания Конституции РФ.* Том. 3/3. 2008. С. 164.

110) 1993年5月の憲法委員会草案では，連邦条約を第2編として組み込む方式と，連邦条約の内容を憲法の連邦制に関する規定に記す方式の2つが併記された。

111) Шейнис 2005, Том. 2, 460-461.

112) 特に，最終段階でそれまでのエリツィンとの約束を反故にされた共和国の反発は強く，軒並み投票率は低かった。タタルスタン共和国は，それ以前の国民投票でもボイコット戦術をとり，モスクワとの交渉を有利に進めようとしたが，今回の投票率もわずか13.4％であった。詳細は，松里(2000, 30-32)を参照。

113) White et al. 1997; Лукьянов 2009. 当時大統領の報道官であったコスチコフも，公表前に自分が見た投票結果よりも，投票数と賛成票数が増えており，新憲法の採択という結果に変わりはないものの，投票結果の集計から公表の過程で改竄が行われたことを指摘している(Костиков 1997, 266-268)。

114) Ross 2002, 42-43. エリツィンはこの大統領選挙で再選を果たしたが，権限区分条約を締結した連邦構成主体で得票率が高かったわけではなかった。詳細は溝口(2016)を参照。

115) DeBardeleben 1997; Filippov and Shvetsova 1999; Kahn 2002; Ross 2002；兵頭1999；中馬 2009。

116) 前章注60を参照。

117) レミントン(Remington 2001, 110)は，1993年前半の対立過程を経て，大統領は連邦構成主体指導者との連携へと戦術を変更したと述べているが，以上の過程から明らかなように，1993年初頭の時点で既に，大統領の側も，連邦構成主体の側も連携のための行動を起こし始めていた。国民投票の結果がエリツィンに有利な状況を生み出し，憲法協議会創設に踏み出させたのは事実だが，その前後で事態が大きく断絶しているわけではない。

第7章　結　　論

第1節　重層的転換における政治制度の形成

　一般的に，体制転換においては，既存の政治秩序に代わる新たな政治秩序を形成し，それをいかに安定化させるかという点が重要な課題であり，政治制度の形成はその課題を克服する1つの契機をなしている。政治制度がいったん形成され，「ゲームのルール」が確立すると，その変更は容易ではない。そして，その政治制度の下で，利得の配分状況はある程度固定化されることになる。制度形成をめぐる争いが過熱するのは，まさにこうした理由による。

　本書では，ロシアの体制転換における政治制度の形成過程を考察してきたが，体制転換が「重層的」であるという特徴が，いかにその帰結（制度形成）に影響を及ぼしたのかを考える上で，本書は2つの方法から接近した。それは第一に，重層的転換の中で各政治勢力の対抗関係がいかに変遷したかを考察するというアプローチであり，第二に，そうした「改革の連鎖」がいかに展開したかを論理的に跡付けるというアプローチである。これは，所与の利益や選好を持つ政治主体間の権力バランスによって制度形成を説明してきた既存研究の視角では，ロシアが体制転換過程で形成した政治制度の特徴を十分に捉えることができないという問題意識に基づくものである。

　既存研究の多くは，資源や権力が優勢な政治主体が自らに有利な政治制度を形成した——つまり，権力が優勢であったエリツィンが強い大統領制を中心とする集権的統治制度を選択した——という説明をしてきた。これに対し，本書のアプローチは，このような主意主義的な制度選択論を批判し，制度形

218

成の背景や形成された制度間の関係性を考察することで，形成された政治制度に，その設計者が意図せざる特徴が生じることを説明した。このアプローチは，合理的選択論と同じくミクロなレベルに分析の焦点を置きつつも，政治主体を取り巻く構造的な要因や環境の変化が主体の選択にいかに影響を与えたのかを考慮することによって，合理的選択論と構造論の折衷を図ったものである。

　以上のように，本書が社会構造的な要因を検討しつつも，分析の主眼を既存研究の多くと同様に政治エリートに置いたのは，ロシアの体制転換は概して「上から」起こったものであり，社会運動は一時的な盛り上がりを見せたものの，ソ連保守派によるクーデター未遂事件が起きた1991年8月をピークに徐々に終息してしまったためである。多くの市民は社会経済の混乱の中で政治に幻滅し，関心を失いさえした。したがって，ロシアの憲法体制成立の過程においては，「下から」の市民運動や街頭政治の役割は極めて限定的であった。本書の分析がそうした要素をある程度捨象しているのは，このような理由に基づいている。

　第2章から第6章までの実証分析の結果明らかになった，ソ連／ロシアの体制転換過程における「改革の連鎖」の展開をまとめると次のようになる。ソ連の「党＝国家体制」は，ノメンクラトゥーラ制によって人事権を掌握することで，国家及び社会の大部分を取り込み，政治と経済を一体化させながら統治するというシステムであった。しかしシステムの肥大化によってその非効率性が徐々に顕著になり，1985年にゴルバチョフがソ連共産党書記長に就任した頃には，改革が不可避なものになっていた。党書記長就任後，ゴルバチョフは経済改革にとどまらず，経済政策の遂行を担う党機構にまで改革のメスを入れた。このようにペレストロイカが共産党の集権的機構の改革にまで及び，各共和国で議会改革が進むと，共和国の政治エリートが台頭し始めた。彼らは大衆の支持を得るためにナショナリズムを喚起し，共和国の権限を拡大するような自立的な決定をするようになった。

　ロシアでは，1990年5月から6月にかけて開催された第1回人民代議員大会が，そのような自立化における重要な契機であった。特にこの大会にお

ける「国家主権宣言」の採択以降，1991 年 8 月までの約 1 年間に，「自立化」をめぐるソ連との対抗関係が，複数の分野の改革を同時にかつ急速に推し進めた。だが，1991 年 8 月の保守派によるクーデター未遂事件が，こうした動きを一時的に停止させた。なぜなら，この事件をきっかけにソ連指導部の権威は急激に低下し，それまでの 1 年間を規定していた「ソ連対ロシア」という対立構造が崩れてしまったからである。

　1991 年 12 月のソ連の解体は，ロシアの体制転換過程における大きな転機となった。エリツィン大統領は，1991 年 11 月に与えられた 1 年間の特別権限の下で，1992 年初めから急進的市場経済化政策を実施した。そしてこの急進的改革は 2 つの重要な帰結をもたらした。1 つ目は，連邦構成主体行政府の台頭を促したということである。経済改革の目玉の 1 つとして，1992 年 6 月に私有化国家プログラムが制定され，私有化が正式にスタートした。この過程で私有化の対象となった企業の大半は，連邦構成主体が管轄するものであったので，そこから有形無形の利益を得た行政府は急速に力をつけたのであった。2 つ目の影響は，市場経済化策がハイパーインフレや大幅な生産の低下を引き起こし，市民生活を大いに困窮させたため，大統領と政府の経済政策に対する批判が高まり，そこから政策決定の主導権（政治的権限）をめぐる争いが激化した。こうして，1992 年末にかけて，政府法の制定とそれに関連した憲法改正問題が重要な課題となり，それがエリツィンとハズブラートフの権力闘争とも交錯しながら，1993 年の新憲法制定をめぐる争いへとつながっていった。

　以上のような経過において，多様な政治勢力の対抗関係はどのように変遷しただろうか。まず，1990 年から 1991 年にかけては，議会では「民主ロシア」と「ロシア共産主義者」という二大勢力が拮抗していたが，「ロシアの自立化」という目標の下に大連合が形成されたため，意思決定は迅速に進んだ。しかし，1991 年末のソ連解体によって「敵」を失ったこれらの議会内勢力は，次第に 3 つのブロックに再編された。そして，この 3 つのブロックも，市場経済化の進展に伴い徐々に分裂していき，1992 年末には議会は原子化状況に陥った。このような状況で台頭してきたのが，私有化で利益を得

ていた連邦構成主体の指導者たちであった。1993年になると，大統領も多数派形成が困難な議会を回避し，連邦構成主体行政府と積極的に交渉を重ね，自らに有利な憲法を制定しようと試みた。エリツィンにとって，大統領権限を強化した憲法草案を採択するには，連邦構成主体の支持が欠かせないものとなった。1993年前半のエリツィンとハズブラートフの権力闘争は，互いを「ゲームのプレイヤー」としてすら認めないというところにまで激化したが，その後エリツィンは「ゲームのプレイヤー」を増やすことで，ハズブラートフらの影響力を相対的に低め，新憲法の策定を有利に進めようとした。こうした戦術の結果として，大統領制の問題と連邦制の問題とは，相互に連関するものとなった。

　憲法協議会での審議を経て，エリツィンは，憲法に大統領の強い権限を盛り込むことには成功した。連邦制の規定については，エリツィンは一貫した主張を持っていたわけではなかったが，憲法協議会に提示した自らの案（連邦構成主体の同権化）をそのまま通すことはできなかった。それは，憲法草案全体への支持を得るためには連邦構成主体の要求をある程度受け入れる必要があったからである。ただし，連邦構成主体の中にも利害の不一致があり，連邦制に関する規定は，連邦構成主体の同権性と非同権性を併記するものとなった。また，連邦政府とバイラテラルな交渉を続けていたタタルスタン共和国の要求を受け入れ，中央・地方関係を規定するものの1つとしてそのようなバイラテラルな条約を締結することが，憲法で認められることになった。その後，議会機能を停止する大統領令の発令に端を発する「10月事件」において，エリツィンが反対派に勝利すると，エリツィンは大統領・議会関係においても中央・地方関係においても集権化を強めた最終草案を策定した。しかし，それでも憲法協議会で地方に対して行った妥協がすべて失われたわけではなく，ロシアの統治制度は，集権的傾向と遠心的傾向という二面性を併せ持つことになったのである。

　以上のようなロシア憲法の特徴は，制度設計を主導したエリツィンにとって，意図せざる特徴を孕むことになった。次節でその制度の特徴について論じるが，その前にエリツィンが制度設計を「主導」できた理由について，も

う1点指摘しておきたい。それはエリツィンがとった戦術に関するものである。つまり，エリツィンは，政党形成を促進するなどして，特定の支持基盤を築こうとはせずに，自分が国民全体の指導者であることを演出した。こうした政治手法は特に，国民投票という手段の多用に表れた。3年足らずの短い期間に，エリツィンは国民投票を3度実施したが，そのいずれにおいても投票結果はエリツィンを利するものとなった。エリツィンは窮地をしのぐ手段として国民投票をうまく利用したが，そうした手段を有効なものとして保持しておくためには，特定の支持基盤に依拠するよりも，国民全体に訴えかける必要があった。このような戦術は，典型的なポピュリズムであった。しかし，それと表裏一体なものとして，エリツィンは安定的な支持基盤を失った。そして，重要な政治的決定を行う際に，エリツィンはその決定を支持する勢力を確保するのに苦労することになった。このように，エリツィンのとった戦術は，「諸刃の剣」とも言えるものであった。エリツィンは制度設計を「主導」することはできたが，支持勢力確保のために対症療法的な対応を余儀なくされた。そしてそのことは，この制度が自らの予期せぬ特徴を孕む一因となったのである。

第2節　強い大統領制と非対称な連邦制

　ロシアの大統領制は，他の国々と比較しても大統領権限が強い点に大きな特徴がある。憲法制定過程においてエリツィン自身がしばしば言及していたように，これは，過渡期の混乱を克服するために，強力な指導力を大統領に期待した結果であった。そのため，その是非はともかく，憲法制定後は，大統領による効率的な統治が行われることが当然期待されていたし，エリツィン自身もそのような意図を持っていた[1]。そして，国民投票の結果にも表れているように，このような見方は国民の間でも一定の支持を得ていたのである。しかし，実際には，憲法制定以降も大統領の統治能力は非常に限定的で，1990年代を通じて政治的・経済的な混乱期が続いた。1990年代のほとんどの期間経済は低迷し続け，ついには1998年の通貨金融危機を招いた。国家

の徴税能力も低く，公務員への給与不払いが続いたことは，汚職・腐敗が蔓延する原因となった。このように，1990年代のロシアは「国家の弱さ」や「統治能力の欠如」に苦しみ続けたのである。それは，憲法制定前に想定されていたものとは正反対の姿であった。

このようにエリツィン時代に付きまとった統治能力の限界は，既存研究が指摘してきたように，彼の個人的資質や1990年代後半に悪化した健康状態に起因する部分も確かにある。エリツィンの統治スタイルは，個人的な人間関係に依拠するものであり，それによって生じた政治と新興財閥(オリガルヒ)の癒着は，腐敗の温床となった。彼の健康状態が悪化したことは，オリガルヒを中心とした「セミヤー(家族)」と呼ばれる側近の政治的影響力を増大させ，国家としての機能低下を一層加速させたのである。

しかし，「重層的転換」という複雑な政治過程を経る中で生まれた憲法自体が，制度設計者(エリツィン)の意図を超えて，連邦中央の統治能力を削ぐような側面を有していたという点もまた重要である。つまり，そこには1993年12月に生まれたロシアの憲法体制に内在する問題があったのである。1993年憲法は，大統領に強い権限を与えた一方で，その権限を確保するための手段として連邦構成主体の取り込みを図った。その結果，大統領制と連邦制の問題は相互に連関するようになり，連邦制をめぐる規定は両義的なものになった。特に，憲法制定以前からタタルスタン共和国などとはバイラテラルな条約の交渉が始まっており，憲法でそのような条約の存在を認め，これを中央・地方関係を規定する文書の1つとして憲法や連邦条約と並列したことが，1994年以降に，多くの連邦構成主体が遠心化し，そのことが翻って大統領の統治能力を弱める大きな原因となった[2]。

ただし，これは，「強い大統領制」と「非対称な連邦制」という2つの制度が独立に存在し，後者のみがロシアの統治制度を非効率にした原因だったというわけではない。この「強い大統領制」と「非対称な連邦制」という2つの政治制度は，どちらも「重層的転換」が伴った複雑な政治過程から生まれたものであり，その意味で両者は表裏一体であった。

大統領の権力が憲法上の権限のみによって規定されるわけでもないし，国

家の力（統治能力）が大統領の権力に正比例するわけでもないことは言うまでもない。強大な権限を持っていても，実際の権力が非常に小さいということは十分にありうることである。ただし，ロシアの例に限定して言えば，新憲法策定にあたって，強い権限を持つ大統領は効率的な統治を行う上で必要だという考えが，それなりの影響力を持っていた。しかし実際には，大統領権限の強化にエリツィンが執着したことこそが，連邦構成主体の統制を困難にする一因となり，それがロシアの統治能力を弱めることになったのは皮肉な結果であった。1990年代のロシアにおける国家の遠心化は，強い大統領制が導入されたにもかかわらず生じたのではなく，強い大統領制が導入されたからこそ生じたのである。

第3節　21世紀のロシア

　憲法制定以降，1994年2月にタタルスタン共和国と結んだ条約をはじめとして，連邦政府は，多くの連邦構成主体と個別に権限区分条約を結んでいった。その結果，ロシアの連邦制は非対称性を増していき，エリツィン時代の中央・地方関係は，大統領と連邦構成主体行政府長との個人的・家産的な関係に基づくひどく不安定なものとなった。1990年代のロシアでは，オリガルヒの政治的影響力が非常に大きかったが，彼らはこのような不安定な統治制度の間隙を突いて政権の中枢にまで入り込んだと言えるだろう。

　1990年代末に突如政治の表舞台に登場し，2000年に大統領に就任したプーチンは，大統領着任前から，この個人的・家産的な関係に依拠する統治制度が，政策遂行の面で非効率であることや，指導者の交代や外部環境の変化などの影響を受けやすいという脆弱性を孕んでいることを強く危惧していた。各連邦構成主体が自立的な行動を続ける中で，ロシアは1998年夏の通貨金融危機に至るまで長らく経済的不況に苦しんだし，政権の継承ごとに政治エリートの連合が流動化し，体制が極度に不安定化する可能性もあったのである[3]。本書の冒頭でも触れたとおり，プーチンのこうした考えは，就任直後の彼の演説の中に明確に示されている。そしてプーチンは，大統領就任

後すぐに，連邦制改革をはじめとする中央集権化と与党「統一ロシア」の整備に積極的に取り組んだ。前者は，プーチンが「法の独裁」や「垂直的権力」というキーワードを多用したことからも分かるように，中央の決定が地方できちんと履行されることや，連邦法と連邦構成主体法との齟齬をなくすことを目指したものだった[4]。そして後者は，中央・地方関係を「統一ロシア」という1つの政党内部に閉じ込めることで，体制の安定化や規律強化，そして統治の効率化を達成することを目標としていた[5]。

　9.11事件後の国際環境の劇的な変化，原油価格の高騰により好調であったエネルギー産業を基軸とした経済成長，チェチェン戦争の成果に対する国民の支持など，今世紀に入ると政権の安定化に寄与する様々な要因が生じたが，体制の安定化にとって最も重要であったのは，まず1993年憲法に内在していた統治制度の不安定性を除去するために，それを新たな形に再編したことであった。こうして，21世紀の最初の10年間，ロシアの政治体制は相対的な安定期を迎えた。しかしその後，ロシアの政治状況は激変し始めている。2011年から2012年にかけては，「プーチンなきロシア」を求める大規模な反政府運動が起こり，2014年3月にはロシアはクリミアを併合し，国民は再びプーチンを熱狂的に支持するようになった[6]。このような変化を経て，1990年代のロシアと現在のロシアでは，政治体制の様相はかなり異なるものとなった。しかし，現在でも依然として1993年の憲法制定によって成立した統治制度が基軸となっており，この憲法がロシア政治の第一の「ゲームのルール」であるということには変わりがない。現在のロシアを分析する上でもその基底に位置する憲法体制を考察することの意義は全く失われておらず，それどころか，この憲法体制を正確に理解することこそが，ロシアの政治体制を理解する上での基礎となるものである。

　　1) Colton 2008, 280.
　　2) Solnick 2000.
　　3) Hale 2005; 2015.
　　4) 上野 2010, 6-13；溝口 2016。
　　5) 溝口 2011b。

6）溝口 2015。

参考資料　ロシア人民代議員大会・最高会議の主要会派

Гельбрас (1993); *Народные депутаты России* (1998) をもとに作成。

1. 急進民主主義者

第1回人民代議員大会において議員グループとして結成された。急進的改革を支持し，ソ連解体以前は，ロシアの「国家主権宣言」を強く支持し，党ノメンクラトゥーラの権力停止などを主張した。ソ連解体後も，大統領府や政府からの党・国家ノメンクラトゥーラの無条件の駆逐を求めた。経済改革においては，独占解体と競争的環境の整備，国有企業の私有化，全市民への土地所有権の提供などを主張し，政府に政策のさらなる急進化を求めた。

2. 民主ロシア

1990年の人民代議員選挙の際に結成された選挙ブロック「民主ロシア」を経て，そのまま人民代議員大会内のグループとして組織された。当初は200名以上が所属したが，その後複数の勢力に分裂していった。当初からエリツィンを支持し，経済政策においては，効率的私有化の早急な実施，価格と収入の自由化，売買を含む土地私有権の実現，独占解体，中小企業の支援など，新自由主義的政策を志向した。

3. 無党派議員

1000万人の無党派市民の利益を守ることを目的として結成された会派。政治分野では，個人の自由及び権利を重視し，軍，KGB，内務省，国有企業などの党からの分離を求めた。経済政策においては，経済の「脱イデオロギー化」と国家による中央統制の撤廃を主張し，急進的な土地改革と軍民転換を支持した。

4. 自由ロシア

自由，団結，公正，平等，ロシアの変容と繁栄を目的とする会派。「教義的ではなく，現実的な政党」として，生活に関わる具体的問題の解決を掲げた。経済政策においては，競争的な市場の創設を支持した。他方で，社会保障が確保される限りで，急進的改革を支持するという立場をとった。また，ロシアの経済政策がIMFに依存していることを批判した。

5. 左翼センター

中道左派，自由民主主義勢力が，過激主義を抑制し，政治的な振れ幅を小さくすること

で，社会を安定化できるという主張の下に結成された。政治的にはCISの強化を重視する。経済分野では，一般市民が困窮しない限りにおいての市場経済への移行を求めた。私有化は中小企業，商業施設，サービス業に限定すべきであるとの意見を持っていた。また，国家による年金生活者，低所得労働者へのケアの充実も求めた。

6. 主権と平等

ロシア・旧ソ連諸国内に住む少数民族の権利保護問題に取り組むために結成された。ロシア連邦の国民国家建設問題の解決に積極的に参加することを政治活動の目的とし，ロシアの連邦条約策定にも関与した。経済政策に関する主張は具体的でないが，政府の戦略的路線は支持していた。所属議員には民族会議議員が多数を占めた（最高会議内には「主権と平等」所属議員が23名いたが，うち17名が民族会議の議員であった）。

7. 刷新（新政策）

第1回人民代議員大会において登録された議員グループの1つ。当初は「民主ロシア」を支持していたが，その後組織的にも思想的にも分離し，政府を厳しく批判するようになった。緊縮財政策が著しい生産低下を招いており，この経済の危機的状況は，何よりも「政府の活動」に原因があるという立場をとった。

8. 産 業 同 盟

中道派，中道左派の工業，建設，輸送組織代表者，その他の生産管理者から構成された会派。急進的改革（市場構造の形成，労働者の利益に基づく私有化等）を支持。ただし，燃料エネルギー資源をはじめとする一部製品の価格は政府が管理し，段階的な自由価格への移行を主張した。弱者に対する社会的保護も求めた。私有化においては，25％の普通株式を労働者が無償で取得できるようにすることを主張した。

9. 労働者同盟

IMFの圧力の下で，政府が粗野な市場を形成したことを批判し，法律によって統一的な経済活動の秩序を設けた上での市場関係への移行を主張した。また，改革過程で一時的に失業した者に対する社会保障の必要性も唱えた。

10. ロシア共産主義者

社会志向性を持った社会と国家の発展を目指す会派。共産主義思想を拒否しないが，現実的な目標は社会主義と社会主義への運動にあるとした。ロシアの歴史的・文化的な伝統，民族の特徴から，集団的所有権を優先しており，集団的所有権の方が，労働のより高い効率と社会的保護を実現できると主張した。土地の私有及びその売買は認めない。政治制度としては，政治的多元主義や議会制民主主義の下で，ソヴィエト型の権力形態を維持・発展させ，議会主義の長所とともにソヴィエト型の長所も保持することを目指した。

11. 農 業 同 盟

　農産複合体労働者の法的保護など，農業経済の発展を重視した会派。政府の改革路線には反対していた。

12. ロ　シ　ア

　ロシアの再生を目的として結成された会派。市場経済は否定しないが，経済の脱集権化，所有権の改革，価格形成システムの改正などの課題が達成されるには10年から15年以上が必要と考えた。そのため，政府の急進的改革路線には反対であった。

13. 祖　　　国（Отчизна）

　ロシアの愛国主義勢力を統一する独立した社会運動の創設を目的とした会派。ロシアの国家的一体性の確保，主権と安全保障の保持などを唱えるが，独自の経済政策は持っていなかった。ロシア共産主義者，農業同盟とともに，生産手段の公有，企業の労働者管理などを定めた憲法草案を策定した。

231

参 考 文 献

一 次 資 料

1. ソ連共産党関連

КПСС в резолюциях и решениях съездов, конференций и пленумов ЦК.
Том. 15 (1985-1988). М. 1989.

XIX Всесоюзная конференция Коммунистическая партии Советского
Союза, 28 июня-1 июля 1988 г.: Стенографический отчет. М. 1988.

2. 議事録・議会資料

(1) 人民代議員大会・最高会議公報

Ведомости Верховного Совета СССР. М. 1986-1988.

Ведомости Съезда народных депутатов СССР и Верховного Совета
СССР. М. 1990.

Ведомости Съезда народных депутатов РСФСР и Верховного Совета
РСФСР. М. 1990-1992.

Ведомости Съезда народных депутатов Российской Федерации и Верховно-
го Совета Российской Федерации. М. 1992-1993.

(2) 人民代議員大会速記録

Первый Съезд народных депутатов РСФСР, 16 мая-22 июня 1990 года:
Стенографический отчет. Том. 1-5. М. 1992-1993.

Второй (внеочередной) Съезд народных депутатов РСФСР, 27 ноября-15
декабря 1990 года: Стенографический отчет. Том. 1-6. М. 1992.

Третий (внеочередной) Съезд народных депутатов РСФСР, 28 марта-5
апреля 1991 года: Стенографический отчет. Том. 1-5. М. 1992.

Четвертый Съезд народных депутатов РСФСР, 21-25 мая 1991 года:
Стенографический отчет. Том. 1-4. М. 1992.

Пятый (внеочередной) Съезд народных депутатов РСФСР, 10-17 июля,
28 октября-2 ноября 1991 года: Стенографический отчет. Том. 1-3.
М. 1992.

Шестой Съезд народных депутатов Российской Федерации, 6-21 апреля

1992 года: Стенографический отчет. Том. 1-5. М. 1992.

Седьмой Съезд народных депутатов Российской Федерации, 1-14 декабря 1992 г.: Стенографический отчет. Том. 1-4. М. 1993.

Восьмой (внеочередных) Съезд народных депутатов Российской Федерации, 10-13 марта 1993 г.: Стенографический отчет. М. 1993.

Девятый (внеочередных) Съезд народных депутатов Российской Федерации, 26-29 марта 1993 г.: Стенографический отчет. М. 1994.

(3) 最高会議通報

Бюллетень . . . совместного заседания Совета Республики и Совета Национальностей.

Первая сессия Верховного Совета РСФСР. М. 1990.

Вторая сессия Верховного Совета РСФСР. М. 1990.

Третья сессия Верховного Совета РСФСР. М. 1991.

Четвертая сессия Верховного Совета РФ. М. 1992.

Пятая сессия Верховного Совета РФ. М. 1992.

Шестая сессия Верховного Совета РФ. М. 1993.

Внеочередная сессия Верховного Совета РФ. М. 1993.

Седьмая (внеочередная) сессия Верховного Совета РФ. М. 1993.

3. 憲法委員会資料

Румянцев, О. Г. (общ. ред.) *Из истории создания Конституции Российской Федерации. Конституционная комиссия: стенограммы, материалы, документы (1990-1993 гг.).* М. 2007-2010.

4. 憲法協議会資料

Конституционное Совещание 29 апреля-4 ноября 1993 г. Стенограммы. Материалы. Документы. М. 1995.

5. 法 令 集

Собрание Постановлений Правительства СССР. М.

Собрание актов Президента и Правительства Российской Федерации. М.

6. 新 聞

Известия.

Российская газета.

Правда.

Советская Россия.

参考文献　233

7. そ の 他

・ロシア人民代議員名簿

Народные депутаты России. 1990-1993. 1998. М.: Издание Государственной Думы Федерального Собрания Российской Федерации.

・500 日計画

Переход к рынку. 1990. М. 〈http://www.yabloko.ru/Publ/500/500-days.pdf〉(2016 年 2 月 10 日アクセス)

・「民主ロシア」選挙綱領

Предвыборная программа «Демократической России» 1990. *Огонек.* № 6. С. 17-18.

・タタルスタン共和国公文書集

Хакимов, Рафаэль. 1996. *Ѣелая книга Татарстана: путь к суверенитету. (Сборник официальных документов). 1990-1995.* Казань: б.и.

二 次 資 料

1. 邦 語 文 献

石井規衛 1981.「革命ロシアにおける党＝「国家」体制の成立」『社会運動史』第 9 号，21-39 頁。

石井規衛 1995a.「党＝「国家」体制の成立——党を核とする文明について」和田春樹・家田修・松里公孝編『スラブの歴史(講座スラブの世界 3)』弘文堂，301-326 頁。

石井規衛 1995b.『文明としてのソ連——初期現代の終焉』山川出版社。

上野俊彦 1995a.「ソ連の政治制度——ソビエトと共産党の機能と構造」横手慎二他『国際情勢ベーシックシリーズ⑦　CIS[旧ソ連地域]』自由国民社，111-131 頁。

上野俊彦 1995b.「ゴルバチョフの政治改革」横手慎二他『国際情勢ベーシックシリーズ⑦　CIS[旧ソ連地域]』自由国民社，203-230 頁。

上野俊彦 1995c.「ロシアの政治改革」横手慎二他『国際情勢ベーシックシリーズ⑦　CIS[旧ソ連地域]』自由国民社，278-307 頁。

上野俊彦 1999.「ロシアの選挙民主主義——ペレストロイカ期における競争選挙の導入」皆川修吾編『移行期のロシア政治——政治改革の理念とその制度化過程』溪水社，339-381 頁。

上野俊彦 2001.『ポスト共産主義ロシアの政治——エリツィンからプーチンへ』国際問題研究所。

上野俊彦 2010.「ロシアにおける連邦制改革——プーチンからメドヴェージェフへ」『体制転換研究の先端的議論(スラブ・ユーラシア研究報告集 2)』北海道大学スラブ研究センター，1-20 頁。

ウェーバー，マックス 1972.(清水幾太郎訳)『社会学の根本概念』岩波文庫。

遠藤貢 2006.「民主主義をもたらさない「民主化」?——1990 年代以降のアフリカにおける政治変動とその評価をめぐって」恒川惠市編『民主主義アイデンティティ——新興

デモクラシーの形成』早稲田大学出版部, 51-72頁。

大江泰一郎・竹森正孝・樹神成 2003.「民主的法治国家」小森田秋夫編『現代ロシア法』東京大学出版会, 71-116頁。

大串敦 2011.「ソ連共産党中央委員会からロシア大統領府へ——ロシアにおける半大統領制の発展」仙石学・林忠行編『ポスト社会主義期の政治と経済——旧ソ連・中東欧の比較』北海道大学出版会, 79-105頁。

岡田進 1998.『ロシアの体制転換——経済危機の構造』日本経済評論社。

加藤志津子 2005.『市場経済移行期のロシア企業——ゴルバチョフ, エリツィン, プーチンの時代』文眞堂。

岸川毅 2002.「政治体制論」河野勝・岩崎正洋編『アクセス比較政治学』日本経済評論社, 19-34頁。

木村明生 2002.『ロシア同時代史 権力のドラマ——ゴルバチョフからプーチンへ』朝日選書。

雲和弘 2014.『ロシア人口の歴史と現在』岩波書店。

佐々木りつ子 1999a.『ソビエト体制の崩壊——経済資源コントロール国家解体の政治力学』木鐸社。

佐々木りつ子 1999b.「旧ソ連の大統領制化——レファレンダムを媒介とする導入, 確立, 変容のプロセス」『ロシア研究』第28号, 75-94頁。

左治木吾郎 1995.「ソ連経済の拡大と矛盾」横手慎二他『国際情勢ベーシックシリーズ⑦ CIS[旧ソ連地域]』自由国民社, 131-156頁。

佐藤経明 1975.『現代の社会主義経済』岩波新書。

佐藤経明 2004.「ソ連型経済システム」川端香男里・佐藤経明・中村善和・和田春樹・塩川伸明・栖原学・沼野充義監修『[新版]ロシアを知る事典』平凡社, 434-435頁。

佐藤陵一 1998.「ソ連邦崩壊後のロシア大統領制」青木一能・野口忠彦・岩崎正洋編『比較政治学の視座』新評論, 203-226頁。

塩川伸明 1993.『終焉の中のソ連史』朝日新聞社。

塩川伸明 1999.『現存した社会主義——リヴァイアサンの素顔』勁草書房。

塩川伸明 2007a.『多民族国家ソ連の興亡II 国家の構築と解体』岩波書店。

塩川伸明 2007b.『多民族国家ソ連の興亡III ロシアの連邦制と民族問題』岩波書店。

下斗米伸夫 1994.「ロシア政治と地域主義」木戸蓊・皆川修吾編『スラブの政治(講座スラブの世界5)』弘文堂, 91-116頁。

下斗米伸夫 1999.『ロシア世界(21世紀の世界政治4)』筑摩書房。

溪内謙 1978.『現代社会主義の省察』岩波書店。

田畑理一 2004.「移行経済諸国のマクロ経済」大津定美・吉井昌彦編『ロシア・東欧経済論』ミネルヴァ書房, 39-59頁。

地田徹朗 2004.「ソ連時代の共和国政治」岩崎一郎・宇山智彦・小松久男編『現代中央アジア論——変貌する政治・経済の深層』日本評論社, 29-52頁。

中馬瑞貴 2009.「ロシアの中央・地方関係をめぐる政治過程——権限区分条約の包括的な分析を例に」『スラブ研究』第56号, 91-125頁。

津田憂子 2005.「大統領制と議院内閣制の選択——1990 年〜1993 年のソ連・ロシア」『ロシア・東欧研究』第 34 号，109-121 頁。

津田憂子 2007.「新興民主主義国における政治制度の構築——ロシアにおける大統領制導入をめぐって」『早稲田政治経濟學雜誌』第 369 号，119-129 頁。

恒川惠市 2006.「民主主義体制の長期的持続の条件——民主化の紛争理論に向けて」恒川惠市編『民主主義アイデンティティ——新興デモクラシーの形成』早稲田大学出版部，1-23 頁。

トクヴィル，A. 1987.（井伊玄太郎訳）『アメリカの民主政治』講談社学術文庫。

中井和夫 1998.『ウクライナ・ナショナリズム——独立のジレンマ』東京大学出版会。

西村可明 1993.「ロシアにおける私有化政策」『経済研究』第 44 巻第 2 号，149-163 頁。

兵頭慎治 1999.「現代ロシアにおける中央と地方の関係——権限区分条約を中心として」『ロシア・東欧学会年報』第 28 号，100-107 頁。

松里公孝 2000.「エスノ・ボナパルティズムから集権的カシキスモへ——タタルスタン政治体制の特質とその形成過程 1990-1998」『スラブ研究』第 47 号，1-36 頁。

松戸清裕 2011.『ソ連史』ちくま新書。

溝口修平 2005.「ソ連邦崩壊後の政治危機における「市民同盟」の役割」『ロシア史研究』第 77 号，61-68 頁。

溝口修平 2010.「ロシアの「強い」大統領制——体制転換期の制度選択における構造と主体の関係を中心に」高橋直樹・部部恭宜編『構造と主体——比較政治学からの考察』東京大学社会科学研究所研究シリーズ No. 35，25-43 頁。

溝口修平 2011a.「ロシアの「強い」大統領制？——「重層的体制転換」における制度形成過程の再検討」『ヨーロッパ研究』第 11 号，51-74 頁。

溝口修平 2011b.「政党システムの分岐点——ロシア，ウクライナにおける政治エリートの連合再編過程の比較分析」仙石学・林忠行編『ポスト社会主義期の政治と経済——旧ソ連・中東欧の比較』北海道大学出版会，177-201 頁。

溝口修平 2013.「ロシアの非対称な連邦制——その制度的起源」『ロシア東欧研究』第 41 号，61-75 頁。

溝口修平 2015.「ウクライナ危機をめぐる二重の相互不信」『地域研究』第 16 巻第 1 号，77-90 頁。

溝口修平 2016.「ロシアにおける連邦制の変容とその効果」近藤康史・松尾秀哉・溝口修平・柳原克行編『連邦制の逆説？——連邦制は効果的な統治制度か』ナカニシヤ出版（近刊）。

溝端佐登史 2004.「国有企業の民営化と企業統治」大津定美・吉井昌彦編『ロシア・東欧経済論』ミネルヴァ書房，61-83 頁。

皆川修吾 1999.「移行期のロシア議会」皆川修吾編『移行期のロシア政治——政治改革の理念とその制度化過程』渓水社，382-452 頁。

森下敏男 2001.『現代ロシア憲法体制の展開』信山社。

山口定 1989.『政治体制』東京大学出版会。

吉井昌彦 2004.「市場経済移行とは」大津定美・吉井昌彦編『ロシア・東欧経済論』ミネ

ルヴァ書房，25-37頁。

ルツコイ，アレクサンドル（國井亮訳）1995.『クーデター前夜』実業之日本社。

2. 英 語 文 献

Anderson, Richard D., Jr., M. Steven Fish, Stephen E. Hanson, and Philip G. Roeder. 2001. "Conclusion: Postcommunism and the Theory of Democracy," in Richard D. Anderson, Jr., M. Steven Fish, Stephen E. Hanson and Philip G. Roeder, *Postcommunism and the Theory of Democracy*, Princeton: Princeton University Press: 152-168.

Andrews, Josephine T. 2002. *When Majorities Fail: The Russian Parliament, 1990-1993*, Cambridge: Cambridge University Press.

Åslund, Anders 1995. *How Russia Became a Market Economy*, Washington, D.C.: Brookings Institution.

Barnes, Andrew. 2001. "Property, Power, and the Presidency: Ownership Policy Reform and Russian Executive-Legislative Relations, 1990-1999," *Communist and Post-Communist Studies*, 34: 39-61.

Barnes, Andrew. 2006. *Owning Russia: The Struggle over Factories, Farms, and Power*. Ithaca and London: Cornell University Press.

Boycko, Maxim, Andrei Shleifer, and Robert Vishny. 1995. *Privatizing Russia*, Cambridge, Mass.: MIT Press.

Breslauer, George W. 1993. "The Roots of Polarization: A Comment," *Post-Soviet Affairs*, 9 (3): 223-230.

Brovkin, Vladimir. 1996. "The Emperor's New Clothes: Continuity of Soviet Political Culture in Contemporary Russia," *Problems of Post-Communism*, 43 (2): 21-28.

Brown, Archie. 1993. "The October Crisis of 1993: Context and Implications," *Post-Soviet Affairs*, 9 (3): 183-195.

Brown, Archie. 1997. *The Gorbachev Factor*, Oxford: Oxford University Press. = 2008. （小泉直美・角田安正訳）『ゴルバチョフ・ファクター』藤原書店。

Brown, Archie. 2002. "From Democratization to 'Guided Democracy'," in Larry Diamond and Marc F. Plattner (eds.), *Democracy after Communism*, Baltimore: The Johns Hopkins University Press: 209-216.

Brudny, Yitzhak M. 1993. "The Dynamics of "Democratic Russia", 1990-1993," *Post-Soviet Affairs*, 9 (2): 141-170.

Brudny, Yitzhak M. 1995. "Ruslan Khasbulatov, Aleksandr Rutskoi, and Intraelite Conflict in Postcommunist Russia, 1991-1994," in Timothy J. Colton and Robert C. Tucker (eds.), *Patterns in Post-Soviet Leadership*, Boulder, Col.: Westview Press: 75-101.

Bunce, Valerie. 1995. "Should Transitologists Be Grounded?" *Slavic Review*, 54 (1): 111-127.

参考文献　237

Bunce, Valerie. 1999a. "The Political Economy of Postsocialism," *Slavic Review*, 58 (4): 756-793.

Bunce, Valerie. 1999b. *Subversive Institutions: The Design and the Destruction of Socialism and the State*, Cambridge: Cambridge University Press.

Bunce, Valerie. 2003. "Rethinking Recent Democratization: Lessons from the Postcommunist Experience," *World Politics*, 55 (2): 167-192.

Bunce, Valerie. 2004. "Comparative Democratization: Lessons From Russia and the Postcommunist World," in Michael McFaul and Katheryn Stoner-Weiss (eds.), *After the Collapse of Communism: Comparative Lessons of Transition*, Cambridge: Cambridge University Press: 207-231.

Burs, Włodzimierz. 1973. *The Economics and Politics of Socialism: Collected Essays*, London and Boston: Routledge & K. Paul. = 1978. (佐藤経明訳)『社会主義における政治と経済』岩波書店。

Canovan, Margaret. 1999. "Trust the People! Populism and the Two Faces of Democracy," *Political Studies*, 47 (1): 2-15.

Carothers, Thomas. 2002. "The End of Transition Paradigm," *Journal of Democracy*, 13 (1): 5-21.

Collier, David, and Steven Levitsky. 1997. "Democracy with Adjectives: Conceptual Innovation in Comparative Research," *World Politics*, 49 (3): 430-451.

Colton, Timothy J. 2008. *Yeltsin: A Life*, New York: Basic Books.

Colton, Timothy J., and Michael McFaul. 2003. *Popular Choice and Managed Democracy: The Russian Elections of 1999 and 2000*, Washington, D.C.: Brookings Institution Press.

Colton, Timothy J., and Cindy Skach. 2005. "The Russian Predicament," *Journal of Democracy*, 16 (3): 113-126.

Dahl, Robert A. 1971. *Polyarchy: Participation and Opposition*. New Heaven: Yale University Press. = 1981. (高畠通敏・前田脩訳)『ポリアーキー』三一書房。

DeBardeleben, Joan. 1997. "The Development of Federalism in Russia," in Peter J. Stavrakis, Joan DeBardeleben and Larry Black (eds.), *Beyond the Monolith: The Emergence of Regionalism in Post-Soviet Russia*, Washington, D.C.: The Woodrow Wilson Center Press.

Diamond, Larry. 1992. "Economic Development and Democracy Reconsidered," in Gary Marks and Larry Diamond (eds.), *Reexamining Democracy: Essays in Honor of Seymour Martin Lipset*, Newbury Park, Calif.: SAGE Publications: 93-139.

Diamond, Larry. 2002. "Thinking about Hybrid Regimes," *Journal of Democracy*, 13 (2): 21-35.

Easter, Gerald M. 1997. "Preference for Presidentialism: Postcommunist Regime Change in Russia and the NIS," *World Politics*, 49 (2): 184-211.

Filippov, Mikhail, and Olga Shvetsova. 1999. "Asymmetric Bargaining in the New

Russian Federation: A Path-Dependence Explanation," *Communist and Post-Communist Studies*, 32: 61-76.

Fish, M. Steven. 2000. "The Executive Deception: Superpresidentialism and the Degradation of Russian Politics," in Valerie Sperling (ed.), *Building the Russian State: Institutional Crisis and the Quest for Democratic Governance*, Boulder, Col.: Westview Press: 177-192.

Fish, M. Steven. 2001a. "Dynamics of Democratic Erosion," in Richard D. Anderson, Jr., M. Steven Fish, Stephen E. Hanson and Philip G. Roeder, *Postcommunism and the Theory of Democracy*, Princeton: Princeton University Press: 54-95.

Fish, M. Steven. 2001b. "Democracy and Russian Politics," in Zoltan Barany and Robert G. Moser (eds.), *Russian Politics: Challenges of Democratization*, Cambridge: Cambridge University Press: 215-251.

Fish, M. Steven. 2005. *Democracy Derailed in Russia: The Failure of Open Politics*, New York: Cambridge University Press.

Frye, Timothy. 1997. "A Politics of Institutional Choice: Post-Communist Presidencies," *Comparative Political Studies*, 30 (5): 523-552.

Gel'man, Vladimir. 2004. "The Unrule of Law in the Making: the Politics of Informal Institution Building in Russia," *Europe-Asia Studies*, 56 (7): 1021-1040.

Gel'man, Vladimir. 2006. "From 'Feckless Pluralism' to 'Dominant Power Politics'?: The Transformation of Russia's Party System," *Democratization*, 13 (4): 545-561.

Gitelman, Zvi. 2001. "Russian Democratization in Comparative Perspective," in Stephen White, Alex Pravda and Zvi Gitelman (eds.), *Developments in Russian Politics 5*, Durham: Duke University Press: 289-302.

Goldman, Marshall I. 2003. *The Piratization of Russia: Russian Reform Goes Away*, London: Routledge. = 2003. (鈴木博信訳)『強奪されたロシア経済』日本放送出版協会。

Graney, Katherine E. 2009. *Of Khans and Kremlins: Tatarstan and the Future of Ethno-Federalism in Russia*, Lanham: Lexington Books, a division of Rowman & Littlefield.

Hale, Henry E. 2003. "Explaining Machine Politics in Russia's Regions: Economy, Ethnicity, and Legacy," *Post-Soviet Affairs*, 19 (3): 228-263.

Hale, Henry E. 2004. "The Origins of United Russia and the Putin Presidency: The Role of Contingency in Party-System Development," *Demokratizatsiya*, 12 (2): 169-194.

Hale, Henry E. 2005. "Regime Cycles and Revolution in Post-Soviet Eurasia," *World Politics*, 58 (1): 133-165.

Hale, Henry E. 2006. *Why Not Parties in Russia: Democracy, Federalism and the State*, New York: Cambridge University Press.

Hale, Henry E. 2011. "Formal Constitutions in Informal Politics: Instititutions and

Democratization in Post-Soviet Eurasia," *World Politics*, 63 (4): 581-617.

Hale, Henry E. 2015. *Patronal Politics: Eurasian Regime Dynamics in Comparative Politics*, New York: Cambridge University Press.

Hall, Peter, and Rosemary C. R. Taylor. 1996. "Political Science and the Three New Institutionalisms," *Political Studies*, 44: 936-957.

Herrera, Yoshiko M. 2001. "Russian Economic Reform, 1991-1999," in Zoltan Barany and Robert G. Moser (eds.), *Russian Politics: Challenges of Democratization*, Cambridge: Cambridge University Press: 135-173.

Herrera, Yoshiko M. 2005. *Imagined Economies: The Sources of Russian Regionalism*, Cambridge: Cambridge University Press.

Horowitz, Donald, 2002. "Constitutional Design: Proposals and Processes," in Andrew Reynolds (ed.), *The Architecture of Democracy: Constitutional Design, Conflict Management, and Democracy*, Oxford: Oxford University Press: 15-36.

Hough, Jerry F. 1971. "The Party Apparatchiki," in Gordon Skilling and Franklyn Griffiths (eds.), *Interest Groups in Soviet Politics*, Princeton: Princeton University Press: 47-92.

Hough, Jerry F. 1997. *Democratization and Revolution in the USSR, 1985-1991*, Washington, D.C.: The Brookings Institution.

Huntington, Samuel P. 1991. *The Third Wave: Democratization in the Late Twentieth Century*, Norman: University of Oklahoma Press. = 1995. (坪郷實・藪野祐三・中道寿一訳)『第三の波——20世紀後半の民主化』三嶺書房。

Huskey, Eugene. 1999. *Presidential Power in Russia*, Armonk, N.Y.: M. E. Sharpe.

Kahn, Jeffrey. 2002. *Federalism, Democratization, and the Rule of Law in Russia*, Oxford: Oxford University Press.

Kitschelt, Herbert. 2001. "Divergent Paths of Postcommunist Democracies," in Larry Diamond and Richard Gunther (eds.), *Political Parties and Democracy*, Baltimore: The Johns Hopkins University: 299-323.

Levitsky, Steven, and Lucan A. Way. 2002. "The Rise of Competitive Authoritarianism," *Journal of Democracy*, 13 (2): 51-65.

Levitsky, Steven, and Lucan A. Way. 2005. "International Linkage and Democratization," *Journal of Democracy*, 16 (3): 20-34.

Levitsky, Steven, and Lucan A. Way. 2010. *Competitive Authoritarianism: Hybrid Regimes after the Cold War*, New York: Cambridge University Press.

Lichbach, Mark I. 1997. "Social Theory and Comparative Politics," in Mark I. Lichbach and Alan S. Zuckerman (eds.), *Comparative Politics: Rationality, Culture, and Structure*, Cambridge: Cambridge University Press: 239-276.

Lichbach, Mark Irving, and Alan S. Zuckerman. 2009. "Paradigms and Pragmatism: Comparative Politics during the Past Decade," in Mark Irving Lichbach and Alan S. Zuckerman (eds.), *Comparative Politics: Rationality, Culture, and Structure*, 2nd edition, New York: Cambridge University Press: 1-17.

Linz, Juan J., and Alfred Stepan. 1996. *Problems of Democratic Transition and Consolidation Southern Europe, South America, and Post-Communist Europe.* Baltimore: The Johns Hopkins University Press.

Linz, Juan L., and Arturo Valenzuela (eds.). 1994. *The Failure of Presidential Democracy*, Baltimore: The Johns Hopkins University Press. = 2003. (中道寿一訳)『大統領制民主主義の失敗：理論編──その比較研究』南窓社。

Lynch, Allen C. 2005. *How Russia Is Not Ruled: Reflections on Russian Political Development*, Cambridge: Cambridge University Press.

Mainwaring, Scott. 1993. "Presidentialism, Multipartism, and Democracy: The Difficult Combination," *Comparative Political Studies*, 26 (2): 198-228.

Matsuzato, Kimitaka. 2006. "Differing Dynamics of Semipresidentialism across Euro/Eurasian Borders: Ukraine, Lithuania, Poland, Moldva, and Armenia," *Demokratizatsiya*, 14 (3): 317-345.

McFaul, Michael. 1999. "Institutional Design, Uncertainty, and Path Dependency during Transitions: Cases from Russia," *Constitutional Political Economy*, 10: 27-52.

McFaul, Michael. 2001. *Russia's Unfinished Revolution: Political Change from Gorbachev to Putin*, Ithaca and London: Cornell University Press.

McFaul, Michael. 2002. "The Fourth Wave of Democracy and Dictatorship: Noncooperative Transitions in the Postcommunist World," *World Politics*, 54 (2): 212-244.

McFaul, Michael, and Kathryn Stoner-Weiss. 2004. "The Evolving Social Science of Postcommunism," in Michael McFaul and Katheryn Stoner-Weiss (eds.), *After the Collapse of Communism: Comparative Lessons of Transition*, Cambridge: Cambridge University Press: 1-20.

Morgan-Jones, Edward. 2010. *Constitutional Bargaining in Russia, 1990-93: Institutions and Uncertainty*, London and New York: Routledge.

Moser, Robert G. 2001. "Executive-Legislative Relations in Russia, 1991-1999," in Zoltan Barany and Robert G. Moser (eds.), *Russian Politics: Challenge of Democratization*, Cambridge: Cambridge University Press: 64-102.

Motyl, Alexander J. 1997. "Structural Constraints and Starting Points: The Logic of Systemic Change in Ukraine and Russia," *Comparative Politics*, 29 (4): 433-447.

Motyl, Alexander J. 2004. "Communist Legacies and New Trajectories: Democracy and Dictatorship in the Former Soviet Union and East Central Europe," in Yitzhak Brudny, Jonathan Frankel and Stefani Hoffman (eds.), *Restructuring Post-Communist Russia*, Cambridge: Cambridge University Press: 52-67.

Nichols, Thomas M. 1999. *The Russian Presidency: Society and Politics in the Second Russian Republic*, Basingstoke: Macmillan Press.

Nove, Alec. 1980. *The Soviet Economic System*, 2nd editon, London and Boston: Allen & Unwin. = 1986.（大野喜久之輔・家本博一・吉井昌彦訳）『ソ連の経済システム』晃洋書房。

O'Donnell, Guillermo. 1999. *Counterpoints: Selected Essays on Authoritarianism and Democratization*, Notre Dame, Ind.: University of Notre Dame Press.

O'Donnell, Guillermo, and Philip C. Schmitter. 1986. *Transitions from Authoritarian Rule: Tentative Conclusions about Uncertain Democracies*, Baltimore: The Johns Hopkins University Press. = 1986.（真柄秀子・井戸正伸訳）『民主化の比較政治学──権威主義支配後の政治世界』未來社。

Ogushi, Atsushi. 2008. *The Demise of the Soviet Communist Party*. London and New York: Routledge.

Ogushi, Atsushi. 2009. "From the CC CPSU to Russian Presidency: The Development of Semi-Presidentialism in Russia," in Tadayuki Hayashi and Atsushi Ogushi (eds.), *Post-Communist Transformations: The Countries of Central and Eastern Europe and Russia in Comparative Perspective*, Sapporo: Slavic Research Center, Hokkaido University: 3-25.

Orttung, Robert W. 2004. "Business and Politics in the Russian Regions," *Problems of Post-Communism*, 51 (2): 48-60.

Ostrow, Joel M. 2000. *Comparing Post-Soviet Legislatures: A Theory of Institutional Design and Political Conflict*, Columbus: Ohio State University Press.

Ottaway, Marina. 2003. *Democracy Challenged: The Rise of Semi-Authoritarianism*, Washington, D.C.: Carnegie Endowment for International Peace.

Pierson, Paul. 2004. *Politics in Time: History, Institutions, and Social Analysis*, Princeton and Oxford: Princeton University Press. = 2010.（粕谷祐子監訳）『ポリティクス・イン・タイム──歴史・制度・社会分析』勁草書房。

Protsyk, Oleh. 2004. "Ruling with Decrees: Presidential Decree Making in Russia and Ukraine," *Europe-Asia Studies*, 56 (5): 637-660.

Przeworski, Adam. 1991. *Democracy and the Market: Political and Economic Reforms in Eastern Europe and Latin America*, Cambridge: Cambridge University Press.

Przeworski, Adam, Michael E. Alvarez, Jose Antonio Cheibub, and Fernando Limongi. 2000. *Democracy and Development: Political Institutions and Well-Being in the World, 1950-1990*, Cambridge: Cambridge University Press.

Reddaway, Peter, and Dmitri Glinski. 2001. *The Tragedy of Russia's Reform: Market Bolshevism against Democracy*, Washington, D.C.: United States Institute of Peace Press.

Remington, Thomas F. 1994. "Introduction: Parliamentary Elections and the Transition from Communism," in Thomas F. Remington (ed.), *Parliaments in Transition: The New Legislative Politics in the Former USSR and Eastern Europe*, Boulder, Col.: Westview Press: 1-27.

Remington, Thomas F. 2001. *The Russian Parliament: Institutional Evolution in a Transitional Regime, 1989-1999*, New Haven: Yale University Press.

Remington, Thomas F., Steven S. Smith, D. Roderick Kiewiet, and Moshe Haspel. 1994. "Transitional Institutions and Parliamentary Alignments in Russia, 1990-1993," in Thomas F. Remington (ed.), *Parliaments in Transition: The New Legislative Politics in the Former USSR and Eastern Europe*, Boulder, Col.: Westview Press: 159-180.

Rigby, T. H. 1990. *The Changing Soviet System: Mono-Organisational Socialism from Its Origins to Gorbachev's Restructuring*, Aldershot, Hants, England: Edward Elgar Pub.

Roeder, Philip G. 1998. "Transitions from Communism: State-Centered Approaches," in Harry Eckstein, Frederic J. Fleron, Jr., Erik P. Hoffmann and William M. Reisinger, *Can Democracy Take Root in Post-Soviet Russia?: Explorations in State-Society Relations*, Lanham: Rowman & Littlefield Publishers: 201-228.

Roeder, Philip G. 1999. "The Revolution of 1989: Postcommunism and the Social Sciences," *Slavic Review*, 58 (4): 743-755.

Ross, Cameron. 2002. *Federalism and Democratisation in Russia*, Manchester: Manchester University Press.

Rutland, Peter. 1993. *The Politics of Economic Stagnation in the Soviet Union*, Cambridge: Cambridge University Press.

Sartori, Giovanni. 1976. *Parties and Party Systems*, vol. 1, Cambridge: Cambridge University Press. = 2000. (岡沢憲芙・川野秀之訳)『現代政党学——政党システム論の分析枠組［普及版］』早稲田大学出版部。

Sartori, Giovanni. 1996. *Comparative Constitutional Engineering: An Inquiry into Structures, Incentives and Outcomes*, 2nd edition, London: Macmillan. = 2000. (岡沢憲芙監訳，工藤裕子訳)『比較政治学——構造・動機・結果』早稲田大学出版部。

Satz, Debra, and John Ferejohn. 1994. "Rational Choice and Social Theory," *The Journal of Philosophy*, 91 (2): 71-87.

Schedler, Andreas. 2001. "What Is Democratic Consolidation?" in Larry Diamond and Marc F. Plattner (eds.), *The Global Divergence of Democracies*, Baltimore: Johns Hopkins University Press: 149-164.

Schedler, Andreas (eds.). 2006. *Electoral Authoritarianism: The Dynamics of Unfree Competition*, Boulder, Col. and London: Lynne Rienner Publishers.

Schmitter, Philippe C., and Terry Lynn Karl. 1994. "The Conceptual Travels of Transitologists and Consolidologists: How Far to the East Should They Attempt to Go?" *Slavic Review*, 53 (1): 173-185.

Shevtsova, Lilia. 1999. *Yeltsin's Russia: Myths and Reality*, Washington, D.C.: Carnegie Endowment for International Peace.

Shevtsova, Lilia. 2001. "From Yeltsin to Putin: The Evolution of Presidential Power," in Archie Brown and Lilia Shevtsova (eds.), *Gorbachev, Yeltsin, and Putin: Political Leadership in Russia's Transition*, Washington, D.C.: Carnegie Endowment for International Peace.

Shleifer, Andrei, and Daniel Treisman. 2001. *Without a Map: Political Tactics and Economic Reform in Russia*, Cambridge, Mass.: MIT Press.

Shugart, Matthew S., and John M. Carey. 1992. *Presidents and Assemblies: Constitutional Design and Electoral Dynamics*, Cambridge: Cambridge University Press.

Shugart, Matthew Soberg, and Stephan Haggard. 2001. "Institutions and Public Policy in Presidential Systems," in Stephan Haggard and Mathew D. McCubbins (eds.), *Presidents, Parliaments, and Policy*, Cambridge: Cambridge University Press: 64-102.

Slider, Darrell. 1997. "Regional Aspects of Privatization in Russia," in Peter J. Stavrakis, Joan DeBardeleben and Larry Black (eds.), *Beyond the Monolith: The Emergence of Regionalism in Post-Soviet Russia*, Washington, D.C.: The Woodrow Wilson Center Press: 105-117.

Slider, Darrell. 2014. "A Federal State?" in Stephen White, Richard Sakwa and Henry E. Hale (eds.), *Developments in Russian Politics 8*, Durham: Duke University Press.

Solnick, Steven L. 1998. *Stealing the State: Control and Collapse in Soviet Institutions*, Cambridge, Mass.: Harvard University Press.

Solnick, Steven L. 2000. "Is the Center Too Weak or Too Strong in the Russian Federation?" in Valerie Sperling (ed.), *Building the Russian State: Institutional Crisis and the Quest for Democratic Governance*, Boulder, Col.: Westview Press: 137-156.

Sperling, Valerie. 2000. "Introduction: The Domestic and International Obstacles to State-Building in Russia," in Valerie Sperling (ed.), *Building the Russian State: Institutional Crisis and the Quest for Democratic Governance*, Boulder, Col.: Westview Press: 1-23.

Stoner-Weiss, Kathryn. 2001. "The Russian Central State in Crisis: Center and Periphery in the Post-Soviet Era," in Zoltan Barany and Robert G. Moser (eds.), *Russian Politics: Challenge of Democratization*, Cambridge: Cambridge University Press: 103-134.

Stoner-Weiss, Kathryn. 2004. "Whither the Central State?: The Regional Sources of Russia's Stalled Reforms," in Michael McFaul and Kathryn Stoner-Weiss (eds.), *After the Collapse of Communism: Comparative Lessons of Transition*, Cambridge: Cambridge University Press: 130-172.

Tsebelis, Geroge. 1990. *Nested Games: Rational Choice in Comparative Politics*, Berkeley and Los Angeles: University of California Press.

Way, Lucan A. 2005. "Authoritarian State Building and the Sources of Regime

Competitiveness in the Fourth Wave: The Cases of Belarus, Moldova, Russia, and Ukraine," *World Politics*, 57 (2): 231-261.

White, Stephan, Richard Rose, and Ian McAllister. 1997. *How Russia Votes*, Chatham, N.J.: Chatham House Publishers.

3. 露語文献

Батурин, Ю. М., А. Л. Ильин, В. Ф. Кадацкий, В. В. Костиков, М. А. Краснов, А. Я. Лившиц, К. В. Никифоров, Л. Г. Пихоя, Г. А. Сатаров. 2001. *Эпоха Ельцина. Очерки поитической истории*. М.: ВАГРИУС.

Венгеров, А. Б. 2009. «Сильная исполнительная власть — это то, что нам нужно» Румянцев, О. Г. (общ. ред.) *Из истории создания Конституции Российской Федерации. Конституционная комиссия: стенограммы, материалы, документы (1990-1993 гг.)*. Том. 4/3. М.: Wolters Kluwer: 979-981.

Воротников, В. И. 2011. *Хроника абсурда: отделение России от СССР*. М.: Эксимо: Алгоритм.

Гайдар, Е. Т. 1997. *Дни поражений и побед*. М. : ВАГРИУС. = 1998. (中澤孝之訳)『ロシアの選択——市場経済導入の賭けに勝ったのは誰か』ジャパンタイムズ。

Гельбрас, В. Г. 1993. *Кто есть что. Политическая Москва*. М.: Catallaxy.

Гимпельсон, В. 1993. «Новое российское предпринимательство: источники формирования и стратегии социального действия» *Мировая экономика и международные отношения*, № 6: 31-42.

Горбачев, М. С. 1987. *Избранные речи и статьи*. М.: Политиздат.

Горбачев, М. С. 1995. *Жизнь и реформы*. М.: Новости. = 1996. (工藤精一郎・鈴木康雄訳)『ゴルバチョフ回想録』新潮社。

Доброхотов, Л. Н., В. Н. Колодежный, А. И. Кожокина, Г. В. Лобанцова (сост.) 1994. *Ельцин-Хасбулатов: единство, компромисс, борьба*. М.

Ельцин, В. Н. 1994. *Записки президента*. М.: Огонек. = 1994. (中澤孝之訳)『エリツィンの手記——崩壊・対決の舞台裏』同朋舎出版。

Исаков, В. 1997. *Госпереворот: Парламентские дневники 1992-1993*. Екатеринбург: ИПП «Уральский рабочий».

Коржаков, Александр. 1997. *Борис Ельцин: от рассвета до заката*. М.: Интербук.

Костиков, Вячеслав. 1997. *Роман с президентов. Записки пресс-секретаря*. М.: ВАГРИУС.

Крыштановская, О. 2004. *Анатомия российской элины*. М.: Захаров.

Левада, Юрий. 2006. *Ищем человека: Социологические очерки. 2000-2005*, М.: Новое изд-во.

Лукьянов, Е. А. 2009. «Из истории беззакония (к вопросу о порядке проведения и результатах референдума 12. 12. 1993 г.)» Румянцев, О. Г. (общ. ред.) *Из*

истории создания Конституции Российской Федерации. Конституцио-
нная комиссия: стенограммы, материалы, документы (1990-1993 гг.).
Том. 4/3. М.: Wolters Kluwer: 1108-1119.

Млечин, Леонид. 2003. *Кремль Президента России: Стратегия власти от
Б. Н. Ельцина до В. В. Путина*. М.: Центрполиграф.

Мороз, О. 2005. *Хроника либеральной революции: Как удалось отстоять
реформы*. М.: Изд. «Радуга».

Мороз, О. П. 2007. *Так кто же расстрелял парламент?* М.: «Русь» - «Олиип».

Москва. Осень-93. Хроника противостояния. 1994. М.: Республика.

Мостовой, П. 1999. «Как создавалась программа» Чубайс, А. (ред.) *Приватизации
по-российски*. М.: ВАГРИУС: 67-73.

Пихоя, Р. Г., М. Р. Зезина, О. Г. Малышева, Ф. В. Малхозова. 2011. *Борис
Ельцин*. Екатеринбург: Изд. «Сократ».

Путин, В. В. 2000. «Послание Федеральному Собранию Российской Федерации» 8
июля 2000 г. ⟨http://archive.kremlin.ru/text/appears/2000/07/28782.shtml⟩
(2016 年 2 月 10 日アクセス)

Румянцев, О. Г. 2007. «О работе Конституционной комиссии (1990-1993 гг.).
Часть первая: 1990 г.» Румянцев, О. Г. (общ. ред.) *Из истории создания
Конституции Российской Федерации. Конституционная комиссия:
стенограммы, материалы, документы (1990-1993 гг.).* Том. 1. М.:
Wolters Kluwer: 17-34.

Румянцев, О. Г. 2008a. «К истории создания Конституции Российской Федерации.
О работе Конституционной комиссии (1990-1993 гг.). Часть четвертая: июль-
декабрь 1992 года» Румянцев, О. Г. (общ. ред.) *Из истории создания
Конституции Российской Федерации. Конституционная комиссия:
стенограммы, материалы, документы (1990-1993 гг.).* Том. 3/2. М.:
Wolters Kluwer: 25-41.

Румянцев, О. Г. 2008b. «К истории создания Конституции Российской Федерации.
О работе Конституционной комиссии (1990-1993 гг.). Часть пятая: 1992 год:
Строительство конституционной Федерации» Румянцев, О. Г. (общ. ред.) *Из
истории создания Конституции Российской Федерации. Конституцио-
нная комиссия: стенограммы, материалы, документы (1990-1993 гг.).*
Том. 3/3. М.: Wolters Kluwer: 33-54.

Румянцев, О. Г. 2009. «К истории создания проекта Конституции Российской
Федерации. О работе Конституционной комиссии (1990-1993 гг.). Часть
восьмая. Июль-декабрь 1993 года» Румянцев, О. Г. (общ. ред.) *Из истории
создания Конституции Российской Федерации. Конституционная
комиссия: стенограммы, материалы, документы (1990-1993 гг.).* Том.
4/1. М.: Wolters Kluwer: 41-82.

Рыжков, В. А. 1999. *Четвертая республика: Очерк политической истории современной России*. М.: Ad Marginem.

Союз можно было сохранить. Белая книга. Документы и факты о политике М. С.Горбачева по реформированию и сохранению многонационального государства. 2007. 2-е изд. М.: АСТ: АСТ МОСКВА.

Суханов, Л. Е. 2011. *Как Ельцин стал президентом. Записки первого помощника*. М.: Эксимо: Алгоритм.

Филатов, Сергей. 2000. *Совершенно нескретно*. М.: ВАГРИУС.

Хасбулатов, Р. И. 1993. *Выбор судьбы. Статьи, выступления, интервью, январь-июнь 1993 года*. М.: «Республика».

Хасбулатов, Р. И. 2011. *Преступный режим: «либеральная тирания» Ельцина*. М.: ЯУЗА-ПРЕСС.

Черепанов, В. А. 2005. *Теория российского федерализма*. М.: МЗ-ПРЕСС.

Черняев, А. С. 1993. *Шесть лет с Горбачевым: по дневниковым записям*. М.: Прогресс; Культура. ＝ 1994. (中澤孝之訳)『ゴルバチョフと運命をともにした2000日』潮出版社。

Шаймиев, М. Ш. 2000. «Десять лет по пути укрепления суверенитета» 29 августа 2000 г. 〈http://shaimiev.tatarstan.ru/pub/view/694〉(2016 年 2 月 10 日アクセス)

Шейнис, Виктор. 2005. *Взлет и падение парламента: Переломные годы в российской политике (1985-1993)*. М.: Центр Карнеги; Фонд ИНДЕМ.

あ と が き

　本書は，筆者が2012年1月に東京大学大学院総合文化研究科に提出した博士論文を大幅に加筆・修正したものである。「近くて遠い国」であるロシア連邦が，どのような経緯で成立したのか，その制度的な側面を明らかにしようとロシア憲法制定過程の研究を始めてから，もう10年以上が経ってしまった。今から振り返れば，もっと効率的に，もっと短期間で研究を仕上げることができたであろうとも思うが，大学院に進学した当時は，ここまで辿り着けることが想像もできないほど長い道のりが待ち構えているように思えた。というより，当時の筆者が抱いていたのは，道があることすら疑わしいところに迷い込んでしまったという感覚だった。

　筆者は，国家というものがなぜ人々に帰属意識を抱かせ，時に人々を扇動し，紛争や対立を引き起こすのかということに漠然とした興味を抱いていた。そして，大学院に進学することを決めたときに，自分の関心を満たしてくれそうな研究対象として，20世紀に国家の変動を2度経験したロシアを選んだ。だが，当初は自分の描く研究像と自分の能力のなさとのギャップに思い悩む日々が続き，自分が何をしようとしているのかすら見失うこともあった。それでも，長い時間をかけて1つの結論に辿り着き，その成果をこうして世に問うことができたのは，多くの人に手を差し伸べてもらい，支えてもらったからに他ならない。簡単ではあるが，これまでお世話になった方々に感謝の気持ちを述べたい。

　まず，指導教官である中井和夫先生には，学部生として先生の授業を受講して以来，本当に長きにわたりお世話になった。大学院に進学して，進む方向も分からずに鬱屈としていた頃，筆者は決して先生の良い弟子ではなかったであろうが，それでも中井先生はそのような筆者を常に温かく指導して下

さった。いつ終わるとも分からない研究を諦めずにいられたのは中井先生の存在があったからであり，先生なしには，本書は決して日の目を見ることはなかっただろう。

　博士論文の審査では，中井先生以外にも多くの先生方から厳しくも建設的なご意見をいただいた。石井明先生と恒川惠市先生には論文の構想段階の原稿を読んでいただき，研究の進むべき方向を的確にご指摘いただいた。石井先生は，筆者の議論の曖昧な点をご指摘くださり，自分が本当は何をやりたいのかを見つめ直すきっかけを与えて下さった。それは最後まで筆者にとっての指針となった。恒川先生からは，比較政治学の理論に関する刺激的なゼミを通じて，理論的な枠組を通して物事を分析することの大切さを学んだ。お二人が東京大学を去られた後，遠藤貢先生と高橋直樹先生に無理なお願いをして，途中から博士論文コロキアムの副査になっていただき，筆者の拙い草稿を何度も読んでいただいた。遠藤先生からは，アフリカの大統領制や中央・地方関係との比較を通じて，より広い視野から自分の研究を捉え直す機会を与えていただいた。高橋先生からは，常に論文の本質的な問題点を浮き彫りにするような質問が投げかけられた。また，先生には 2009 年の日本比較政治学会でパネルを組み，報告した際にも，司会・討論者を務めていただいた。お二人からのご指摘に応えようとすることによって，議論が精緻化され，論文の主張が明確になっていくのが，自分でも手に取るように分かり，博士論文コロキアムで先生方のご意見を伺うことは，怖いようでもあり，楽しみでもあった。

　上野俊彦先生と塩川伸明先生には，博士論文の最終審査において副査になっていただき，ロシア政治史という観点から貴重なご意見をいただいた。両先生には，博士論文に限らず，大学院の演習や学会において私の論文を何度も読んでいただき，ロシア研究のなんたるかを教えていただいた。上野先生からは一次資料をきちんと読み，事実を緻密に積み上げることの大切さを学んだ。学生に対しても常に真剣勝負の議論を求められる塩川先生からは，学問の厳密さが細部においても大局においても必要であることを常に痛感させられた。本論を読んでもらえれば一目瞭然だと思うが，お二人の研究を乗

り越えることが，本書を執筆する上での1つの目標であった。その目標が達成されているか否かは，読者のご判断を仰ぐ以外ないが，お二人からいただいたコメントの数々が研究の質の向上には欠かせなかったことだけは間違いない。

また，研究者として駆け出しであった筆者に声をかけていただき，研究者コミュニティに参加するきっかけを下さった仙石学先生と林忠行先生にもお礼を申し上げたい。お二人には研究会での報告の機会や，論文集に論文を執筆する機会を与えていただき，多くの研究者と知己になることができた。研究会ではいつも，比較政治学の枠組の中でポスト社会主義諸国の政治経済をいかに理解するかという共通意識の下で活発な議論がなされており，自分もこのレベルにまで研究の水準を上げなければ，一人前としては認められないということを強く意識するようになった。

ロシア研究者の「同志」である油本真里，大串敦，富樫耕介の各氏からは，時に相談相手として，時に良きライバルとして，たくさんの刺激を受けてきた。ロシア研究者の数が減少する中で，近い世代にこのような優秀な研究者がおり，彼らの活躍する姿を見ることは，焦りを感じることもあったが，同時に大きな励みでもあった。本書のもとになっている博士論文に対して，専門的な観点からも，大局的な観点からも，貴重な助言をいただいた。本書の草稿を準備する段階では，彼らのコメントにきちんと応えただろうかと，何度も自問した。

学生時代を過ごし，現在の職場でもある駒場キャンパスには，いろいろな思い出がある。専門性にとらわれず，ディシプリンの垣根を越えて自由に議論できる場があることが，駒場の魅力であるが，筆者にとってこの駒場の風通しの良さを一番体現していたのが，大学院生が集まって行っていた自主勉強会である。大内勇也，岡部恭宜，金瑛根，鈴木絢女，多湖淳，冨田晃正，保城広至，増永真，松尾秀哉，湯川拓の各氏とは，互いの博士論文の構想について忌憚なき意見をぶつけ合った。こうした日々は，院生時代の最良の思い出であり，自分の中で大きな財産となっている。特に，鈴木さん，湯川さん，そして筆者をこの勉強会に誘ってくれた松尾さんの3名は，筆者が最も

尊敬する研究者仲間であり，彼らとの議論によって，本書の骨格は形成されていった。

　北海道大学出版会の今中智佳子さんは，本書の刊行を快く引き受けて下さり，また，校正の円子幸男さんは原稿の隅々まで細やかに目配りをして，原稿の誤りや不備を正して下さった。筆者の怠慢ゆえに，出版に至るまでには予想外に長い時間がかかり，大変ご迷惑をおかけしたが，お二人はいつもスマートにサポートして下さった。筆者にとって初めての単著となる本書の出版プロセスを今中さん・円子さんとともに行えたことは，とても幸せな経験であった。

　本書の出版に際しては，日本学術振興会の平成27年度科学研究費助成事業(研究成果公開促進費)による助成を受けることができた。また，数度にわたるロシアでの現地調査を行えたのは，東京大学ドイツ・ヨーロッパ研究センター奨学助成金(2003年度，2006年度)，松下国際財団研究助成(2006年度)，村田学術振興財団研究助成(2014年度)，野村財団社会科学研究助成(2014年度)の財政的支援のおかげである。

　その他にも，これまでの生活を公私にわたり支えてくれた方がたくさんいる。友人たち，大学院の先輩後輩，職場の上司，先輩，同僚にも大変お世話になった。また，モスクワ留学中には，日本からもロシアにおいても多くの方々の助けを受けて，研究に集中した生活を送ることができた。学会や研究会の討論者，査読論文の匿名レフェリーの方々，その他様々な場面で筆者と議論をして下さったすべての方にお礼を申し上げたい。皆さんのお名前を逐一ここで挙げることはできないが，公私両面でこうした方々の支えがあったからこそ，自分の思う道を進むことができたと思う。時間をかけて遠回りをした分，これほど多くの方々に助けていただけた。それは，とても幸せなことであると改めて思う。

　ようやくここにひとつの成果を出すことができたが，残された課題は多い。また，ロシアや国際社会が大きな変動期に差し掛かり，これから取り組むべき問題も山積みであるという思いを強くしている。その思いを胸に，また次のステップへと進んでいきたい。

あとがき　251

　最後に，研究者としての人生を送ることを受け入れ，それを常に支えてくれている家族，特に，父・敬一郎，母・しげ子，そして妻・麻子に心からお礼を言いたい。本書の刊行が可能になったのは，家族の支えによって安心して仕事に打ち込めたおかげである。いつもありがとう。

事項索引

あ 行

アゼルバイジャン　36
アムール州　209
アルメニア　36, 56
イングーシ共和国　161, 171
インサイダー私有化(ノメンクラトゥーラ私有
　化)　94, 141, 162, 175
ウクライナ　36, 54, 58, 110, 116, 162
ウドムルト共和国　195
ウラル共和国　8
ウリヤノフスク州　160
エリツィン・クーデター　208
遠心化　4, 8, 11, 17, 30, 208, 223
円卓会議　169, 170, 192
オリガルヒ(新興財閥)　222, 223

か 行

改革の連鎖　5, 13, 16, 17, 23, 24, 43, 66, 112,
　121, 168, 217, 218
改革連合　124, 134, 136, 137, 139-141, 145,
　146, 148-151, 156, 157, 159, 163, 192
ガイダール報告に関する決定　138, 139, 149,
　156
カザフスタン　56, 95
加速化　45, 46
カムチャツカ州　209
カリーニングラード州　209
議院内閣制　143, 145
9プラス1合意　56, 111
共産党　6, 8, 12, 22-24, 29, 35, 36, 38, 39, 41,
　43, 48, 51, 58, 59, 65, 70　→ソ連共産党
共産党改革　47-49, 52, 127
凝集度　126, 136, 137, 140, 148, 149, 157, 158
クーデター未遂事件　94, 109, 111, 113, 114,
　120-123, 131, 218, 219
グラスノスチ　47
クリミア共和国　161

グルジア　36, 45, 56, 58, 117
経済改革　19, 22, 30, 31, 44-47, 52, 53, 58, 61,
　62, 87-89, 91, 92, 95, 120-122, 130, 132, 138,
　140-142, 154, 158, 159, 165, 218
権威主義　96, 98, 177
権威主義化　6, 27
権限区分条約　3, 7, 8, 10, 11, 28, 205, 208,
　215, 223
原子化　25, 126, 127, 142, 149, 150, 159, 160,
　167, 175, 182, 192, 193, 219
建設的勢力　124, 134, 136, 137, 139-141, 145,
　146, 149, 150, 156, 158-160, 163, 169, 180
憲法　1, 3, 6, 7, 18, 20, 21, 26, 29, 105, 107,
　196, 202, 204, 205, 215, 220, 222, 224
憲法委員会　27, 68, 73, 74, 83, 97, 106,
　142-144, 163, 170-174, 186-188, 191, 192,
　197-199, 211, 213
憲法委員会草案　190, 193, 194, 215
憲法改正　51, 52, 68, 69, 142, 143, 151-153,
　155, 157, 164, 174, 179, 183, 219
憲法協議会　25, 27, 168, 186-194, 196-198,
　200-202, 204, 206, 207, 211, 213, 215, 220
憲法裁判所　177, 178, 183, 199
憲法制定　2, 4, 6, 10, 19, 25, 27, 68, 159, 167,
　168, 175, 221, 223, 224
憲法体制安定化に関する決定　154, 155, 158,
　167, 169-171, 174, 183, 206
憲法第6条　51, 52
憲法的連邦派　105, 107
構造論　9, 10, 20, 28, 218
合理的選択論　9, 10, 20, 27, 28, 218
国際通貨基金(IMF)　129
国民投票　2, 16, 25, 55, 56, 96-100, 102, 103,
　110, 123, 154, 155, 158, 165, 167-176, 178,
　182, 183, 186-190, 192, 197, 199, 204,
　207-212, 214, 215, 221
ゴスプラン(国家計画委員会)　39, 61
国家会議　6, 29, 186, 199-201, 203, 214

国家主権宣言　　53, 67, 74, 77-85, 87, 90, 91,
　　94, 95, 100, 102, 103, 105, 107, 109, 111-113,
　　194, 219, 225
国家非常事態委員会　　57
500 日計画　　88, 89, 92, 94, 109

さ 行

最終草案　　10, 200-205, 220
ザカフカース連邦　　36, 54
作業委員会　　189, 191-193, 201
刷新（新政策）　　139, 145, 151
サハリン州　　160
サラトフ州　　209, 213
サンクト・ペテルブルク市　　131, 132, 184,
　　195
市場経済化　　14, 21, 24, 26, 54, 87-89, 91, 92,
　　94, 95, 112, 114, 120-122, 124, 128-130, 134,
　　138, 140-142, 146, 153, 156, 169, 176, 219
7 月草案　　196, 198, 201-203, 205, 215
市民同盟　　134, 156, 158
私有化　　23, 25, 82, 84, 87, 88, 90-95, 104, 112,
　　114, 115, 119, 121, 124, 127, 129, 133-137,
　　141, 149, 153, 156, 162, 175, 207, 219, 225,
　　226
私有化国家プログラム　　133, 134, 136-138,
　　219
10 月革命　　35, 38, 54
10 月事件　　2, 10, 25, 198-200, 202, 205, 220
集権化　　10, 11, 16, 19, 25, 40, 106, 220
重層性　　5, 12, 17
重層的転換　　13-20, 22, 23, 25, 27, 28, 60, 119,
　　127, 217, 222
重層的転換論　　12-14, 16, 17
主権　　10, 54, 55, 66, 77, 79-81, 83, 85, 107,
　　131, 132, 205
主権国家　　195, 196, 202, 203
主権と平等　　124, 151, 160, 162
主権のパレード　　106
条約的連邦派　　105, 107, 108, 213
ショック療法　　129, 138-140
指令経済　　39
新憲法　　10, 16, 27, 56, 73, 74, 97, 132,
　　142-144, 151, 155, 162, 163, 168, 170-176,
　　179, 183, 186-190, 192, 193, 196, 197, 200,
　　202, 204, 207, 208, 212, 215, 219, 220, 223

新興財閥　　→オリガルヒ
スヴェルドロフスク　　75
スヴェルドロフスク州　　8, 101, 185, 213
政治改革　　19, 23, 24, 30, 47-49, 51-53, 58, 59,
　　61, 65, 66, 82, 87, 88, 95, 102, 112, 120, 159
政府法　　122, 142, 144-153, 156-159, 219
セヴァストーポリ市　　161
全人民投票　　200, 201, 204, 215
ソヴィエト　　35, 38, 39, 48, 49, 53, 58, 70, 190
ソヴィエト改革　　47-50, 52, 69, 127
ソ連共産党　　5, 22, 36, 67, 78, 95, 101
　　第 19 回全連邦党協議会　　49, 50
　　第 28 回ソ連共産党大会　　52
　　党中央委員会総会　　49, 51, 77
ソ連最高会議　　48-51, 53, 89, 90, 92
ソ連人民代議員選挙　　50, 75, 102
ソ連人民代議員大会　　48-51, 69, 96, 115
　　第 1 回――　　51
　　第 3 回――　　52
　　第 4 回――　　110
ソ連の連邦条約　　36, 53-59, 73, 74, 76, 80, 82,
　　103-111, 113, 116, 117, 120

た 行

大統領・議会関係　　3, 11, 197, 220
大統領権限　　2, 4, 19, 143, 146, 148, 157, 176,
　　179, 187, 188, 194, 196, 197, 199, 201-203,
　　205, 207, 220, 221, 223
大統領制　　4-8, 25, 26, 51, 52, 54, 58, 59, 83,
　　87, 95-104, 110, 112, 113, 119, 120, 143-146,
　　154, 184, 187, 220-222
大統領選挙　　97, 100-102, 161, 169, 211, 215
大統領草案　　186, 187, 189, 190, 192-194, 197,
　　201-203, 211-213
大統領令 1400 号　　198-200
タタール自治共和国　　106, 107
タタルスタン共和国　　4, 10, 28, 106, 132, 195,
　　196, 204, 205, 215, 220, 222, 223
地域間グループ　　71, 96
チェチェノ・イングーシ共和国　　132, 161
チェチェン共和国　　161, 170, 184
チェチェン戦争　　224
チェリャビンスク州　　101, 209
チェルノブイリ原発事故　　47
血の日曜日事件　　98, 117

中央・地方関係　2-4, 6, 8, 11, 13, 14, 18, 23,
　26, 29, 30, 35, 53, 66, 81, 82, 91, 120, 128,
　132, 147, 171, 193, 196, 197, 202, 208, 220,
　222-224
中央・地方関係の再編　53, 65, 87, 103
中央集権化　3, 27, 202, 224
通貨金融危機　26, 221, 223
強い大統領　6
強い大統領制　4, 10, 16-18, 25, 208, 217,
　221-223
統一ロシア　27, 224
党＝国家体制　12, 22, 34-36, 38-43, 51, 52,
　58-61, 72, 78, 94, 96, 218
統治制度　5, 6, 8, 9, 11-13, 19, 22-25, 28,
　33-35, 38, 49, 52, 54, 63, 121, 217, 220,
　222-224
統治制度の二面性　4, 11, 16, 25, 121, 220
特別統治秩序に関する大統領令　176-178,
　181, 206, 210
独立国家共同体(CIS)　58

な　行

2月革命　38
ノヴォ・オガリョヴォ・プロセス　56, 111
ノメンクラトゥーラ私有化　→インサイダー
　私有化
ノメンクラトゥーラ制　36, 48, 50, 52, 58, 61,
　218

は　行

バイラテラリズム　3, 4, 8, 10, 132, 208
バイラテラルな条約　196, 220, 222
白ロシア　36, 54
バシキール自治共和国　106
バシコルトスタン共和国　106, 195
バルト3国　56, 58, 63, 85, 98
反アルコール・キャンペーン　45, 46, 62
非対称性　3, 7, 8, 18, 30, 128, 202, 205, 208,
　223
非対称な連邦制　7, 25, 208, 221, 222
プラハの春　44
ベラルーシ　58
ペレストロイカ　31, 42-46, 49, 53, 54, 62, 92,
　94, 99, 133, 218
法律戦争　87, 88, 90-92, 94, 95, 109, 112, 133

ポーランド　93
ボリシェヴィキ　35, 54

ま　行

民主化　6, 9, 14, 30, 48, 49, 96
民主主義　13, 31, 190
民主センター　150, 151
民主ロシア　15, 57, 71-84, 88-90, 94, 97, 98,
　101, 113, 123, 124, 151, 219
モスクワ　31, 75, 98, 128, 154, 174, 185, 198,
　215
モスクワ市　71, 101, 131, 132, 184, 194, 195
モルドヴァ　56

や　行

400日計画　88

ら　行

リトアニア　63, 117
レニングラード市　71　→サンクト・ペテル
　ブルク市
連邦会議　197-200, 214
連邦会議（連邦議会上院）　186, 203
連邦議会　200
連邦議会選挙　204
連邦構成主体　2, 3, 7, 18, 23, 25, 28, 80, 105,
　106, 127, 128, 131, 141, 144, 147, 161, 167,
　168, 170, 172-176, 178-180, 184, 186, 187,
　189-191, 193-199, 202, 205, 207, 208, 211,
　212, 215, 219, 220, 222, 223
連邦構成主体の同権　128, 175, 194, 195, 202,
　213, 220
連邦制　3-8, 10, 12, 13, 25, 26, 29, 30, 54, 55,
　58, 66, 74, 80, 82, 104, 108-111, 132, 171,
　175, 187, 194, 196, 197, 201-205, 207, 213,
　215, 220, 222-224
連邦制再編　53, 77, 87, 104, 120
ロシア共産主義者　71-73, 75-82, 84, 94, 98,
　101, 113, 123, 124, 134, 151, 212, 219
ロシア共産党　78, 83, 84
ロシア最高会議　21, 27, 68-70, 73, 74, 82, 87,
　89-92, 97, 100, 103, 110-112, 120-122,
　124-126, 130, 133, 135, 136, 138-157, 164,
　167-178, 180, 182, 187-190, 192, 198-200,
　206, 209, 210, 214

ロシア産業家・企業家同盟　134
ロシア人民代議員選挙　67, 71, 75, 97, 102,
　112
ロシア人民代議員大会　21, 27, 53, 68, 70,
　80-83, 91, 97, 102, 111, 112, 119, 120,
　122-124, 132, 146, 153-155, 164, 172, 176,
　182, 187, 190, 197, 206, 207, 211, 214
　第1回——　24, 67, 71-74, 76, 77, 85, 87,
　99, 104, 105, 218
　第2回——　91, 97, 117
　第3回——　100, 110, 130
　第4回——　100
　第5回——　121, 128, 130, 134, 142, 152,
　160
　第6回——　124, 125, 130, 131, 138, 142,

　143, 150, 156, 163, 169, 179
　第7回——　143, 147, 150, 151, 156-158,
　169, 174, 178, 179, 187, 199, 209
　第8回——　171, 173-176, 209
　第9回——　178, 184, 186
ロシアの自立化　24, 53, 67, 77, 81, 94, 95, 99,
　104, 105, 109, 112, 113, 219
ロシアの統一　124, 134, 136, 137, 139, 140,
　145, 146, 149-151, 156, 157, 163, 168, 169,
　177, 180, 181
ロシアの連邦条約　7, 82, 104-113, 116, 120,
　128, 131, 132, 144, 161, 162, 171, 172, 175,
　178, 180, 187, 194-196, 202, 203, 205, 213,
　215, 222, 226

人名索引

あ 行

アガンベギャン，アベル　89
アスタフィエフ，ミハイル　164
アバルキン，レオニード　88, 89
アブドゥラチポフ，ラマザン　108, 116, 117
アレクシイ2世(総主教)　199
アレクセエフ，セルゲイ　186
アンドロポフ，ユーリー　44
イサエフ，ボリス　116
イサコフ，ウラジーミル　116, 181, 198
イリューシン，ヴィクトル　200
ヴェシニャコフ，アレクサンドル　116
ヴォロトニコフ，ヴィタリー　76
ヴォロニン，ユーリー　177
ウラソフ，アレクサンドル　75
エリツィン，ボリス　2-4, 10, 15-17, 23-27,
　　45, 56, 57, 73-77, 80, 81, 85, 88-90, 93, 94,
　　96-106, 108, 110, 112, 114, 115, 117,
　　119-123, 128-131, 134, 136, 140, 142-144,
　　146, 152-157, 159, 160, 164, 165, 167-171,
　　173, 174, 176-190, 193, 196, 197, 199-202,
　　204-208, 210-215, 219-223
エリン，ヴィクトル　200

か 行

ガイダール，エゴール　129, 130, 135, 138,
　　139, 149, 152, 154-157, 164
カダンニコフ，ウラジーミル　155, 156
クラサフチェンコ，セルゲイ　145
グラチョフ，パヴェル　200
クラフチュク，レオニード　58
コスィギン，アレクセイ　43, 44, 47
コズィレフ，アンドレイ　200
コスチコフ，ヴャチェスラフ　165, 215
ゴリャチェワ，スヴェトラナ　98, 100, 116
ゴルシコ，ニコライ　200
ゴルバチョフ，ミハイル　10, 12, 21, 22, 34,
42-49, 51, 52, 54, 56-59, 61-64, 75, 76, 85,
88-90, 92, 97-100, 102, 103, 110, 115, 117,
121, 160, 218
ゴロヴィン，アンドレイ　145

さ 行

シェイニス，ヴィクトル　72, 165
シェワルナゼ，エドゥアルド　45, 99
シャイミーエフ，ミンチメル　28, 107, 132
シャターリン，スタニスラフ　89
シャフライ，セルゲイ　28, 131, 143, 163,
　　176, 186, 193-195, 213
シュメイコ，ウラジーミル　131, 136, 155,
　　156, 162-164
シュライファー，アンドレイ　137
ジリノフスキー，ウラジーミル　101
スィロヴァトコ，ヴィタリー　116
スココフ，ユーリー　155, 156, 177, 210
スターリン，ヨシフ　36, 41, 42
ステパンコフ，ワレンチン　178
スハノフ，レフ　75
スミン，ピョートル　209
ソプチャク，アナトリー　186
ゾリキン，ワレリー　155, 167, 170, 177-179,
　　211

た 行

チェルニャーエフ，アナトリー　63
チェルネンコ，コンスタンチン　44
チェルノムィルジン，ヴィクトル　131,
　　154-156, 167, 177, 180, 200, 211
チホノフ，ウラジーミル　164
チュバイス，アナトリー　133, 137
トラフキン，ニコライ　212

な 行

ナザルバエフ，ヌルスルタン　56, 96

は 行

バカーチン，ワジム　101, 102
ハズブラートフ，ルスラン　25, 73, 93, 101, 107, 111, 152, 154, 155, 160, 164, 165, 167-173, 175, 178, 180-182, 184, 187-191, 199, 206, 207, 211, 212, 214, 219, 220
ヒージャ，ゲオルギー　131
フィラトフ，セルゲイ　197, 200, 202
フィリッポフ，ピョートル　92, 93
プーチン，ウラジーミル　2-4, 8, 27, 223, 224
フルシチョフ，ニキータ　43, 44, 47
ブルブリス，ゲンナジー　101, 129, 131, 160, 197
ブレジネフ，レオニード　43, 44, 58
ポロスコフ，イワン　75, 76, 84

ま 行

マトチキン，ユーリー　209

マレイ，ミハイル　92, 93, 115
ミチュコフ，ミハイル　212
モロキン，ウラジーミル　75

や 行

ヤナーエフ，ゲンナジー　57
ヤブリンスキー，グリゴリー　88, 89, 92, 93

ら 行

リガチョフ，エゴール　45, 62
リャボフ，ニコライ　170, 172, 177, 188, 209, 211, 212
ルィシコフ，ニコライ　45, 88, 89, 102
ルシコフ，ユーリー　194
ルツコイ，アレクサンドル　101, 167, 177, 199
ルミャンツェフ，オレグ　106, 212, 213
ロッセリ，エドゥアルド　8

溝口修平（みぞぐち しゅうへい）

東京大学大学院総合文化研究科国際社会科学専攻博士課程修了。
博士（学術）。
現在，東京大学大学院総合文化研究科国際社会科学専攻助教。
主要業績は，『連邦制の逆説？──連邦制は効果的な統治制度か』
（共編，ナカニシヤ出版，近刊），『ポスト社会主義期の政治と経
済──旧ソ連・中東欧の比較』（分担執筆，北海道大学出版会，
2011年），「ウクライナ危機をめぐる二重の相互不信」『地域研
究』（第16巻第1号，2015年）など。

ロシア連邦憲法体制の成立
重層的転換と制度選択の意図せざる帰結

2016年2月29日　第1刷発行

著　者　　溝　口　修　平

発行者　　櫻　井　義　秀

発行所　　北海道大学出版会
札幌市北区北9条西8丁目　北海道大学構内（〒060-0809）
Tel. 011 (747) 2308・Fax. 011 (736) 8605・http://www.hup.gr.jp/

㈱アイワード／石田製本㈱　　　　　　　　　　　© 2016　溝口修平
ISBN978-4-8329-6801-1

アジア・太平洋のロシア ―冷戦後国際秩序の模索と多国間主義―	加藤美保子 著	A5・238頁 定価6000円
アジアに接近するロシア ―その実態と意味―	木村　　汎 袴田　茂樹 編著	A5・336頁 定価3200円
図説 ユーラシアと日本の国境 ―ボーダー・ミュージアム―	岩下　明裕 木山　克彦 編著	B5・118頁 定価1800円
領 土 と い う 病 ―国境ナショナリズムへの処方箋―	岩下　明裕 編著	四六・254頁 定価2400円
千島列島をめぐる日本とロシア	秋月　俊幸 著	四六・368頁 定価2800円
身 体 の 国 民 化 ―多極化するチェコ社会と体操運動―	福田　　宏 著	A5・272頁 定価4600円
ポーランド問題とドモフスキ ―国民的独立のパトスとロゴス―	宮崎　　悠 著	A5・358頁 定価6000円

〈北海道大学スラブ・ユーラシア研究センター　スラブ・ユーラシア叢書〉

1	国境・誰がこの線を引いたのか ―日本とユーラシア―	岩下　明裕 編著	A5・210頁 定価1600円
3	石油・ガスとロシア経済	田畑伸一郎 編著	A5・308頁 定価2800円
6	日本の中央アジア外交 ―試される地域戦略―	宇山　智彦 C. レ ン 編著 廣瀬　徹也	A5・220頁 定価1800円
8	日本の国境・いかに この「呪縛」を解くか	岩下　明裕 編著	A5・264頁 定価1600円
9	ポスト社会主義期の政治と経済 ―旧ソ連・中東欧の比較―	仙石　　学 林　　忠行 編著	A5・362頁 定価3800円
10	日露戦争とサハリン島	原　　暉之 編著	A5・454頁 定価3800円
11	環オホーツク海地域の環境と経済	田畑伸一郎 江淵　直人 編著	A5・294頁 定価3000円

〈価格は消費税を含まず〉

━━━━北海道大学出版会━━━━